무역 리스크 관리론

무역 리스크 관리론

정홍주 외 지음

성균관대학교
출 판 부

무역은 국제 간 상거래이다. 좁은 의미의 무역은 상품의 수출입을 뜻하나, 넓은 의미의 무역에는 기술, 서비스, 자본, 심지어 인력의 국경 간 거래도 포함될 수 있다. 오늘날 무역은 전통적 상품거래에 비해 서비스나 자본 등 새로운 대상의 거래가 더욱 활발한 상황이다. 무역은 상품만의 국경 간 이동을 뜻하는 수출입뿐만 아니라, 기술의 이동인 라이센스 계약, 의료나 교육에서 보듯이 소비자의 이동, 제조시설의 이동을 의미하는 해외 직접투자 등 형태가 다양하다.

그러나 역시 본질적 의미의 무역은 상품의 수출입이다. 이에 따라 본서에서는 일단 무역을 좁게 정의하여 상품의 국경 간 거래로 국한한다. 왜냐하면 무역 리스크를 논함에 있어서 전통적이고 기본적인 부분을 먼저 취급하는 것이 필요하기 때문이다. 즉, 상품 이외의 다른 거래대상이나 수출입이 아닌 다른 방식의 거래의 리스크에 대해서는 추후 별도의 책에서 논의하기로 한다.

본서는 무역의 리스크와 리스크 관리방안에 대한 이해를 돕고자 하는 교재이다. 무역의 특징은 외국과의 거래, 장시간 소요, 정치와 경제는 물론 법제와 결제통화가 상이한 국가 간 거래로서 한마디로 리스크가 많은 비즈니스라는 점이다. 리스크에 대한 충분한 이해가 없이 무역을 하는 것은 화약을 들고 불 속에 뛰어드는 격이다. 그간 무역학의 학문적 성격도 상무적, 해석론적 측면이 강해온 점을 부인하기 어렵다.

사전적으로 무역의 리스크를 인식, 측정, 대비, 대응하는 노력은 무역의 안정과 선진화에 기여한다. 어떤 리스크가 있고, 대응방안은 무엇인지 깊이 성찰하고 적절한 관리방안을 수립하는 것은 한국 경제의 기반이며 성장동력인 무역의 안정화에 반드시 필요한 요소이다.

본서를 통해 무역과 무역학의 발전이 이루어지기를 기원하며, 출간에 지원을 해준 성균관대 출판부에 감사한다.

2017. 1. 저자일동

—
목
차
—

무역 리스크 관리의 개관

제1장

무역 리스크 개관

▌일본 종합상사의 리스크 관리 사례[1]

과거 일본의 종합상사는 몇 번의 위기에 직면하고 1990년대에는 상사붕괴론까지 나왔었다.[2] 세계적으로 유례없는 매우 독특한 사업 형태인 종합상사는 그 규모에 비해 수익성이 낮아 존재 자체에 대한 의구심이 들던 시절이었다. 일본 종합상사는 시대의 흐름에 따라 환경 변화에 대응하며 그 기능의 고도화를 도모함으로써 생존 발전해 왔다. 1990년대 말부터 2000년대 초 일본의 종합상사가 추진해 온 경영개혁의 중요한 점은 사업성과를 전사적 지표로 평가하는 것을 적극 추진하였고, 1998년 스미토모상사는 전사 공통의 경영지표로 리스크-리턴 개념을 고려한 RAPM(risk-adjusted performance measure)를 기반으로 한 리스크 관리 시스템을 도입하였다.[3]

---

1) 정재환·성수현·임소영·이현복(2016), "일본 종합상사의 리스크 관리시스템 사례연구," 「무역 리스크 관리」, 제1권 제1호, pp.77-97.

2) 島崎憲明, 2003, 会社を成長させる「会計力」【第 1 回】「事業評価における共通のモノサシ」, 税務·会計Web情報誌 Profession Journal.

┃ 브렉시트[4]

브렉시트란 영국(Britain)과 탈퇴(Exit)의 합성어로 영국의 유럽연합(EU) 탈퇴를 뜻하는 용어이다. 오늘날 모든 나라들의 경제가 긴밀히 연결된 세계에서는 한국 경제 또한 브렉시트에 영향을 받을 수밖에 없다. 단기적으로 주가 지수의 등락뿐만 아니라 장기적으로 수출 등에 타격을 입을 전망이다.

○○경제연구원은 브렉시트가 한국 경제에 미치는 영향을 ① 국내 금융시장 불확실성 확대, ② 한영 FTA 재협상에 따른 대영 무역 감소, ③ 기존의 영국 투자금액 리스크 상승의 세 가지로 분석했다.

투자 리스크가 높아지고 신규투자는 주춤할 것으로 예상한다.

상대적으로 영국 금융시장에 대한 한국의 투자액은 그리 높지 않은 것으로 알려져 있으나 대표적인 조세회피처인 케이만 군도에 대한 투자액이 높아 '비공식적'인 타격이 클 수도 있다.

1. 무역과 국가

1) 무역

(1) 무역의 의의

무역은 국경을 넘는 상품의 거래이다. 애덤 스미스는 '인간은 교환을

---

3) 孟子敏, 2008, 総合商社におけるコア機能の構造変化によるビジネスモデルの再構築, イノベーション・マネジメント No.5

4) 참고: 브렉시트 이후 한국 경제는 어떻게 되나, 허핑턴포스트코리아, 2016. 6. 24.

할 줄 아는 동물이다'라고 설파했듯이, 무역은 교환행위가 국제적으로 일어나는 인간 고유의 현상이다. 무역은 인간이 개발하고 인간을 위해 존재하는 경제적 행위이나, 때로는 경제위기 파급 등을 통해 인간을 위기로 몰아넣기도 한다.

무역은 국제적 상품거래를 통해 새로운 소비, 유통, 생산을 가능하게 하고 국가의 경제성장을 지원하는 역할을 한다. 자원이 부족한 우리나라와 같은 경우에, 무역은 경제성장에 빠질 수 없는 핵심 성공요인이었고, 자원이나 기술을 가진 국가들의 경우에도 성장의 동력으로 무역을 활용해 왔다. 또한 기업이나 개인의 경우에도 무역은 소득창출과 소비진작 그리고 고용 등에 많은 기여를 해 왔다.

역사적으로 세계무역이 활발했던 시기가 있었고, 반대로 무역이 위축된 시기도 있었다. 20세기의 경우, 전반은 보호무역체제가 득세했고, 후반부는 자유무역체제가 왕성했던 시기였다. 2017년 현재 세계무역은 다시 보호주의 중심으로 축이 이동되고 있다. 개방체제의 위축으로 무역은 다소 축소될 여지는 있지만, 무역이 대폭 축소되기에는 각국의 타국 의존도가 너무 심해졌다.

(2) 무역의 종류

무역은 목적, 대상, 방식, 지역 등을 기준으로 여러 가지로 분류된다. 정치적, 경제적, 사회적, 문화적 목적이 내재하기도 하고, 거래 대상은 상품, 서비스, 자본, 인력 등과 같이 다양하다. 거래 방식은 전통적 방식의 무역과 온라인 방식의 무역, 결제 방식을 기준으로 선불, 후불, 동시불도 가능하고, 지역을 기준으로 남남무역(개도국과 선진국 간 무역), 남북무역, 북북무역 등 여러 가지 패턴으로 구분할 수 있다.

(3) 무역의 동향[5]

19세기 초 이후 지난 200년간 글로벌화의 확산과 운송, 통신 기술의 발달이 이어져 왔고 무역의 확대에 크게 기여한 바 있다. 최근 지난 30년 국제무역의 증가율은 경제성장률을 크게 웃돈 바 있고, 중국을 비롯한 대형 개도국을 중심으로 무역과 경제 성장이 이어져 왔다.

그러나 전통적인 무역이론과는 달리 실제 세계에서는 국가 간 비교우위나 특화가 희석되는 추세이다. 이는 경제통합이나 무역개방 등으로 인해서 국가 간 기술격차가 완화되기 때문이다. 즉, 자본과 기술의 국가 간 이동이 심화되면서 지역별 노동력 차이만이 크게 남아 있는 상황이다.

지난 20년간 무역의 지역화(아시아 중심)가 심화되어 왔다. 국제 공급망의 역할 증대로 (중간재 조달의 다양화로) 최종재만의 이동을 평가하기 곤란한 상황이다. 또한 무역내 서비스의 비중 크게 증가(2008년 기준 45%)하고, 중간재 확보가 무역에서 점점 중요해지고 있다.

오늘날 사회규범, 법규, 정치제도, 국제협정 등과 무역은 상호작용한다. 정치적 국경은 무역에 장애로 작용하고 무역환경의 변화를 유도한다. 각종 제도의 선진화는 무역확대에 기여하며, 문화 차이 등 비공식적 제도 차이도 무역비용을 증가시킨다.

오늘날 여러 나라의 주요 사회적 관심사는 불평등과 실업이다. 무역은 고용에 긍정적 영향을 주어 왔으나, 오늘날 그렇지 않을 수 있다는 모습을 보여주고 있다. 노동시장의 변화는 국가발전단계, 소득분포에 영향을 받는다. 더불어 환경문제는 지속가능 성장과 환경보호의 중요성을 강조하고 있다. 무역이 환경에 미치는 영향은 양면적이다.

---

5)   WTO (2014), World Trade Report 2013에서 발췌.

2) 국가

(1) 국가의 의의

국가는 지구촌을 나누는 가장 일반적인 기준이고 단위이다. 영토, 국민, 주권을 가진 200여 개의 국가들로 지구촌은 분할되어 있다. 각 국가는 국민, 주권, 영토를 보존하는 한편 국력을 확대발전시키고 국위를 선양하기 위한 국가목표를 추구하면서, 다른 국가들과 협력 또는 경쟁을 하고 있다.

(2) 국가의 다양성

오늘날 지구촌은 국가(Country, Nation State)를 기본단위로 구성 및 구분되고 있다. 200여 개의 국가는 주변국들과 구분되는 영토, 국민, 주권을 가지고 국가의 안전과 발전을 위한 대내외 활동을 수행하고, 국민에게 납세, 국방, 교육, 근로, 환경보전, 재산권행사의 공공복리적합 등의 의무를 부여한다. 더불어 해당 국내법에 의해 설립된 기업들로 하여금 재화 및 서비스의 생산과 유통, 고용창출, 납세 등을 하도록 하는 한편 건전한 사회문화를 창달하고 국민경제의 발전에 기여하도록 요구하고 있다. 또한 국가는 각종 공적, 사적 조직들이 필요에 의해 또는 자율적으로 형성하도록 하여 다양한 이해관계자들과 상호작용하는 동태적 조직이기도 하다.

무역은 국가의 경계, 즉 국경을 넘나드는 경제활동이어서 다양한 국가에 대한 이해가 필요하다. 정치, 경제, 사회, 문화, 법제 등 다양한 측면에서 서로 다른 국가 간의 물적 교류를 하려면 그 나라의 정치체제, 경제정책과 금융제도, 사회구조와 변화상황, 법제의 차이와 특성 등에 대해 충분히 이해를 해야 한다. 그러한 이해 수준이 높을수록, 해당 국가의 국민과 기업, 정부가 요망하는 재화와 서비스의 공급이 가능하고, 점차 많은 수요를 접하는 한편 지속적인 영업활동이 가능해진다. 반대로 거래상대국에 대한 이해가 불충분한 경우에는 해당 정부와의 충돌이나 갈등, 급격한 수요 감소나 판매 중단, 해당 상품에 대한 사회적 거부, 문화적 불수용, 불법상품이나 거래로 간주 등 리스크에 처할 수 있다.

사람들의 인종과 종교가 다양하듯이 국가도 다양하다. 지구상에 200여 개의 국가가 있고, 이들은 서로 다른 정치, 경제, 사회, 법률, 문화 구조를 가지고 있다. 1인당 소득 5만 달러 이상의 부자나라가 있는 반면, 365달러 이내(하루에 1달러 이내)의 소득으로 사는 가난한 나라들도 적지 않다. 또한 인종도 살색을 기준으로 여러 가지로 구분되고, 종교도 여러 가지가 있으면서 종교 간, 인종 간 갈등의 원인으로 작용하기도 한다.

한편 세계의 국가들은 세부적으로 들어가보면 매우 다양한 측면에서 비교가 가능하다. 이 장의 마지막 절에서 볼 수 있듯이, 평화, 안전, 물가수준, 양성평등 등 다양한 측면에서 비교가 가능하다. 예를 들어 평화의 수준에서 아이슬란드가 세계 1위, 한국이 세계 50위, 북한이 150위이다. 이를 통해 아이슬란드가 세계에서 가장 안전한 나라이고, 한국은 상위권에 속하며, 북한은 하위권이나 최악(세계 200위 밖)은 아니라는 점을 알 수 있다. 또한 빅맥, 스타벅스 커피, 애니콜, 신라면 등 각종 소비재의 가격비교를 통해 국가별 물가수준이나 환율수준에 대해 비교하며, 나라별 사정과 특성을 이해할 수 있다.

이런 국가의 다양성은 무역의 존재이유이자 리스크의 배경이 되기도 한다. 즉, 모든 국가가 하나의 나라이거나, 모든 면에서 동일하다면, 무역을 할 이유가 없을 것이다. 따라서 국가의 다양성은 무역의 필요조건이 되지만, 서로 다른 여러 가지 시스템으로 인해 무역업자들은 그 차이에 대해 충분히 인식해야만 무역에서 성공할 수 있다. 이하에서는 국가별

지수를 이용하여 국가별 차이를 일부 살펴보기로 하자.

① 환율지수

빅맥지수(Bic Mac Index)는 각 나라의 구매력 평가를 비교하는 경제지표로 1986년부터 매년 1월, 7월 영국의 이코노미스트가 발표한다. 빅맥지수를 통하여 각국의 물가수준, 통화가치, 구매력을 비교할 수 있는데 빅맥은 전 세계 어느 매장에서나 살 수 있고, 크기와 값이 비슷하기 때문에 각국에서 팔리는 빅맥의 값을 통해 물가를 예측할 수 있으며, 이는 환율보다 더 현실적인 지표가 된다. 즉, 빅맥지수는 해당 국가의 통화가 달러와 비교해 높게 평가되고 있는지, 아니면 낮게 평가되고 있는지 알아보는 데 활용한다. 예컨대 어느 국가의 환율이 빅맥지수보다 높으면 달러 대비 고평가, 낮다면 저평가되고 있다는 것이다.

오늘날 빅맥지수 외에 스타벅스지수, 김치지수, 신라면지수 등 국제적으로 널리 이용되는 제품의 가격으로 국가별 환율 수준을 비교하고 있다.

② 세계평화지수(Global Peace Index)

세계평화지수는 이코노미스트가 군사 예산, 무기수출, 폭력범죄의 정도, 전쟁 사상자, 죄수 규모, 조직범죄 수준, 잠재적인 테러 공격 위험, 사회·정치적 갈등, 인접 지역이나 국가와의 상대적 관계 등 23개 지표를 종합하여 평화를 수치화한 것이다. 2007년부터 현재까지 매년 발표되고 있으며 현재 162개 국가에 대하여 살펴보고 있다(한국 : 53위, 북한 : 150위).

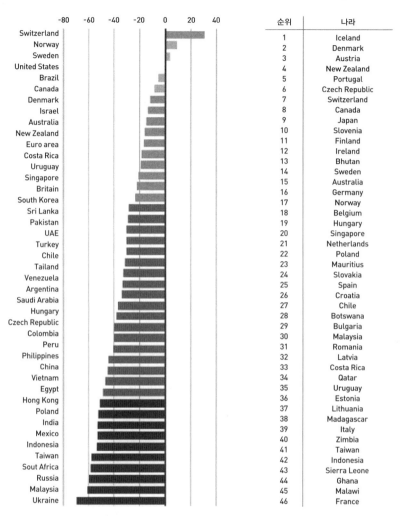

	-80 -60 -40 -20 0 20 40
Switzerland	
Norway	
Sweden	
United States	
Brazil	
Canada	
Denmark	
Israel	
Australia	
New Zealand	
Euro area	
Costa Rica	
Uruguay	
Singapore	
Britain	
South Korea	
Sri Lanka	
Pakistan	
UAE	
Turkey	
Chile	
Tailand	
Venezuela	
Argentina	
Saudi Arabia	
Hungary	
Czech Republic	
Colombia	
Peru	
Philippines	
China	
Vietnam	
Egypt	
Hong Kong	
Poland	
India	
Mexico	
Indonesia	
Taiwan	
Sout Africa	
Russia	
Malaysia	
Ukraine	

순위	나라
1	Iceland
2	Denmark
3	Austria
4	New Zealand
5	Portugal
6	Czech Republic
7	Switzerland
8	Canada
9	Japan
10	Slovenia
11	Finland
12	Ireland
13	Bhutan
14	Sweden
15	Australia
16	Germany
17	Norway
18	Belgium
19	Hungary
20	Singapore
21	Netherlands
22	Poland
23	Mauritius
24	Slovakia
25	Spain
26	Croatia
27	Chile
28	Botswana
29	Bulgaria
30	Malaysia
31	Romania
32	Latvia
33	Costa Rica
34	Qatar
35	Uruguay
36	Estonia
37	Lithuania
38	Madagascar
39	Italy
40	Zimbia
41	Taiwan
42	Indonesia
43	Sierra Leone
44	Ghana
45	Malawi
46	France

〈그림 1-1〉 빅맥지수(Bic Mac Index), 2016   〈그림 1-2〉 세계평화지수, 2016

③ 여성차별지수(Glass Ceiling Index)

여성차별지수는 영국의 이코노미스트가 매년 어떤 국가가 여성이 남성과 동등한 조건에서 일할 수 있는 기회를 얻기 좋은 곳인가를 살펴본

후 발표하는 지표이다. 이 지표는 고등교육, 노동참여, 임금, 보육비용, 출산휴가 권리, 경영대학원 지원, 고위 직업 종사율 데이터를 복합적으로 살펴보아 순위를 정한다. 북유럽 국가인 아이슬란드, 노르웨이, 스웨덴, 핀란드가 상위권으로 일본, 터키, 한국이 하위권 국가로 순위 매겨졌다. 일본과 한국은 특히 출산휴가 문제가 높은 고령화와 낮은 노동참여율의 원인으로 나타났다.

④ 지구행복지수(Happy Planet Index)

2006년 영국 신경제재단이 만든 지구행복지수(HPI)는 사람들이 느끼는 주관적인 삶의 만족도와 기대수명, 생태발자국과 환경적 영향을 정의해 지속가능한 발전 정도를 지표로 만든 것이다. 즉, 한 나라의 국민들이 얼마나 행복하고 건강한 삶을 살아가는지를 측정한다. 이 지수는 경제적 혹은 사회적 개별 지표보다 훨씬 더 광범위하고 상위 개념인 '행복' 혹은 '삶의 질'을 측정하고 궁극적으로 행복과 삶의 질을 높이는 방안을 찾아보기 위하여 만들었다. 지구행복지수의 계산방법은 다음과 같다.

$$HPI = \frac{HLY}{EF + 3.35} * 6.42$$

HLY(Happy Life Year)는 얼마나 행복하고 오랫동안 일반 시민들이 그 시대, 국가에 살고 있는지를 추정하는 추정치이다. 통상 기대수명에 삶의 즐거움을 곱하는 방식으로 계산한다. EF(Ecological Footprint)는 환경발자국을 말하는데, 우리가 살아가면서 에너지 생산에 필요한 토지 혹은 쓰레기 처리를 위해 사용된 토지 등의 면적을 나타낸다.

	국가	행복지수	웰빙지수
1위	코스타리카	48.2	6.9
2	베트남	46.0	5.5
3	자메이카	42.4	5.9
4	벨리즈	42.2	6.0
5	인도네시아	42.2	5.2
6	엘살바도르	41.8	6.3
7	콜롬비아	41.4	5.7
8	방글라데시	41.2	4.6
9	파나마	40.1	7.0
10	이스라엘	39.5	7.1
⋮			
60	한국	27.5	5.7

자료: 영국 신경제재단 지구행복지수 웹사이트
(happyplanetindex.org)

〈그림 1-3〉 2015년 지구행복지수 / 2016년 더 나은 삶 지수

2. 무역환경

1) 세계무역기구(GATT/WTO) 기능의 변화

제2차 세계대전 막바지에 승전을 확신한 연합국들은 종전 후의 세계경제 개편에 대한 논의를 하였다. 기본은 자유무역체제이며, 핵심 내용은 관세인하와 무역제한 철폐로 이를 추진하기 위해 관세와 무역에 관한 일반협정(GATT) 체제를 출범시켰다. GATT는 여러 차례의 협상(라운드)을 통하여 관세인하에는 성공했으나 내재된 기능상의 한계로[6]인해 1995년 1월 GATT 체제를 마감하고, 새로운 세계무역기구(WTO) 체제

로 전환하였다. GATT/WTO 체제의 특징은 무차별주의가 적용되는 다자주의(multilateralism)원칙[7]으로 이는 GATT의 제1조에 규정된 최혜국 대우(most-favored nation, MFN)와 내국민 대우(national treatment)에 근거하고 있다.

　GATT/WTO 체제 하에서는 관세장벽은 약화되고 세계 무역량은 급증했으며 자유무역의 이득을 얻게 되었으나 이에 상응한 세계화의 부작용도 적지 않았다. 특히 무역 이득의 배분이 선진공업국에 집중됨에 개발도상국의 반발을 초래했다. 2001년 11월 도하(Doha) 회의에서 미국과 유럽연합(EU)이 포함된 선진공업국가들은 과거 무역의 불평등을 타개하기 위한 새로운 무역협상을 시작하기로 합의했다. 그러나 개발도상국들이 요구한 농업보조금 철폐에 대한 협상은 미국과 유럽연합은 농업 부문에 정부가 보조금을 지불하고 있기 때문에 진전이 없었다. 이러한 농산물 보조금 정책으로 인해 시장에서 농산물 가격은 하락했으며 미국과 유럽의 기업농들은 정부 보조금으로 높은 소득을 올릴 수 있는 반면에 수천만 개도국 농민들의 소득은 여전히 낮은 수준에 머물며 빈곤의 늪에서 벗어날 수 없는 형편이었다. 자국의 산업보호와 이익을 목적으로 정책과 전략을 구사하는 선진국들로 인하여 이런 문제는 WTO 체제에서 해결되기 어렵게 만들었다. GATT/WTO 체제가 규정한 다자주의에 입각한 자유무역협상이 결렬됨에 따라 미국 등 선진국은 자국의 이익을 관철시키기 위해 자신보다 경제력이 약한 소국을 상대로 양국 사이의 자유무역지대(free trade area)라는 경제블록의 형성을 추진하였다.

---

6)　선진국들이 GATT의 기본원칙을 무시하고 수출자율규제와 같은 비관세장벽을 남발하는
　　데 대해 GATT의 대응은 무력하였다.
7)　GATT/WTO의 가입국은 다른 한 가입국에게 부여하는 관세상의 혜택을 나머지 다른 모
　　든 가입국에게도 동등하게 차별 없이 부여해야 한다는 원칙이다.

2) 자유무역협정(Free Trade Agreement)

　다자주의에서 벗어날 수 있는 지역무역협정(Regional Trade Agreement)은 국가 간 상품의 이동을 자유화시키는 협정으로 가맹국 상호 간에는 상품이동에 대한 무역제한 조치를 철폐하여 협정 가맹국 내에서 자유무역을 보장하는 한편 비가맹국에 대해서는 각국이 독자적으로 관세를 부과한다. 지역 경제통합은 일반적으로 자유무역지대[8], 관세동맹(customs union)[9], 공동시장(common market)과 경제연합(economic union)[10]의 형태를 취한다. 자유무역협정이나 관세동맹 등의 지역 경제통합체는 회원국 사이에 적용되는 관세인하의 효력을 비회원 국가에는 적용하지 않으므로 GATT/WTO 체제가 표방하는 무차별원칙에 위배되었지만 GATT/WTO는 세계 무역자유화에 기여할 것이라는 명분하에 예외적으로 허용하고 있다.[11]

　FTA가 포함하고 있는 분야는 협정 체약국들이 누구인가에 따라 상당히 다른 양상을 보이고 있다. 전통적인 FTA와 개도국 간의 FTA는 상품 분야의 무역자유화 또는 관세인하에 중점을 두고 있었으나 WTO 체제의 출범(1995년)을 전후하여 FTA의 적용범위와 대상범위가 점차 넓어져서 상품의 관세철폐 이외에도 서비스 및 투자 자유화, 지적재산권, 정부조달, 경쟁정책, 무역구제제도 등 정책 부문까지 협정의 대상 범위가 점

----

8)　자유무역지대는 회원국 사이의 관세철폐를 통하여 무역자유화를 추구한다.
9)　관세동맹은 회원국 사이의 관세철폐뿐만 아니라 비회원국에 대해 회원국이 공동으로 동일한 세율의 관세를 부과한다.
10)　공동시장과 경제연합은 상품에 대한 관세철폐를 넘어 자본과 노동력의 자유이동을 허용하는 더 높은 단계의 지역별 경제통합이다.
11)　이론적 근거는 무역 창출 효과이다.

차 확대되었다. 그러나 자유무역협정의 체결로 양국 모두가 무역의 이득을 얻을 수 있으나 현실적으로는 부작용도 만만치는 않다.[12]

대표적인 자유무역협정은 유럽자유무역지역(EFTA)과 북미자유무역지역(NAFTA) 등이 있다. 이와 같이 지역적으로 자유무역협정의 선호가 높아지는 이유는 비동맹국에 대한 무역상의 손실이 일반적으로 여러 다수의 비동맹국에 분산되어 나타나는 반면에, 자유무역협정의 경제적 이익은 동맹국들에게 집중되어 나타나기 때문이다. 그리고 규범적인 측면에서 볼 때 자유무역협정은 국경 제거로 인한 민족주의의 후퇴 현상이라기보다는 오히려 이익공동체의 경제영역을 확대함으로써 자유무역협정을 맺고 있는 연합체 전체의 후생이 증진된다는 점과 자유무역협정은 개방적 지역주의를 통하여 범세계적인 무역자유화에 도달하는 중간 단계의 역할을 할 수 있다는 점에서 의의가 크다고 할 수 있다.

자유무역협정이 순조롭게 이루어지기 위해서는 몇 가지 가맹국별로 충족되어야 하는 시장조건이 필요하다. 먼저 개별 국가가 공동 목표를 가진 하나의 자유무역지역으로 통합되기 위해서는 각국의 정치·경제적 정책목표가 상호 수렴될 수 있어야 한다. 둘째, 자유무역협정의 효과가 극대화되기 위해서는 참여 가맹국들의 경제구조가 유사하거나 잠재적으로 보완적이어야 하며, 셋째, 협정으로 인한 정치·경제·사회적 이익이 충분히 예상될 수 있을 때 실현이 가능하다. 그 예로써 저개발국간 자유무역협정에서는 공업화 전략 수행의 효율성, 대외 경쟁력 제고, 집단

---

12) 노벨 경제학상을 수상한 미국 컬럼비아 대학의 스티글리츠(Joseph E. Stiglitz) 교수는 미국과 모로코 사이에 체결된 자유무역협정은 마음이 편하지 않은 경우라고 비판하고 있다. 자유무역협정의 가맹국 내에서 관세가 낮은 저관세 부과국으로 수입된 상품이 다른 고관세 부과국으로 재수출되는 경우가 있다. 이 경우 고관세국의 관세정책에는 많은 혼란이 일어나게 된다.

적 보호주의 실현 등이 있다.

과거 다자간 무역협상은 다수의 무역국이 동시에 참여하는 데 따르는 협상의 비효율성과 무임승차 유인으로 무역자유화 협상의 성과가 충분하게 이루어지지 못했던 것이 지금까지의 경험이다. 그러나 세계 전체가 소수의 자유무역협정으로 통합된 이후 이들 자유무역협정의 블록 간에 무역자유화 협상을 추진해 나간다면 협상의 효율성을 높일 수 있고 세계적 규모의 무역자유화에도 쉽게 다가설 수 있을 것이다. 또한 자유무역협정에서는 동맹국 간 자유무역에 대한 무임승차가 용인되지 않는 만큼 다자간 무역협상에서 발생하는 무임승차 유인을 억제할 수 있는 장점이 있다. 이렇듯 자유무역협상을 통한 지역 규모의 무역자유화는 세계 전체의 무역자유화를 저해하기보다는 그것에 접근하는 하나의 디딤돌 역할을 할 수 있다는 점에서 그 의의를 발견할 수 있다.

3) 블록 경제(Economic block) 현황 및 운영실태

블록 경제는 특정 지역의 국가들이 하나의 경제권을 형성하고 그 안에서 서로 제한 없는 무역을 하는 것으로 원래는 블록 외부에 대해 폐쇄적인 것[13]이었는데, 최근에는 특정 지역의 여러 국가가 결합하여 블록을 만들어 블록 내에서의 무역에는 제한을 두지 않고 블록 외에서의 무역에는 제한을 두는 하나의 경제권을 의미한다. 유럽연합(EU), 북미자유무역협정(NAFTA), 아시아태평양 경제협력(APEC) 등이 모두 개방적 성격의

---

13) 1932년 오타와에서 열린 영국제국경제회의에서 세계공황 후의 심각한 경제위기와 각국 간의 격렬한 시장경쟁에 대처하기 위해 영국 본토와 그 속령과의 사이에 특혜관계가 설정되면서 사용되었다. 당시 블록 경제에는 영국 블록, 범미국 블록, 프랑스 블록 등이 있었다.

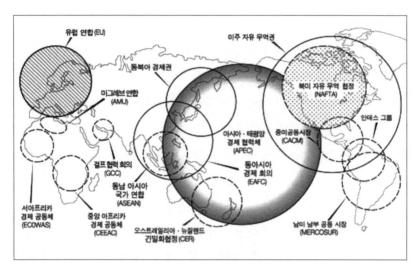

〈그림 1-4〉 세계 각국의 블록 경제 현황

블록 경제라고 할 수 있다.

이와 같이 블록 경제는 회원국이 아닌 비회원국에 대하여서는 폐쇄적
이며 무역장벽이 존재한다. 또한 지역별 블록 경제가 확대됨에 따라 해
당 지역의 블록 경제 시장에 진입을 하려면 무역장벽과 차별화 등으로
인한 많은 무역시장 리스크를 감수하여야 한다.

(1) 유럽경제지역(EEA, European Economic Area)

1992년 5월, 유럽공동체(EC) 12개국과 유럽자유무역연합(EFTA) 7개
국 및 유럽경제공동체(EEC), 유럽석탄철강공동체(ECSC)가 포르투갈의
오포르토(Oporto)에서 협정에 서명하여 출범하였다. 1984년 룩셈부르
크선언 이후 1990년부터 이를 실현하기 위한 논의를 시작하여 1년의 준
비작업과 2년에 걸친 공식 협상 끝에 1992년 유럽경제지역협정과 감독
관청 및 재판소 수립에 관한 협정, 그리고 EFTA 국가들의 상설위원회에

관한 협정이 체결됨으로써 스위스를 제외한 유럽 18개국의 경제 블록이 탄생하였다.

EEA협정(본문129개조)은 상품과 사람·서비스·자본의 자유이동을 핵심으로 하고, 평화와 민주주의 및 인권에 기초한 유럽 건설, 세계적 차원의 교역자유화, 유럽의회 의원들과 EFTA국가 의회 의원들 간의 협력 강화, EFTA 국가의 EC 가입 가능성 등을 주요 내용으로 하고 있다.

근본적으로 자유무역지대이면서도 관세동맹이 아닌 탓에 공동의 대외 통상정책이나 조세에 관한 공동정책이 없다는 점을 제외하고는 대체로 EC의 규정을 그대로 담고 있다. 또한 역내 국가 간에 국경선이 여전히 존재하고 EEA 협정의 발전은 EC의 발전에 병행하여 이루어질 수밖에 없다는 한계도 아울러 갖고 있다.

(2) 라틴아메리카자유무역연합(LAFTA, Latin American Free Trade Association)

1960년 발족한 중남미의 지역적 경제통합조직으로 본부는 우루과이 몬테비데오에 있다. 당초 가맹국은 아르헨티나·브라질·칠레·파라과이·페루·우루과이·멕시코 등의 7개국이었는데, 그 후 콜롬비아·에콰도르·볼리비아·베네수엘라가 가입하였다. 역내무역에 대한 관세 및 기타의 제한을 12년 내에 점차적으로 철폐하여 역내무역의 확대와 공업부문의 상호보완을 그 목적으로 하였다.

성립 후 역내무역은 상당량 증가되어 한때 LAFTA와 CACM(Central American Common Market : 중미공동시장)을 통합하는 LACM(Latin American Common Market : 라틴아메리카공동시장)의 설립이 구상되기도 하였다. 그러나 가맹국 각국의 경제발전의 격차와 국내 정치적 사정 때문에 균형이 맞지 않아 LAFTA 가맹국의 반수는 LAFTA에 가맹한 채 따로 ANCOM

(Andean Common Market : 안데스 공동시장)을 발족시켰다. 1980년까지 연기되었던 역내관세의 철폐도 실현될 가능성이 없어 결국 현실의 경제정세에 맞추어서 LAFTA를 재편성하고 과도기를 재연장하자는 것으로 가맹국 간에 의견이 모아졌다. 그리하여 LAFTA를 발전적으로 해체한 후 1980년 LAIA(Latin American Integration Association : 라틴아메리카통합연합)가 발족되었다.

(3) 아시아태평양경제협력체(APEC, Asia-Pacific Economic Cooperation)

APEC은 세계 최대 지역 협력체[14]로 단기적으로 무역과 투자의 자유화를 실현하고 이를 원활하게 하고, 향후 아시아태평양경제공동체를 창설하여 아시아태평양자유무역지대(FTAAP, Free Trade Area of Asia Pacific)를 실현하는 것을 목표로 1989년 오스트레일리아 캔버라(Canberra)에서 한국을 포함한 12개국 간의 각료회의로 출범했으며, 2012년 현재 21개국이 회원국으로 가입해 있다. 창설 당시 회원국은 한국을 비롯한 미국, 일본, 오스트레일리아, 뉴질랜드, 캐나다와 동남아시아 국가연합(ASEAN, Association of South East Asian Nations) 회원국인 말레이시아, 인도네시아, 타이, 싱가포르, 필리핀, 브루나이였다.

APEC은 지역공동체(RTA)를 추구하되, 유럽연합(EU, European Union)이나 북미자유무역협정(NAFTA, North American Free Trade Agreements) 등과는 달리 역내의 무역·투자 자유화와 경제·기술협력의 혜택을 역외권과 공유하는 개방적 지역주의(Open Regionalism)를 추구한다. 이를 위

---

14) 2011년 기준 APEC 주요 통계에 따르면, APEC 가입국의 총 면적은 6,288만 km^2로 전 세계의 42%에 해당하며, 인구는 약 28억 명으로 전 세계의 39%에 이른다. 명목 국내총생산(GDP)은 약 39조 미국 달러로 전 세계의 57%에 달하며, 교역량은 약 17조 미국 달러로 전 세계의 48%에 해당한다.

한 주요 실천 수단으로는 '보고르 선언(Bogor Declaration)'과 '오사카 행동지침(OAA, Osaka Action Agenda)', '상하이 합의 1)', '부산 로드맵(Busan Roadmap to Bogor Goals)' 등이다. 한편 1994년 APEC 현인그룹(EPG, Eminent Persons Group)은 '개방적 지역주의'에 대한 보고서[15]를 제출했다.

또한 APEC은 활동의 초점을 기업 활동 촉진에 맞추고 있다. APEC 기업인자문위원회(ABAC, APEC Business Advisory Council)와 각국 정상들 간의 대화, 그리고 최고경영자회의(CEO Summit)에서의 교류 등을 통해 APEC은 민간부분의 참여를 확보하고 있다. 아울러 APEC은 태평양경제협력위원회(PECC, Pacific Economic Cooperation Council)와 태평양경제협의회(PBEC, Pacific Basin Economic Council) 등 지역 차원의 민간기구와도 협력하고 있다.

(4) 아세안자유무역지대(AFTA, ASEAN Free Trade Area)

AFTA는 아세안자유무역지대로 싱가포르·말레이시아·인도네시아·타이·브루나이·필리핀 등 동남아시아국가연합(ASEAN:아세안) 6개국이 유럽의 단일시장화와 1994년 1월 발효된 북미자유무역협정(NAFTA) 등 세계경제의 블록화에 효율적으로 대응하기 위해 6개 회원국을 중심으로 공동실효특혜관세협정(CEPI)을 체결하고 2003년 1월 출범시켰다. 주요 내용은 역내 거래에서 공산품 등 관세인하 대상 상품 관세율을 평균

---

15) 이 보고서는 '개방적 지역주의'에 대해 무역장벽 제거 및 완화의 혜택을 역내 국가뿐만 아니라 역외 국가에 대해서도 부여하는 지역 협력으로 정의하면서 몇 가지의 실천 방안을 제시했다. 첫째, 세계무역기구(WTO, World Trade Organization) 체제 하에서 범세계적인 자유화를 추진하는 것. 둘째, 가능한 범위 내에서 최대한 일방적 자유화를 추진하는 것. 셋째, APEC 비회원국에 대한 무역·투자 장벽을 추가로 해소하는 것. 넷째, 비회원국들을 대상으로 자유무역협정(FTA, Free Trade Agreement)을 체결하여 APEC의 무역 자유화에 대해 조건부로 적용하거나 무조건 적용하는 것 등이다.

5% 이하로 낮추고, 이후 점차 관세율을 낮추어 궁극적으로는 무관세화를 실현하는 것이다. 그러나 해당 교역 품목설정에 있어서 농산물과 국가안보 관련 품목 등은 제외되었고, 그 밖에 다른 지역과의 자유무역협정 체결을 통해 역내의 산업별·업종별 무역장벽 철폐와 경쟁력을 강화하고 있다.

(5) 환태평양경제동반자협정(TPP, Trans-Pacific Partnership)

환태평양경제동반자협정[16]은 2015년까지 상품의 관세 철폐 및 지적재산권, 노동규제, 금융, 의료 분야의 비관세장벽 제거를 목표로 하는 높은 단계의 자유무역협정으로 12개국이 협상에 참여하는 다자간 자유무역협정이다. TPP 협상은 2010년 3월에 개시된 이후 2013년 6월 말 현재 모두 17차례의 협상이 진행되었다. 2013년 3월 15일 일본의 TPP 참여에 따라 TPP 협정 체결 시 세계 경제의 40%를 차지하는 초대형 경제블록이 탄생할 전망이다. TPP 협상 참가국 중 미국과 일본이 차지하는 GDP 비중이 90% 이상으로 사실상 미-일 FTA로 평가된다. 그러나 일본 내 반발에 따라 향후 TPP 협상 과정에서 진통이 예상된다.

TPP 협상 주요 내용 및 쟁점 사항은 관세 분야에서 TPP는 원칙적으로 모든 품목의 관세를 즉시 또는 10년 이내에 철폐하도록 규정하고 있으나 12개 협상 참가국의 평균 관세율 격차가 큰 편이어서 협의에 진통이 따를 것으로 예상된다. 특히, 각국의 민감 품목을 인정하는 문제가 협상의 주요 쟁점 사항으로 부각될 전망이다. 더불어 비관세 분야에서도 미국, 일본, 캐나다 등 선진국과 베트남, 칠레 등 개도국과의 경제 수준

---

16) 참여 국가는 미국, 캐나다, 멕시코, 호주, 브루나이, 칠레, 말레이시아, 뉴질랜드, 페루, 싱가포르, 베트남, 일본.

차이로 다양한 분야에서 쟁점이 제기되고 있다.

특히, 지적재산권 분야에서는 WTO의 지적재산권 규정(TRIPS)보다 강화된 규정 적용 여부, 처벌요건, 의약품 특허기간 연장 등과 국내외 투자자 차별금지, 해외송금, 국가투자자간 소송제도(ISD) 등의 포함에 대하여 의견 대립이 있다.

노동 분야에서는 국제노동기구의 핵심 원칙(Core ILO Principle) 준수 및 아동 노동력 사용 또는 노동 착취로 생산된 제품에 대한 거래제한 등이 쟁점 사항으로 부상하였으며 환경에서는 불법 벌목, 야생 동식물 밀수금지, 다자간 환경협약 준수 등이 논의되고 있다. 그러나 두 분야는 분쟁해결 절차를 두고 신흥국들이 반발하고 있으며, 국영기업에 대해 민간기업과 동일한 지위를 부여하는 규정에 대해 국영기업 비중이 높은 베트남, 말레이시아, 싱가포르 등이 반대 입장을 표명하고 있다.

3. 무역 리스크의 의의

1) 리스크(Risk)의 개념과 특징

(1) 리스크의 다양한 정의

앞서 무역과 국가의 관계에 대해 개념적으로 살펴본 바 있다. 여기서는 무역 리스크에 대해 기본 개념을 생각해 본다. 리스크는 손실가능성(Chance of Loss), 손실에 대한 무지(Ignorance of Loss), 손실에 관한 불확실성(Uncertainty regarding Loss), 위태의 조합(Combination of Hazards), 편차(Dispersion) 등 여러 가지로 정의된다. 그 외 리스크에 대한 사전적 정의는 다음과 같이 매우 다양하다. 손실(Loss), 경제적 손실(Economic

Loss), 위태(Hazard), 좋지 않은 결과(Bad consequence), 불운(Mischance), 상해(Injury), 손상(Damage), 사건(An Event), 바람직하지 못한 사건 (Undesirable event) 또는 결과(Results), 이익 또는 손실(Gain or loss), 가능성(Chance or Possibility), 노출(Exposure to), 불확실성(Uncertainty), 확률(Probability), 편차(Variation), 분포(Dispersion), 비우호적 편차(Adverse deviation), 무지(Ignorance), 객관적 가능성(Objective possibility), 확률수준 (degree of probability).

이상의 여러 가지 정의 중 가장 일반적인 정의는 불확실성이며, 리스크 관리 및 보험 분야에서도 리스크는 흔히 '불확실성(uncertainty)' 또는 '측정가능한 불확실성(Measurable Uncertainty)'이라고 정의된다. 전자는 확실하지 않는 상태를, 후자는 확률이 알려져 있는 불확실성을 각각 지칭한다. 이들은 미래에 전개될 모습을 확실히 알 수 없는 상태를 의미한다. 또한 이미 발생한 현실이라도 확실하게 알지 못하는 무지한 상태 (Ignorance)를 뜻할 수도 있다.

측정가능한 불확실성의 경우에는 다시 손해가능성(Chance of loss), 변동성(Variability, deviation from expected value)으로 구분된다. 손해의 가능성은 흔히 보험 분야에서 사용하는 정의로서 손해심도와 손해빈도의 결합으로 표현할 수 있다. 한편 변동성은 재무관리 분야에서 사용하는 정의로서 투기적 리스크(speculative risk)의 정도, 즉 표준편차 등 불안정한 정도를 뜻한다.

그 외 리스크는 무지나, 보험의 목적물 등을 뜻하기도 한다. 무지는 주관적 불확실성으로서 결과를 알지 못하는 심리적 상황을 의미하고, 보험의 목적물로서의 리스크는 보험가입의 대상이다. 즉, 무지는 운명론적 측면에서 인간의 한계를 의미하는 것으로, 이미 운명적으로 결과는 정해진 상황이지만, 미약한 인간으로서는 그 운명이나 결과를 미리 알 길이 없는 무지한 상황을 리스크라고 한다는 것이다. 한편 보험회사에서 리스크라고 하면 이는 보험의 대상이 되는 사람이나 사물을 지칭하고 있다.

이렇듯 현실세계에서는 이런 여러 가지 의미로서 리스크가 사용되므로, 사용할 때마다 어떤 맥락과 정의로 쓰는지 구별하는 것이 바람직하다. 마찬가지로 본서에서도 무역 리스크는 이상의 여러 가지 의미로 다양하게 사용된다는 점을 먼저 인식하여야 한다. 즉, 경우에 따라서 무역 리스크는 무역과 관련된 일반적 불확실성 또는 측정가능한 불확실성(손해의 가능성이나 변동성)을 의미하게 된다.

(2) 불확실성(Uncertainty) 또는 측정가능한 불확실성(Measurable Uncertainty)

예를 들어 내일 비가 올 확률, 내 거래 상대방이 내게 손해를 끼칠 (사기를 칠) 확률 등을 정확히 알 수도 있지만, 모르는 경우도 많다. 만약 전자의 경우라면 측정가능한 불확실성이고, 후자의 경우라면 측정불능의 불확실성(또는 일반적 불확실성)이라고 할 수 있다.

이는 불확실성 중 일부에 해당하는 바, 불확실성 중에서 확률을 정확히 아는 이런 경우를 '측정가능한 불확실성'이라고 한다. 즉, 내일 비가 올 확률이 20%, 내 거래 상대방이 나를 속일 확률이 10%라는 등 객관적 확률[17]로서 측정이 가능한 경우라면, 이는 측정가능한 불확실성이다. 그러나 측정방법이 존재하지 않는 경우에는 측정불능의 불확실성 또는 일반적 불확실성이라고 한다.

예를 들어 어느 주식의 일당 가격변동성이 5%라고 하면 이는 측정가

---

17) 객관적 확률은 경험적 확률과 선험적 확률로 구분되며, 주관적 확률로 뚜렷이 구분되는 점을 유의하자. 객관적 확률은 논리나 경험에 의해 모든 사람이 공인하는 확률인 반면, 주관적 확률은 개인별로 의견이 다른 확률이다. 이상에서 측정가능하다고 하는 것은 객관적 확률을 뜻한다.

능한 불확실성으로서의 리스크라고 할 수 있다. 측정가능한 불확실성은 손해의 가능성과 변동성으로 다시 구분되는 바, 이하에서는 그렇게 구분하여 좀더 상세히 살펴보자.

(3) 손해의 가능성(Chance of Loss)

보험에서 널리 사용되는 리스크의 정의인 손해(발생)의 가능성을 살펴보자. 이 정의에 따르면 리스크가 큰 것은 발생확률(손해빈도)이 크거나 잠재적 손해의 크기 (심도)가 큰 경우이다. 따라서 상식적으로 손해빈도나 손해심도가 큰 리스크를 주목하고 집중 관리해야 하는데, 그 중 리스크 관리에서 특히 중요한 것은 손해심도이다. 왜냐하면 리스크 관리의 목적은 후술하는 바와 같이 생존(survival)이고, 그 측면에서 빈도보다 심도가 더 중요하기 때문이다.

손해의 가능성과 연관된 개념에는 손해(損害), 손인(損因), 위태(危態) 등이 있고 그 의미는 아래와 같다.

첫째, 손해(Loss)는 원하지 않는(Undesired) 또는 비의도적(unintentional)인 자산가치 하락 또는 소멸이다. 손해는 경제적, 사회적, 인적 자산 등 다양한 자산가치에 발생하지만 어느 경우이건 의도하지 않는 경우만으로 제한된다. 손해는 손해를 입은 자를 기준으로 본인손해와 제3자손해로 구분하고, 손해의 성격을 기준으로 인적손해와 물적손해로 나눌 수 있다. 물적손해는 재산손해, 비용손해, 책임손해로 세분한다.

둘째, 손인(損因)은 손해의 원인(the cause of loss)이 되는 사건 또는 사고이다. 예를 들면 집이 화재로 전소되었다면 손인은 불(Fire)이 되고, 어떤 자동차가 다른 자동차와 충돌해서 파괴되었다면 손인은 충돌이 된다. 그 밖에 전형적인 손인으로는 폭발, 폭풍우, 홍수, 지진, 도난, 강도, 질병, 사망 등이 있다.

셋째, 위태(Hazard)란 손인을 만들거나 증가시키는 상태(Condition) 또는 환경요인이다. 즉, 손인(사건)의 배후 원인이 위태이다. 어떤 공장에 발생한 화재는 손인이 된다. 위태에는 다음과 같은 세 가지 형태가 있다.

첫째, 실체적 또는 물리적 위태(Physical Hazard)이다. 실체적 위태란 어떤 원인으로부터 발생되는 빈도(frequency)나 심도(severity)를 증가 시키는 물체의 객관적이며, 실체적인 특성으로부터 생기는 상태라고 정의한다. 예를 들면 결함이 있는 전선이 설치된 아파트를 소유하고 있다면, 결함 있는 전선이 화재를 불러일으킬 수 있는 실체적 리스크가 되고, 빙판길에서 자동차가 다른 자동차와 충돌했다면 빙판길이 실체적 위태가 되고 이는 충돌이라는 손인(Peril)이 구체화될 가능성을 증가시키는 조건이 된다. 이외에도 실체적 위태에는 주택 내에 휘발유가 저장되어 있는 상태, 뚜껑이 없는 맨홀 등 매우 다양하다. 둘째, 도덕적 위태(Moral Hazard) 또는 범법적 위태이다. 도덕적 위태란 불법적인 또는 적어도 반도덕적인 동기나 행위로서 리스크를 증가시키는 조건이다. 예를 들면 어떤 부정직한 피보험자가 보험금을 탈 목적으로 자기 집에 불을 내거나 그의 가게를 고의적으로 도둑맞게 할 수 있다. 셋째, 정신적 위태(Morale hazard)이다. 이는 의도적인 리스크 증가 조건인 도덕적 위태와는 달리 법이나 도덕적 차원에서 문제가 되는 것은 아니지만, 부주의나 과실에 의하여 리스크를 증가시키는 조건이다. 예를 들어 자동차 충돌사고의 경우 충돌이 손인이며 그로 인해 인명 / 재산상의 손해가 발생한다. 그러나 충돌에는 다양한 원인이 있다. 자동차 고장(물리적 위태), 운전자의 부주의(정신적 위태), 운전자의 고의(도덕적 위태) 등이 그 원인이다. 이러한 사고의 원인을 위태라고 한다.

손해, 리스크, 손인, 위태의 관계를 살펴보면 다음과 같다. 모든 손해의 근본원인을 따져보면 불가항력적인 자연조건(실체적 위태)이나 인간이 만

〈표 1-1〉 손해의 가능성과 연관된 개념

구분	개념	분류
손해	원하지 않는 또는 비의도적인 자산가치 하락 또는 소멸	본인손해와 제3자 손해 인적손해와 물적 손해
손인	손해의 원인이 되는 사건, 사고	
위태	손인을 만들거나 증가시키는 상태 또는 환경요인	실체적 또는 물리적 위태 도덕적 위태, 정신적 위태

든 조건(도덕적 또는 정신적 위태)에 기인한다. 즉, 인간이 리스크의 정도를 억제 또는 확대가 불가능한 상황을 불가항력이라고 하면 그 외의 모든 손해는 인간의 통제력이 작용할 수 있다.

이러한 위태에 의하여 구체적이고 가시적인 사건(원인)이 발생하고 그 손인이 특정인 또는 특정 재산에 발생하여 그의 가치가 감소하는 손해를 야기한다. 즉, 위태 → 손인 → 손해의 관계가 성립된다. 예를 들어 어느 선박의 선장의 부주의(정신적 위태)로 선박이 좌초(손인)하면 그 선박(자산)에 손해가 발생한다. 즉 어떤 손해가 발생할 가능성을 리스크라고 한다면 선장의 부주의는 반드시 선박의 좌초를 일으키는 것은 아니므로 위태와 손인 그리고 리스크는 구분될 수 있으나 실제로는 혼용되기도 한다. 결론적으로 리스크는 손인이 특정 자산에 손해가 발생하는 가능성이며, 위태는 이 가능성에 영향을 주는 조건이나 상태를 의미한다.

(4) 변동성(Variability)

변동성으로 정의되는 리스크(측정가능한 불확실성)는 흔히 표준편차로 측정된다. 평균값을 중심으로 좌우에 얼마나 펼쳐진 모습인가를 숫자로 측정하고 평가하는 것이 표준편차이다. 이하 그림에서 기본적인 표준편차의 특징을 살펴볼 수 있다.

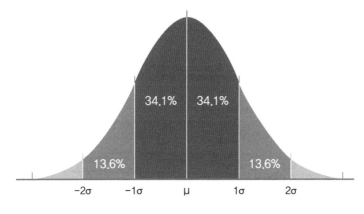

〈그림 1-5〉 표준정규분포 내 표준편차의 의미

변동성과 연관된 원리 중 기본적인 것으로 대수의 법칙(Law of Large Numbers) 또는 중심극한 정리(Central Limit Theorem)를 들 수 있다. 전자는 표본 크기가 증가할수록 표본평균은 모집단평균에 근접한다는 통계적 법칙이고, 후자는 동일한 분포를 가진 독립확률변수 n개의 평균값은, n이 어느 정도 크면, 정규분포에 근접한다는 이론이다.

표준편차와 더불어 변동성을 측정하는 또 다른 지표로서 변동계수(Coefficient of Variation)가 있다. 이는 표준편차를 평균값으로 나눈 것으로 측정단위가 서로 다른 자료를 비교할 때 쓰인다.

2) 무역의 개념과 특징

본서에서의 무역 즉, 상품의 수출입은 기본적으로 상품의 거래라는 점에서는 국내 상거래와 차이가 없으나, 국제성, 문화적 차이, 장거리성과 장시성(長時性) 등의 특징으로 말미암아 전자는 후자보다 훨씬 큰 리스크와 추가적인 거래비용을 내포한다. 무역은 특히 외환 리스크(Foreign

Exchange Risk)와 국가 리스크(Country Risk)라는 국제거래 고유의 리스크를 가진다. 무역과 국내거래의 차이점을 좀 더 구체적으로 살펴보면 다음과 같다.

첫째, 무역은 거래장벽이 높다. 거래장벽은 사회, 문화, 정치, 관습 등 여러 분야에서 나타나며 가장 커다란 요인은 제도, 관습, 지리적 차이에 있다.

둘째, 정부의 지원과 규제가 존재한다. 무역은 국경을 달리하는 국가 간의 거래로 국민경제에 미치는 영향이 지대함에 따라 각국의 정부는 자국산업을 보호하고 나아가 수출증대로 국부를 증대시키기 위한 직·간접의 정책을 무역 및 외환 부문에서 실시하고 있다.

셋째, 무역의 특징 중 하나는 서로 다른 통화를 사용한다는 것이다. 때문에 국내거래에 없는 외환 리스크가 존재한다.

넷째, 해상운송이 중추적 역할을 담당한다. 이는 선박을 이용하여 일시에 대량화물을 장거리 목적지에 운송함으로써 규모의 경제로 대륙 간 이동이 가능케 하였기 때문이다. 현재 우리나라의 경우 수출입화물의 약 99.7%가 이 해상운송에 의존하고 있다.

다섯째, 국제거래에서는 통일된 실정법을 제정하기가 불가능하고, 각국의 상관습에 대한 상이점을 극복하기 위해 2국 간 또는 다수의 국가 간에 의한 조약이나 관습이 발전된 것이 특징이다. 예를 들면 INCOTERMS, UCP, CISG, PICC 등이 있다.

4. 무역 리스크의 분류 및 주요 내용[18)

1) 무역에 있어서 리스크 분류

국제 간의 거래인 무역에 있어 존재하는 많은 리스크를 리스크 구조, 무역의 절차를 기준으로 분류하면 다음과 같다.

(1) 리스크의 구조를 기준으로 한 분류

앞서 언급한 리스크의 구조는 (a) 위태 → (b) 손인 → (c) 손해라는 체계성을 가지고 있다. 이러한 리스크 구조를 토대로 하여 무역에 있어서 리스크를 분류하면 다음과 같다.

① 손해 형태에 의한 분류

첫째, 자산손해와 부채손해로 소위 대차대조표 항목이라고 하는 자산과 부채의 측면에서 자산의 감소 또는 부채의 증가 등 손해의 가능성을 기준으로 리스크를 분류할 수 있다. 화물의 멸실, 손상, 거래선 상실, 신용상실 등은 자산의 손해에 해당하고, 배상책임으로 인한 손해 등은 부채의 증가에 해당한다.

둘째, 수익손해와 비용손해로 손익계산서 항목인 수익과 비용 부문에서 손해가 발생할 수 있다. 수출가격의 인하, 자국 환율의 평가절하로 인한 손해, 수요 변화 및 경쟁자의 등장으로 인한 판매량 감소 손해, 이로 인한 기대이익의 감소, 원료비용 및 운임 증가 등으로 인한 비용증가 손

---

18) 본 장은 정홍주, 노희찬, 최경진(2005), 무역위험의 분류와 관리방안, 무역상무연구를 바탕으로 재정리한 것이다.

해, 예상치 못한 비용의 발생으로 인한 손해 등이 여기에 속한다.

셋째, 손해 발생자에 의한 손해로 손해를 입는 자를 기준으로 수출상 리스크와 수입상 리스크로 구분할 수 있다. 수출상은 약정대금을 수입상이 적절히 지급하지 않음으로써 손해를 입을 수 있는 한편, 수입상은 수입물품을 수출상이 계약 내용대로 제공하지 않음으로써 손해를 입을 수 있다. 따라서 계약(미이행) 리스크는 수출상과 수입상이 각각 노출되는 리스크라고 하겠다. 운송 리스크는 화주(수출상 또는 수입상)가 운송업자에 대응하여 노출되는 리스크이다.

② 손인에 의한 분류

손인 또는 사고/사건을 기준으로 리스크를 분류하면 계약 관련 사고, 운송/통관/유통 관련 사고, 결제 관련 사고, 기타 (보험 관련) 사고 등으로 나눌 수 있다. 계약 관련 사고에는 사기계약, 부실계약, 화물인수거절, 분쟁/클레임 등이 있다. 그리고 운송/통관/유통, 관련 사고로는 해상사기, 해적, 침몰/좌초, 지연, 운송업자 파산, 통관, 제조물 배상책임 등이 있다. 결제 관련 사고에는 지급거절, 지급불능, 지급지연 등이 해당한다.

③ 위태에 의한 분류

위태는 손인 즉 사고/사건의 원인이 되는 환경이다. 위태는 도덕적 위태(Moral Hazard), 방관적 위태(Morale Hazard), 물리적 위태(Physical Hazard)로 구분된다. 도덕적 위태는 고의적으로 사건 또는 사고를 유발한 것인 한편, 방관적 위태는 부주의, 과실에 의해 사건/사고가 발생하는 것이다. 도덕적 위태와 방관적 위태를 합하여 인위적 위태라고 할 수 있다. 물리적 위태는 고의나 부주의가 아닌 불가항력적인 사유에서 사건/사고가 발생하는 것이다. 물리적 위태에는 사회적 위태, 경제적 위태

(소득, 소비, 환율), 정치적 위태(내란, 폭동, 혁명, 강제수용), 기술적 위태, 자연적 위태(폭풍, 지진) 등이 있다.

(2) 무역절차에 따른 무역 리스크의 구조

무역의 진행과정(flow chart)으로 구분하여 무역 리스크는 계약 리스크, 운송 리스크, 결제 리스크로 구분할 수 있다. 계약(미이행) 리스크는 수출상과 수입상에게 모두 해당되는 리스크이지만, 대체로 수출상의 계약불이행으로 인해 수입상이 노출되는 리스크라고 할 수 있다. 반면, 결제 리스크는 수입상의 대금 미결제로 인해 수출상이 손해를 입는 측면에서 주로 수출상의 리스크라고 할 수 있다. 운송 리스크는 화주의 입장에서 (수출상 또는 수입상이) 운송업자의 계약이행과 관련된 리스크이다.

① 계약 리스크

원하는 물품을 수입하여 점유, 소유, 사용, 처분하는 것을 거래의 주목적으로 하는 수입상의 입장에서는 원하는 물품을 인수받지 못하는 리스크가 여러 가지 이유에서 발생한다. 수출자가 고의 또는 과실로 약정된 상품, 품질, 수량, 기간을 계약조건과 내용대로 선적하지 않는 이행 리스크가 대표적이다. 그 외에도 수출국의 특별한 사정(수출제한, 전쟁, 내란, 폭동)으로 인해 화물이 선적되지 못할 리스크도 있다. 이에 따라 수입상은 수익상실, 비용발생, 책임손해 등을 경험할 수 있다. 통관 후 화물인수 후에도 수입한 상품의 하자로 인하여 수입자나 제3자에게 손해가 발생하거나 책임지게 되는 제조물 배상책임 리스크도 존재한다.

무역거래는 원격지에 있는 거래상대방을 대상으로 하는 격지자 간의 거래로 거래 관련 정보의 입수가 어렵고 제한되어 있다는 점, 거래금액이 대규모로 이루어지기 때문에 대금회수나 물품인수의 리스크가 높다는 점, 무역거래에 수반되는 다양한 무역 관련 서류의 위조나 조작의 가능성을 배제하기 어렵다는 점 때문에 사기거래에 노출되기 쉽다. 최근에는 거래처 발굴이 용이하고 저렴하고 손쉽게 무역기회를 창출할 수 있는 전자무역이 성행하고, 신용장에 의한 결제 방식이 감소하면서 무역사기로 인한 피해 사례가 급증하고 있는 실정이다. 특히, 전자무역의 경우 검증되지 않은 정보를 접할 가능성이 높고, 비대면으로 거래가 이루어진다는 점에서 무역사기의 위험이 더욱 크다고 할 수 있다.

② 제조물 배상책임 리스크

최근 제조물의 결함에 따른 소비자의 신체상, 재산상 피해에 대한 생산물 배상책임 문제가 새로운 이슈로 부각되고 있다. 제조물 배상책임은 무역계약상 인도물품의 하자로 수출업자가 수입업자에 대하여 부담하는 손해배상책임과 별도로 시장에서 유통되는 제품의 결함으로 인해 최종 소비자 및 이용자 또는 제3자가 생명이나 신체, 재산, 기타 권리 등에 손해를 입을 경우 제품의 생산·유통·판매의 과정에 관여한 자가 부담하는 법률상의 배상책임을 의미한다. 각국의 제조물 배상책임법은 대부분 국내 생산자와 소비자 간의 관계를 규율하고 있지만, 제품을 해외로 수출할 경우 수출기업 역시 국내 제조기업과 동일한 제조물 배상책임 리스크에 노출될 수 있다.

③ 기술규제

WTO의 출범 및 국가별 자유무역협정(FTA)의 체결의 증가로 관세 및 수량제한 등 고전적인 무역장벽이 다른 나라들의 견제와 감시의 대상이 됨에 따라 기술규제나 국제표준과 같은 합법적인 수단을 통한 무역규제가 21세기 신종 무역장벽으로 급증하는 추세이다. 과거에는 주로 EU나 미국 등 선진국들이 자국의 기술적 우위를 바탕으로 많은 기술규제들을 도입하였지만, 최근에는 신흥개도국들도 소비자 안전 및 산업수준 제고를 명분으로 기술규제를 전면적으로 도입하는 사례가 확산되고 있다. 특히 최근에는 환경에 대한 관심이 높아지면서 탄소배출량 감소 및 환경보호 등을 명분으로 한 환경관련 규제가 급증하고 있다. 일단 기술규제가 도입되면 수출기업들은 제품설계를 변경하는 등 대응체제를 정비하는데 혼란을 겪게 되고, 정해진 요건에 맞추어 품질수준을 향상시키는 과정에서 수출이 상당 기간 지연되는 등 어려움을 겪게 된다.

〈표 1-2〉 계약 리스크의 구조

위태	손인	손해
고의	사기계약(하자 화물의 수입)	수입상의 수익상실/클레임비용손해/배상책임손해
과실	불완전계약, 클레임	수입상의 수익상실/감소/클레임비용손해/배상책임손해
불가항력	수출국의 수출제한/금지 전쟁, 폭동 등	수입상의 수익상실/배상책임손해

④ 운송 및 통관 리스크

물품의 인도와 관련하여 수출지에서 수입지로 물품의 운송과정에 발생할 수 있는 물품의 멸실 또는 훼손에 따른 운송위험을 부담하게 된다. 국제운송은 운송거리가 길고 장기간이 소요될 뿐만 아니라 운송경로 및 운송방법이 다양하고 복잡한 단계를 거쳐서 이행되기 때문에 국내운송에 비하여 훨씬 더 많은 위험요소들을 가지고 있다. 더구나 최근 해상 테러 및 해적 행위가 빈발하고 있는 상황에서 각국이 물류보안을 강화하기 위한 여러 가지 법적·제도적인 장치들을 마련함에 따라 수출입 당사자들은 이에 대응하여 여러 보안요소들을 효율적이고 효과적으로 관리하여야 하는 부담을 안게 되었다.

한편 9·11 테러 사태 이후 미국을 중심으로 세계적으로 확산되고 있는 테러와의 전쟁으로 무역거래에서 물류보안을 강화하기 위한 여러 조치들이 취해지는 한편 기존의 전략물자 수출통제 및 비확산체제를 더욱 공고히 하고 있다. 이에 따라 수출입 보안규정은 한층 강화된 반면, 기업들은 물류비용 절감 차원에서 불필요한 재고를 줄이고 JIT(Just In Time) 시스템을 도입함에 따라 수출입 통제규정의 준수나 세관당국의 제제조치 등 비상사태에 대한 취약성이 높아지고 있다.

대부분의 규제준수 위반이 복잡한 무역관련 규정을 잘 이해하지 못한 데서 비롯된다. 무역규정의 준수위반 및 서류상의 오류는 공급사슬상의 지연 및 불필요한 비용을 유발하므로 리드타임의 단축 및 안정성의 확보와 위험을 최소화하기 위하여 이를 적절히 관리할 필요가 있다. 이러한 조치들은 물품의 국제적인 이동을 방해함으로써 불필요한 무역장벽으로 작용할 수도 있지만, 수출통제규정 및 보안규정을 잘 준수함으로써 공급사슬 비용 및 프로세스를 단축시킬 수 있다.

〈표 1-3〉 운송계약 리스크의 구조

위태	손인	손해
고의	운송사기	화주의 자산손해
과실	불완전계약	화주의 자산손해
불가항력	해적, 침몰, 좌초, 지연	화주의 자산 및 비용손해/책임손해

⑤ 결제 및 가격 리스크

대금수취를 통한 이윤창출을 주목적으로 하는 수출상은 수출대금 수입이 없거나 또는 예상보다 적어지는 경영 리스크(Management Risk)와 수출 관련 비용의 과다발생으로 이윤이 축소되는 비용 리스크(Expenditure Risk)에 접하게 된다. 이는 시간적으로 보아 제조물품을 판매할 대상 확보 불능 또는 수입자는 확보되었으나 부득이한 사정으로 수출불능 상태에 놓이게 되는 선적 전 리스크와 선적 수출된 물품에 대한 대금결제 문제와 초과비용 발생문제 등 선적 후 리스크로 분류할 수 있다. 또는 그의 원인으로서 수입자의 신용 리스크(Commercial Risk)와 수입국의 비상 리스크(Political Risk 또는 Country Risk)로 나눌 수도 있다. 신용 리스크에는 물품인수를 거절하거나 채무를 인정하지 않는 지급거절(Repudiation), 채무는 인정하나 변제가 지체되는 지급지체(Protracted Default), 채무는 인정하나 파산이나 법률적인 원인으로 인한 지급불능, 어음 만기일에 유효한 인수가 거절되는 인수거절(Non-Acceptance) 등이 있다. 비상 리스크에는 수출허가의 취소 등 수출규제조치 리스크, 전쟁·혁명·내란 등 정치적 리스크, 외환부족 등을 이유로 수입국의 환거래 제한 지급유예, 수입규제 조치 등 경제적 리스크와 강제수용 리스크 등이 있다. 이외에도 수출물품에 대한 클레임, 제3자에 대한 상해나 손해발생으로 인한 배상책임 리스크가 있고, 국제거래상의 장시성(長時性) 즉 수출계약 시점과 대금결제 시점 간의 격차로 인한 수출대금의 내국화 가치가 변동하는 환율변동 리스크도 수출자가 경험하는 중대한 리스크가 된다.

⑥ 환위험 및 금융위험

계약의 체결 시점과 대금지급 시점 사이 환율의 변동에 따른 환차손의 위험과 금융위기 및 결제지연 등으로 인해 자금유동성 부족에 처할 수 있는 금융 관련 위험을 부담하게 된다. 특히 조달·생산·판매 등 기업의 활동의 글로벌화에 따른 리드타임의 증가는 재고비용, 운송비용, 통관비용 등 추가적인 거래비용을 유발하게 되고, 수요의 급격한 변화 및 자연재해나 노동자의 파업, 전쟁, 테러 등의 돌발 사태로 인한 예상치 못한 비용의 증가는 글로벌 소싱을 통해 절감된 비용을 잠식할 수도 있다는 점에서 적절한 관리가 요구된다.

〈표 1-4〉 결제 리스크의 구조

위태	손인	손해
고의	사기계약, 지급거절, 인수거절	수출상의 수익손해
과실	불완전계약, 지급지체	수출상의 수익상실/축소
불가항력	선적전 수출불능, 수입상의 지급불능 지급지체, 환율변동	수출상의 수익상실/축소

교통과 통신 및 정보기술의 발달, 자유무역의 확산으로 국가 간 무역장벽이 낮아지고 글로벌화가 가속화되면서 구매·조달·조립·생산·판매 등 기업활동이 범세계적으로 확대되고 있다. 국제거래는 정치·경제·사회·문화·법률·금융 등의 여건이 국내시장과 다르고 국가 간 물자 및 서비스의 이동이라는 측면에서 개별 국가의 무역 관련 법규 및 정책 그리고 국제무역규범에 직접적인 영향을 받고 있다. 또한 국내거래에 비하여 그 절차가 복잡하고 운송인·은행·보험회사·창고업자·중개업자 및 통관업자 등 다양한 주체들이 개입될 뿐만 아니라 국가 간 물자 및 서비스의 이동이라는 측면에서 개별 국가의 무역정책 및 국제적인 규범에 직접적인 영향을 받게 된다. 이렇듯 무역은 생산 및 조달비용을 절감하고 새로운 시장 확보를 통해 기업이 지속적으로 성장할 수 있는 기회를 제공하는 한편, 복잡한 절차 및 규정, 그리고 예측하기 어려운 국제거래환경으로 많은 위험에 직면하게 된다.

⑦ 신용위험 및 상업위험

수출입 당사자는 무역계약 체결 후 계약의 이행 단계에서 물품의 인도와 대금의 지급에 따른 신용위험과 상업위험을 부담한다. 이는 주로 물품의 인도와 대금의 지급이 동시이행조건으로 이루어지는 국내거래와 달리 물품의 인도와 대금의 지급 사이의 시간적·공간적 갭이 존재함으로 인해 물품의 인도 후에 대금회수불능의 위험에 처할 수도 있고, 대금지급 후 물품을 인도받지 못하거나 계약조건에 적합하지 않은 물품이 인도될 수 있는 위험에 처할 수 있음을 의미한다.

5. 무역 리스크 관리의 기본 방향

무역거래에서 발생하는 리스크는 그 종류와 범위가 다양하고 복잡하다. 때문에 무역거래에서 발생하는 리스크에 대한 관리방법을 획일적으로 정형화된 형태로 정리한다는 것은 어려움이 있다. 여기에서는 먼저 리스크 관리의 기본 개념을 살펴본 후, 무역 리스크별, 리스크 특성별, 리스크 형태별로 구분하여 무역 리스크 관리의 기본방향에 대해 살펴보자.

1) 리스크 관리의 기본 개념 이해

리스크 관리는 개인이나 조직이 직면한 리스크를 확인, 평가, 관리하는 체계적인 과정이다. 리스크 관리의 목적을 효과적으로 달성하기 위한 단계적 절차로서 잠재적 손해의 확인, 잠재적 손해의 크기 및 영향 평가, 리스크 관리방법의 선택 및 실행, 리스크 관리에 대한 사후적 평가 등 4가지 단계를 들 수 있다.

(1) 리스크 관리의 절차

① 잠재적 손해 확인, 인식(Identify Potential Loss)

첫째로 리스크 관리자는 리스크 발생(노출된 순수 리스크)으로 인한 경제적 손해에 대한 원천을 발견 또는 확인을 하여야 한다. 즉, 어떠한 리스크가 존재한다는 사실을 확인하는 절차이다. 이는 리스크 분석을 통해 가능하고 리스크 분석은 리스크 조사(Risk Survey)를 통해 가능하다. 리스크 조사는 리스크 관리의 절차 중에서 가장 전문적이면서 또한 가장 많은 시간이 소요되는 작업이다. 리스크 관리자는 크고 작은 손해노출을 발견 또는 확인하기 위하여 몇 가지 정보의 원천을 사용할 수 있다.

② 잠재적 손해의 크기 및 영향평가(분석)(Evaluating Potential Loss)

잠재적 손해를 확인 또는 발견한 후, 다음 단계에서 리스크 관리자는 기업에 미치는 영향을 평가하고 측정(추정)해야 한다. 즉, 앞에서 리스크가 있다는 사실 확인을 한 다음 단계로서 여기서는 그 리스크가 어떠한 리스크인가를 분석하는 일이다. 이 단계에서 리스크 관리자는 잠재적인 손해의 각 형태에 대한 빈도와 심도를 추정해야 한다. 그 다음에 다양한 손해노출을 상대적인 중요도에 따라 순서를 정할 수 있다.

③ 리스크 관리 방법의 선택 및 실행

앞에서 잠재적 손해를 확인(발견)한 후, 이들 잠재적 손해의 크기와 영향을 평가하였다. 그 다음 단계로서 각 손해노출에 대처하기 위한 적절한 기술을 선택해야 한다. 리스크 관리의 방법으로는 다음과 같은 다양한 기술들이 있으며 그 비용과 효과를 고려하여 개별적 또는 종합적으로 사용하여야 한다. 리스크 관리의 방법은 크게 리스크 통제(Risk Control)와 리스크 재무(Risk Financing)로 구분할 수 있다. 전자는 손해 빈도나 손해심도를 직접적으로 축소 통제하는 사전적인 방법인데 비하여 후자는 손해발생 후의 복구자금을 미리 준비하는 사후적인 방법이다.

④ 리스크 관리에 대한 사후적 평가

이 단계는 리스크 관리에 총괄적인 단계로써 잠재적 손해의 인식에 대한 정확한 판단과 손해의 크기 및 영향평가 명확한 분석, 그리고 최적의 리스크 관리 방법을 선택하고 실행하였는가에 대한 각 단계별 및 종합적인 평가를 한다. 이러한 평가는 향후의 리스크 관리의 자료로 활용된다.

(2) 리스크 관리의 방법

리스크 관리방법은 크게 리스크 통제와 리스크 재무 기법이 있으며, 전자는 리스크 회피와 손해통제, 후자는 리스크 보유, 보험, 비보험이전 등으로 다시 나눈다. 이를 구체적으로 살펴보면 다음과 같다.

① 리스크의 회피(Avoidance)

리스크의 회피란 특정 손해 리스크를 결코 취급하지 않거나 또는 기존의 손해의 리스크를 포기하는 행위로 리스크 회피는 리스크를 본능적으로 싫어하는 인간의 성향인 리스크 기피와는 구별되는 인간의 행동이다. 리스크 회피는 당면한 리스크로부터 발생할 수 있는 경제적 손실에 대한 가능성에 대한 확률을 0으로 줄이는 것을 말한다. 예를 들면 공장을 새로 건설하는 기업은 상습적으로 침수되는 지역에 공장을 짓지 않음으로써 홍수로 인한 피해를 회피하는 경우이다. 리스크 회피의 장점은 손해 리스크를 취급하지 않는 리스크의 완전한 제거라는 점이다. 그러나 리스크 회피는 활용 가능성의 제한성, 비현실성 등의 단점을 가지고 있다.

② 손해통제(Loss Control)

손해통제는 리스크에 노출된 사람 또는 조직이 적극적이고 자발적으로 그 리스크에 영향을 주어 리스크의 구조 즉 손해의 빈도와 심도를 줄이는 리스크 관리 방법이다. 손해통제의 목적은 손해 리스크가 기업에서 보다 잘 받아들여질 수 있도록 손해노출의 특성을 변화시키는 것이다. 손해통제에는 손해예방(Loss Prevention)과 손해축소(Loss Reduction), 다각화(Diversification), 헤징(Hedging) 등이 있다.

(a) 손해예방(Loss Prevention)과 손해축소(Loss Reduction)

손해예방은 손해의 빈도를 줄이는 손해통제로서 예를 들면 품질통제 검사, 드라이버 검사, 안전규칙의 엄격한 시행, 생산설계의 증진 등이 있다. 손해빈도를 줄이려는 손해통제는 손해축소로서 도난경보 시스템의 설치, 응급처치 등이 있다.

손해예방과 손해축소는 전자가 손해발생 자체를 억제하는 것인 반면 손해축소는 일단 손해발생을 전제로 그 크기(손해심도)를 축소하려는 노력이라는 점에서 구별된다. 예를 들어 화재 리스크를 통제하기 위하여 공장에 금연 표시를 하는 것은 화재 확률을 축소하는 손해예방의 효과는 있지만 일단 화재가 발생한 경우에 손해액을 축소하는 효과는 없다. 반면 공장 내에 소화기를 설치하는 것은 손해축소의 효과만 있고 손해예방의 효과는 없다. 왜냐하면 소화기의 사용은 화재발생을 전제로 하여 손해를 축소하는 효과만 있기 때문이다. 손해예방과 손해축소는 순수 리스크를 관리하는 데 사용되는데 다른 리스크 관리 방법에 비하여 상대적으로 다음과 같은 장단점을 가지고 있다. 장점으로는 첫째 약간의 주의와 노력을 기울임으로써 손쉽게 손해빈도나 손해심도를 축소관리가 가능한 경제성이 있다. 예를 들어 경고문이나 간단한 소화기의 설치를 통하여 화재 리스크의 상당 부분이 관리된다. 둘째, 어느 정도까지는 리스크에 노출된 본인이 그 리스크 구조에 대해서 타인에 비하여 잘 알고 있으므로 관리하기가 쉽다. 셋째, 본인 스스로 손해예방 및 억제를 하는 경우의 동기유발(Motivation) 효과가 크다. 보험회사나 제3자에게 리스크를 이전하는 경우 그 손해는 더 이상 자신의 몫이 아니므로 본인은 리스크 관리에 소홀하게 되는 문제가 있으나 모든 손해를 본인이 지는 경우에는 그렇지 않다. 넷째, 리스크 관리를 타인에게 맡기는 경우에 지불하여야 하는 비용이 발생하지 않는다. 한편 단점으로는 첫째 손해예방이나 손해축소가 완전히 리스크를 제거하는 수단이 못 된다. 즉 이들은 부분적인 리스크 관리의 수단이다. 둘째, 때로는 본인보다 리스크에 정통한 전문적인 리스크 관리 기관의 서비스를 받지 못한다.

(b) 다각화(Diversification)

다각화는 손실노출의 리스크가 있는 요소(요인)를 한 곳에 집중시키지 않고 분산시킴으로써 리스크에 대처하는 기법이다. 예를 들면 어떤 기업이 전체 상품을 하나의 창고에 보관하지 않고 여러 개의 창고에 분산하여 보관함으로써 손해노출의 리스크를 줄이는 경우다. 다각화는 리스크에 놓인 물체 자체에 변화를 주어 손해빈도와 손해심도의 구조를 동시에 변경한다는 점에서 손해예방과 손해축소와는 성격이 다르다. 예를 들어 여러 개의 창고에 상품을 분산 보관하여 다각화한 경우 어느 한 창고에서 손해가 발생할 확률을 손해빈도라고 한다면 다각화가 진행됨에 따라서 손해빈도는 증가하고, 손해 발생을 전제로 한 손해의 크기인 손해심도는 감소한다.

무역에 있어서 수출국 또는 수입국의 다각화는 특정 국가의 비상 리스크에 따른 손해심도를 축소하고 반면 손해빈도는 확대하는 효과를 갖는다. 다각화 역시 손해예방과 손해축소와 유사한 장단점을 가지고 있는데 때로는 다각화가 불가능한 경우가 많다는 문제점이 독특하다.

(C) 헤징(Hedging)

헤징(Hedging)은 인위 리스크에 사용되는 리스크 관리의 방법으로 특정 리스크에 노출된 물체가 이익 및 손해의 가능성을 갖는 경우 그 리스크에 대하여 반대의 효과를 갖는 자산을 보유함으로써 잠재적인 이익의 크기와 손해의 크기를 동시에 축소하는 것이다. 가장 널리 쓰이는 헤징의 예로서 선물거래와 선도거래를 들 수 있다. 즉, 현물거래와 선물거래를 동시에 하여서 전자에서 발생한 손해(이익)를 후자에서 발생하는 이익(손해)으로 상쇄하는 것이 헤징의 한 종류이다. 헤징은 인위 리스크의 적절한 관리수단으로 널리 이용되나 순수 리스크의 관리에는 사용이 불가능하고 또한 인위 리스크의 경우에도 완전한 헤징 수단이 존재하지 않을 수 있는 사용상의 문제점이 있다. 선물거래는 제3자와의 계약을 통하여 리스크를 이전한다는 측면에서 비보험이전의 일종으로 구분되기도 한다.

③ 리스크의 보유(Retention)

리스크 보유란 리스크를 보험회사를 포함한 제3자에게 이전하지 않고 주어진 손실노출의 결과 발생하는 손해의 일부 또는 전부를 스스로 인수하는 것을 말한다. 리스크 보유는 손해빈도나 심도에 영향을 주지 않는다는 의미에서 리스크 통제가 아니고 리스크 재무이다. 이는 손해빈도나 손해심도에 관하여 아무런 통제를 가하지 않는다는 점에서 후술하는 손해통제와 구별된다. 리스크 보유는 소극적 보유와 적극적 보유로 구분되는데, 전자는 무의식적으로 리스크에 노출되는 것인 반면 후자는 리스크를 의식하면서 보유하는 것을 말한다. 적극적 보유에는 사후적인 손해에 대한 대비책을 마련하는 방법과 보다 적극적으로 자금조달에 관한 준비를 하는 것으로 다시 구별된다. 소극적 리스크 보유는 손해빈도나 손해심도가 매우 낮은 리스크들에 흔히 사용된다. 리스크 인수는 손해심도가 작거나 손해빈도가 높아서 손해예측이 어느 정도 가능한 경우 또는 다른 리스크 관리수단이 없는 경우에 흔히 사용된다.

리스크의 보유는 여타 리스크 관리방법에 비해서 다음과 같은 장·단점을 가진다. 장점으로는 첫째 금전적 경제성으로 만약 실제 손해에 보험자의 보험료보다 적다면 결국 상당한 돈을 절약할 수 있다. 둘째, 캡티브의 경우 보험자에 의해 제공되는 서비스가 저렴한 비용으로 기업에 의해 제공될 수 있다. 그리고 손해조정 비용, 일반적인 관리비용, 커미션 수당, 그리고 보험자 이익 등을 포함하는 일부 비용을 절약할 수 있다. 셋째, 손해억제 촉진으로 일부 손해노출을 인수해야 하기 때문에 기업은 손해방지에 더욱 신경을 쓰게 된다. 넷째, 손해처리의 과정과 시간이 적다. 보험의 경우 손해가 보험계약의 보상절위에 해당하는 것인지 여부를 따져야 하나 리스크 보유의 경우에는 그럴 필요가 없다. 다섯째, 현금 흐름 증대로서 기업이 보험자에게 지불해야 할 자금을 이용할 수 있기 때문에 인수에 의해 현금의 흐름이 증대된다. 반면 단점으로는 첫째, 손해가 증대될 가능성으로서 기업이 인수해야 할 손해가 보험료보다 클 가능성이 있다. 즉, 인수의 실제 비용이 보험료보다 더 높을 수 있다. 둘째, 세금증대 가능성으로 보험자에게 지불하는 보험료는 법인세 소득공제가 되지만, 리스크 보유와 관련된 비용은 그렇지 않다.

④ 보험(Insurance)

보험은 대표적인 리스크 재무 수단이다. 보험은 보험료를 지급받은 보험자가 피보험자에게 발생하는 특정한 손해를 약정된 절차와 방식에 따라서 보상하기로 하는 계약이다. 즉 보험은 피보험자가 보유하는 리스크를 보험자에게 이전하고 그 대가로 전자가 후자에게 보험료를 지급하는 손해보상 계약이다. 그러므로 리스크에 노출된 피보험자는 보험에 가입함으로써 손해발생 유무와 관계없이 안정적인 경제적 상태를 유지하게 된다. 한편 보험자는 다수의 피보험자로부터 인수한 리스크로 손해를 다각화함으로써 리스크 관리를 할 수 있다.

보험은 피보험자의 입장에서 다음과 같은 장·단점을 가지고 있다. 장점으로는 손해 발생 시에 보상으로 인하여 불확실성이 축소되고 안정성을 유지하게 된다. 또한 보험자의 전문서비스, 즉 리스크 확인 평가 및 관리 등의 비전문적인 피보험자로서는 하기 어려운 서비스를 제공받을 수 있다. 더불어 보험료는 법인세 또는 개인소득세를 산정함에 있어서 소득공제를 받는 비용으로 처리된다. 한편 단점으로는 보험은 보험료라는 형식의 금전적 비용이 발생된다. 이 보험료에는 리스크 자체와 관련된 손해액의 기대값은 물론 보험회사의 경비 및 필요 이윤이 내포되어 있다. 이러한 금전적 비용 외에도 보험가입은 보험회사의 선택 및 조건 협상 그리고 사고발생 후의 보험금 청구 등과 관련된 다양한 절차와 시간과 노력이 소모된다. 그러므로 손해심도가 작은 보험의 경우에는 보험에 의한 보험관리의 비용이 효익을 초과할 수 있다. 또한 보험에 가입함으로써 피보험자가 보험관리에 소홀함으로써 그렇지 않는 경우에 손쉽게 관리될 수 있는 리스크가 확대될 수 있는 경제적 비효율성이 발생할 수 있다. 더불어 보험회사의 재무 상태가 불량한 경우에 손해배상 계약이 이행되지 않을 수도 있는 보험도 있다.

⑤ 비보험 이전(Noninsurance Transfers)

비보험 이전은 계약 또는 리스(임차) 등을 통하여 보험을 제3자에게 이전시키는 리스크 재무 방법이다. 예를 들면 특정 기업의 컴퓨터 임대 계약은 컴퓨터의 보존, 수리 등의 실체적 손해에 대해 컴퓨터 회사가 책임을 진다. 또한 수출입과 관련된 해운회사와의 운송계약은 화주가 본래 갖는 운송상의 손해 리스크를 상당 부분 운송인에게 이전시키는 효과가 있다. 그리고 수출입에 널리 사용되는 신용장도 비보험 이전의 한 형태이다. 즉 신용장거래는 은행의 지급보증을 통하여 수출자의 대금결제 리스크가 은행으로 이전되는 것이다.

비보험 이전의 장점으로는 첫째, 잠재적 손해에 관한 손해통제를 보다 효율적으로 할 수 있는 누군가에게 이전된다. 그리고 리스크 관리자는 상업적으로 보험에 부보할 수 없는 잠재적 손해를 이전할 수 있다. 셋째, 비보험 이전은 보험에 이전보다 비용이 저렴하다는 것이다. 그러나 단점으로는 첫째, 체결된 계약의 불완전성이다. 즉 잠재적 손해의 이전은 이전계약이 모호하기 때문에 계약체결 및 해석상의 문제를 야기시키고 게다가 상대방의 성실성 또는 능력상실로 인하여 계약 내용이 불이행될 가능성도 배제할 수 없다. 둘째, 별도로 보험이 필요한 경우에 비보험 이전은 보험자가 비보험 이전에 대하여 보험료 할인을 주지 않는 경우에는 보험비용을 줄이는 것이 아니라는 것이다.

(3) 통합적 리스크 관리

이상에서 리스크 관리를 위한 다양한 방법과 각각의 장단점을 설명하였다. 리스크 관리의 방법은 크게 리스크 통제와 리스크 재무로 나누고, 이를 다시 리스크 회피, 리스크 통제, 리스크 인수, 보험, 비보험 이전 등 5가지로 구분된다. 그러면 이러한 방법들은 어떻게 단계적으로 그리고 종합적으로 이용될 수 있는가를 생각해보자. 각각의 리스크 관리 방법은 나름대로 비용과 효과 그리고 적용가능성이 상이하지만 모든 것은 경제성의 관점에서 바라보아야 한다. 즉 전체적으로 리스크 관리의 총비용을 최소화하는 또는 동일한 비용을 투입하여 최대의 효익을 얻는 방법을 선택하여야 한다.

리스크 관리 방법의 첫 단계는 손해통제, 비보험 이전, 보험의 3가지 방법을 적절하게 결합하여 사용하는 것이다. 즉, 본인과 제3자 또는 보험자 중 누가 가장 경제적으로 리스크를 관리할 수 있는가를 따져본다. 물론 스스로 손쉽게 관리할 수 있는 손해는 스스로 하는 것이 경제적이다. 예를 들어 화재나 도난을 대비하여 경고문이나 경보장치를 간단히 설치하면 상당한 리스크를 축소할 수 있다. 그러나 앞서 지적한 대로 손해통제의 방법은 제한적이며 전체 리스크를 관리하는 수단으로는 부족하다. 그러므로 제3자나 보험에 의하여 나머지 리스크를 이전하는 것이 필요하다. 그러나 제3자나 보험자가 과다한 급부를 요구할 수도 있다. 이 과정을 통하여 가장 경제적인 리스크 관리 방식을 택하고 나면 본인에게 귀착되는 리스크를 알 수 있다. 이 부분에 대하여 인수 여부를 결정한다.

이해를 돕기 위하여 다음의 예를 살펴보자(〈표1-5〉). 손해통제를 전혀 하지 않는 경우(손해빈도, 손해심도)가 (0.7, 1000)인 리스크가 있다. 보험가입을 한다면 리스크 관리자는 보험료로서, 보험회사의 비용과 이윤을 고려하여, 손해액의 기대값(= 손해빈도×손해심도)의 120%을 보험회사에 지급하여야 한다. 한편 리스크 관리자는 이 리스크를 직접 통제할 수도 있다. 즉 100의 손해통제 비용을 지출하여 손해빈도가 0.7에서 0.3으로 감소한다. 여기에 200을 추가하여 총 300을 지출한다면 빈도는 0.2로 하락한다. 거기에 200을 추가 지출하여 총 500의 지출을 하면 빈도는

0.1로 더욱 축소된다. 이때 손해심도의 변화는 없다고 하자(즉 손해예방의 경우이다). 이때 가장 적절한 즉 가장 경제적인 리스크 관리방법은 무엇인가? 아래의 표는 이상의 내용을 정리한 것이고 총비용은 손해통제비용과 보험료를 합한 것이다. 여기서 가장 경제적인 선택은 총비용이 460으로 최소화되는 즉 손해비용을 100을 지출하고 나머지 리스크인 (0.3, 1000)을 보험으로 관리하는 방법이다. 손해통제비용이 증가되면 리스크는 축소되고 이에 따라 보험료가 절감되는 효과가 있다. 즉, 손해통제와 보험은 상쇄효과(Trade off)가 있다. 그러므로 최적의 손해통제비용은 손해통제에 따르는 한계비용이 한계이익(=보험료의 감소분)보다 크지 않은 선에서 결정된다.

〈표 1-5〉 통합적 리스크 관리의 예제

손해통제비용	리스크(손해빈도, 심도)	보험료	총 리스크 관리비용
0	(0.7, 1000)	840	840
100	(0.3, 1000)	360	460
300	(0.2, 1000)	240	540
500	(0.1, 1000)	120	620

두번째 단계는 이상에서 확정된 리스크를 인수할지 또는 회피할지를 결정하는 것이다. 전 단계에서 결정된 최적의 비용과 리스크 그리고 효익을 고려하여 결정한다. 이상의 예에서 애초에 (0.7, 1000)인 리스크를 통제 및 리스크에 의하여 완전히 제거하는 데 드는 최소비용은 460으로 결정되었다. 만약 이 리스크를 완전히 제거하면 얻을 수 있는 안전성을 비롯한 모든 긍정적인 효과의 가치가 500이라면 이 리스크를 회피하는 것은 비합리적이다. 즉, (0.7, 1000)의 리스크는 인수하여 관리하여야

한다. 반면 긍정적인 가치가 400에 불과한다면 그 반대로 회피하는 것이 경제적이다.

2) 무역 리스크별 기본적 관리방향

(1) 리스크 관리 방법을 기준으로 한 무역 리스크 분류
① 예측 가능성

무역 리스크 중에는 비교적 확률측정이 가능한 리스크와 그렇지 않은 리스크가 있다. 대체로 발생빈도가 높은 리스크는 확률측정이 용이한 반면, 빈도가 낮은 리스크는 측정이 어렵다. 운송사고와 같은 정태적 리스크는 비교적 확률측정이 용이한 반면 전쟁, 내란, 폭동, 환율변동 등 정치경제적 사건의 발생 리스크는 동태적 리스크로 확률측정이 비교적 어렵다.

② 리스크 통제 가능성

무역 리스크 중에는 수출상 또는 수입상이 각각 손해빈도나 손해심도를 통제하기 용이한 리스크가 있는 반면 통제하기 어려운 리스크도 많다. 도덕적 위태에서 발생하는 사기사고의 경우, 빈도를 축소하기 위해서는 계약포기(리스크 회피), 신용조사 등이 가능하고, 심도를 축소하기 위해서는 다수의 상대방과 거래하는 분산/분할 등이 유용하다. 방관적 위태(즉 본인 또는 상대방의 부주의)에서 발생하는 사고 중 대표적인 것이 불완전계약인바, 이는 계약회피와 더불어 계약당사자의 주의환기에 의해 계약의 완전성을 높임으로써 손해빈도를 낮출 수 있다. 방관적 위태로 인한 사고의 심도를 낮추는 방법 역시 분산/분할이라고 할 수 있다. 물리적 위태에 의해 야기되는 사고(수출불능, 수출취소, 전쟁, 폭동, 송금불능

등)는 리스크 회피 또는 국가신용도 조사 등을 통해 손해빈도 축소가 가능하다. 이에 관한 손해심도 축소는 다른 것과 마찬가지로 분산/분할에 의해 가능하다.

③ 리스크 재무 가능성

리스크 재무는 계약 이전 또는 보험 등을 통해 손해발생 후 대책을 사전적으로 확보하는 방안이다. 리스크 재무는 손해빈도 또는 손해심도를 직접적으로 통제하지 않는 점에서 리스크 통제와 다르다. 무역 리스크 중 계약 리스크 또는 운송 리스크 등은 계약을 통해 무역 상대방 또는 운송업자에게 리스크를 이전할 수 있다. 또 그런 방법이 경제적이고 바람직하다. 왜냐하면 어떤 리스크는 시간, 공간적으로 상대방 또는 운송업자의 지배통제 하에 있어서 본인보다는 그들이 통제하기 용이하기 때문이다. 한편 보험을 통해 리스크를 보험회사에게 이전하는 것이 가능한 무역 리스크는 일반적으로 본인의 리스크 통제 또는 상대방 또는 제3자에 대한 계약 이전이 곤란한 리스크가 대부분이다. 즉, 불가항력에 의한 손해 리스크가 대부분 보험회사에 이전된다. 한편 불가항력적인 사건이지만 동시다발적으로 발생하여 보험회사의 입장에서는 인수하기 어려운 무역 리스크는 민간보험에서 높은 보험요율로 인수되거나, 공영보험의 형태로 인수되는 경우가 많다. 예를 들어 계약 관련 리스크는 보험에서 인수하지 않는다. 계약당사자들의 주의에 의해서 관리되는 것이 경제적이고 또한 바람직하기 때문이다. 따라서 운송 관련 리스크와 결제 관련 리스크 중 일부가 보험을 통해 관리된다. 한편 해상보험 중 전쟁, 폭동 등의 경우에는 별도의 고율의 보험료가 요구되고, 환율변동 리스크는 무역보험공사(KSURE)에서 인수한다.

(2) 무역 리스크 관리 방식의 다양성

무역 리스크는 리스크 회피 리스크 인수, 리스크 통제, 리스크 이전, 리스크 헤징, 리스크 분산, 보험 등에 의해 무역 리스크를 관리할 수 있다. 이러한 방법은 관리비용이 상대적으로 덜 드는 자를 중심으로 리스크를 배분하고 관리하도록 하는 것이 기본원칙이다. 즉 리스크 통제가 가능한 자에게, 리스크 관리로 인한 한계비용이 한계수익과 일치하는 선에서, 리스크를 이전하여 통제하도록 하고 나머지 리스크는 보험, 분산, 헤징 등의 수단으로 관리한다. 첫째, 가장 소극적 리스크 관리 방법인 리스크 회피는 무역거래를 하지 않는 것이다. 둘째, 리스크 이전의 경우는 수출자나 수입자는 무역거래조건에 의해 상대방에게 거래 리스크와 이행 리스크의 일부 그리고 클레임 리스크 생산물책임 리스크 환율변동 리스크를 상대방에게 이전시킬 수 있다. 그러나 계약에 의한 리스크 이전은 방법은 수출자나 수입자 개개인의 담당하는 리스크의 몫에는 차이가 있으나 전체 리스크에는 별 변화가 없다는 면에서 각자의 리스크에 대한 별도의 해결방법이 요구된다. 셋째, 남은 리스크들은 직접 통제비용이 작은 경우, 즉 인위적 위태의 가능성이 큰 경우, 리스크 통제를 하며, 나머지 통제비용이 큰 리스크는 분산, 보험, 헤징 등에 의해 처리한다. 넷째, 이상에서 남은 리스크는 가능하면 분산에 의해 처리하는 것이 가장 경제적(Cost-Effective)이나 현실적 제약이 따르는 경우가 많아 제한적이다. 다섯째, 남은 순수 리스크는 보험에 의해 처리되는데 리스크의 성격상 확률의 모호성, 손해의 대형성, 사고의 동시다발성을 가진 리스크는 보험의 본질상 민영보험에서 처리되기 어려우므로 공영보험에서 처리되기도 한다. 여섯째, 투기적 리스크는 헤징에 의해 리스크 발생의 결과를 희석할 수 있으므로 환율변동 리스크의 경우는 외환선물 또는 스왑거래 등으로 헤징 또는 통제할 수 있다.

3) 무역 리스크의 특성별 관리방안과 절차

무역거래에서 발생하는 리스크를 수출자와 수입자 측면에서 분류하고 이를 리스크 종류에 따른 관리방법과 절차를 단계별로 살펴보면 다음과 같다.

〈표 1-6〉 무역 리스크의 특성별 관리방안

구분	순수 리스크 여부	정적 리스크 여부	일반 리스크 여부	도덕 리스크 크기	관리방법
수출자 리스크 수입 리스크 신용 리스크 국가 리스크 환율변동 리스크	부	부 부	부	중 저 저	통제/보험 보험(공영) 헤징/보험
비용 리스크 클레임 리스크 생산물책임 리스크			부	고 중	인수/통제 보험/통제
수입자 리스크 이행 리스크 운송 리스크 생산물책임 리스크		(부)	부	고 저 중	인수/통제 보험(민영) 보험/통제

「1단계」 리스크 평가 : 손해빈도와 손해심도의 평가
「2단계」 리스크 통제효과 분석 : 비용효과 분석, 적정선의 통제관리비용
        지출
「3단계」 다각화 또는 헤징 가능성 분석 : Diversification, Hedging
「4단계」 리스크 이전 가능성 : 리스크 인수 원하는 타인 존재 확인
        : 리스크 이전, 보험
「5단계」 잔여 리스크 관리 : 남은 리스크의 인수 여부 결정
        : 리스크 인수 또는 회피

(1) 계약 리스크

무역계약을 둘러싼 수입상의 리스크는 위태를 기준으로 수출상의 고의, 수출상 또는 수입상의 과실, 또는 불가항력 등에 기인한다. 또한 손인을 기준으로 여러 가지로 구분된다. 이와 관련된 사전적 리스크 통제 방법으로는 빈도 또는 심도를 축소하는 방안과 사후적 대책을 미리 마련하는 리스크 재무 방안이 있다. 예컨대 악의의 수출상에 의한 사기계약으로 인한 수입상의 손해빈도를 축소하는 방안으로는 수출상에 대한 신용조사를 강화하는 방안이 있다. 잠재적인 사기 리스크로부터 손해심도를 축소하는 방안으로는 계약의 분할/분산 방안이 있으며, 손해빈도 및 손해심도에 대한 리스크 통제와는 별도로 손해발생시 금전적인 대책을 미리 마련하는 리스크 보유 방식도 가능하다.

〈표 1-7〉 계약 리스크 관리방향

위태	빈도축소	손인	심도축소	리스크 재무
고의	신용조사	사기계약	분산/분할	리스크 보유
과실	주의강화, 보증(신용장)	불완전계약, 클레임	분산/분할	계약 이전
불가항력	국가신용도조사	수출불능, 수출취소, 전쟁, 폭동 등	분산/분할	보험, 계약 이전

수출상 또는 수입상의 과실에 의해 수입상이 손해를 볼 리스크에 대비하여 면밀한 계약조건과 계약 내용을 구성한다면 손해빈도를 축소할 수 있다. 신용장 등 수출상의 계약의무 이행의 확인을 제3자에게 위탁하는 경우에는 손해빈도는 축소된다. 이와 관련된 손해심도는 수출상의 다변화 및 거래규모 분할 등을 통해 축소될 수 있다. 또한 계약 내용에 과실로 인한 수입상의 손해를 계약상대방에게 이전하는 방안도 가능하다. 수출국의 사정 등 불가항력적인 요인으로 발생하는 수입상의 손해 리스

크는 국가신용도 조사를 통해 손해빈도를 축소하고, 계약분할/분산 등으로 손해심도를 줄이며, 수출보험 및 계약 이전에 의해 재무적으로 해결할 수도 있다.

(2) 운송 리스크

화주(수출상/수입상)와 운송인 사이의 불완전계약 즉 이행 리스크에 대해 다음과 같은 관리방안이 있다. 운송사기, 불완전계약 등에 대해서는 운송인에 대한 신용조사, 계약 관련주의 수준을 높임(계약 방식과 계약조건 등에 대해 숙지)으로써 손해빈도를 축소할 수 있고, 운송 관련 손해심도는 운송계약의 분할/분산 등을 통해 축소할 수 있다. 운송 리스크에 대한 리스크 재무방식은 계약 리스크와 마찬가지로 리스크 보유, 계약이전, 보험 등이 가능하다.

〈표 1-8〉 운송계약 관리방향

위태	빈도축소	손인	심도축소	리스크 재무
고의	신용조사	운송사기	분산/분할	리스크 보유
과실	주의강화	불완전계약	분산/분할	계약 이전
불가항력	×	해적, 침몰, 좌초, 지연	분산/분할	보험, 계약 이전

(3) 결제 리스크

수출상이 노출된 리스크 중 대표적인 것이 대금 결제 리스크이다. 즉, 수입상의 지급거절, 지급불능, 지급지체 등을 비롯한 여러 가지 리스크가 있다. 이와 관련된 손해빈도와 손해심도의 통제 방안 및 리스크 재무 방법은 다음 표에서 볼 수 있는 바와 같이 다양한 방법으로 대응할 수 있다.

<표 1-9> 결제 리스크 관리방향

위태	빈도축소	손인	심도축소	리스크 재무
고의	신용조사	사기계약, 지급거절, 지급지체	분산, 분할, 한도설정, 선물계약	리스크 보유
과실	주의강화, 보증(신용장)	불완전계약	상동	계약 이전
불가항력	국가신용도조사	지급불능, 지급지체	상동	보험, 계약 이전

글로벌 무역 프로세스는 주문, 조달, 생산 및 인도에서 결제에 이르는 복잡한 과정이 상호 연계되어 이루어지는 만큼 특정 단계에서 발생한 위험은 프로세스 전반에 미치는 파급효과가 크다. 가령, 항만의 혼잡이나 통관지연으로 인해 공항이나 항만으로부터 내륙으로의 연계운송이 원활하게 이루어지지 않는 경우 생산공정이나 배송에 차질을 빚게 되고, 이는 결국 재고 수준 및 처리비용의 증가로 이어져 기업의 운전자금 및 현금흐름에도 영향을 미치게 된다. 따라서 전체 공급사슬의 관점에서 통합적인 위험관리가 요구된다.

6. 결어

본 장에서는 리스크와 리스크 관리의 기본 개념을 이용하여 무역 리스크 및 관리방안에 관한 개괄적 분석을 했다. 무역은 거래의 장벽, 국경 간 거래, 상이한 통화의 사용, 거래의 장시성, 상이한 상관습 등으로 인해 리스크가 매우 크기 때문에 리스크 관리가 철저하게 이루어져야 할 대표적인 분야이다. 또한 학문적 측면에서도 리스크 관리학과 무역학의 접목될 여지가 매우 크다.

그럼에도 불구하고 무역 리스크 관련 통계나 사례가 그다지 집적되지 않아 계약 리스크, 결제 리스크, 운송 리스크 등에 대한 확인 (identification) 및 측정 (measurement)이 미진하고 이에 따라 통제(control) 및 재무(financing) 측면에서 리스크 관리가 합리적으로 이루어질 기반이 취약한 상태이다.

무역학의 연구가 국제경제, 국제경영, 무역상무 등 3개 분야로 크게 나누어지는 바, 그 중 리스크의 사전적 관리를 하기 위한 개념과 접근 방법이 보다 확대될 필요가 있다. 개별적인 무역 리스크에 관해서 그 특성별 리스크 분석과 대책을 세우는 것과 아울러 통합적 리스크 관리 (integrative risk management)를 위한 연구도 필요하다. 이를 위한 학제 간 연구가 보다 심화되어야 한다.

제2장

무역실무 일반

▌ 모뉴엘 사기[19]

중소기업 모뉴엘(박홍석 대표)은 2004년 창업 후 2015년 파산하기까지 전자제품 중소기업체를 운영하였다. 모뉴엘 매출의 90%는 해외에 의존하고 있었으며, 실제 로봇청소기 등 국내 가전시장에서 기술력을 인정받았다. 모뉴엘은 HTPC(홈시어터에 연결하는 PC)로 해외 수입상에게 판매 후 매출채권을 받았고, 해당 매출채권을 국내 은행권에 팩토링 형식으로 매각하여 자금을 대출받았다. 거래는 무신용장 방식인 O/A 방식으로 거래되었으며, 수출채권에 대하여 모뉴엘이 상환의무가 없는 구조였기에 무역보험공사가 무역보험을 통하여 모뉴엘에게 자금이 공급되도록 도움을 주었다. 표면적으로 확인할

---

19) 참고: 아시아경제, 모뉴엘 쇼크, 은행 무역금융대출 '뚝', 2015. 1. 19.
서울중앙지방경찰청, 모뉴엘 대출사기 및 금융권 로비사건 수사결과, 2015. 1. 23.
벤치 미디어, UHD 시대 거실에서 밀려난 HTPC, 그 원인과 대안, 2016. 2. 17.
선데이저널, 3.2조 수출 뺑튀기 모뉴엘 사기대출사건 수출입은행, 4천만 달러 미국법정소송 내막, 2016. 4. 7.
경향신문, 3조 원대 사기 모뉴엘… 현금다발 로비 "하루 술값 1,200만 원", 2015. 1. 25.

수 있는 수출구조는 정상적이었지만 프로세스 곳곳에 허위가 존재하였다.

첫째, 거래의 실체가 없다는 것이다. 거래의 상대방도 거래 대상인 제품도 완전하지 않았다. 모뉴엘은 HTPC를 실제로 제조하지도 않은 채, 당시 시가 7,000원에서 2만 원의 반제품을 구입하여 약 250만 원가량의 제품으로 둔갑시켜 매출 서류를 작성하였다. 또한 실제 제품이 오간 거래는 이루어지지 않았음에도 수입상에게 청탁하여 거래가 이루어진 것처럼 매출채권을 발행하거나, 수입상 자체가 존재하지 않은 상태로 일방적으로 채권을 위조하기도 하였다.

두 번째 문제점은 관련 금융당국의 신용 조사 및 감독 시스템이 미비했다는 것이다. 무역금융을 통하여 모뉴엘은 3조 4천억 원에 달하는 자금을 공급받았다. 모뉴엘의 수출 거래가 사기였음에도 불구하고, 무역보험공사는 신용조사를 철저히 하지 않은 채 모뉴엘에게 무역보험을 통해 보증을 서주었고 은행권은 무역보험공사의 보증서만 신뢰한 채 추가적인 조사 없이 자금을 대출해주었으며, 그 어느 기관도 해당 프로세스를 제대로 감독하지 못하였다.

세 번째 문제점은 모뉴엘의 박홍석 대표가 주도한 불법로비와 뇌물수수이다. 모뉴엘은 무역보험공사와 수출입은행 등 금융공기업 임원들에게 뇌물을 제공하여 각각 보증과 대출한도를 높였다. 이들을 대상으로 한 로비가 집중되었던 2012년부터 2014년까지의 기간 동안 무역금융공사의 무역보험 한도는 8,800만 달러에서 3억 달러까지, 수출입은행의 여신지원한도는 40억 원에서 1,000억 원 이상으로 급상승한 것으로 확인되었다. 또한 해외 수출을 전담하는 브로커 역할을 하며 수출을 위장하는 데에 도움을 준 KT ETS의 직원과 관련 세무조사를 실시하는 관할 세무서 직원에게도 뇌물을 지급한 것으로 밝혀졌다. 하루 술값으로 1,200만 원을 접대하거나 기프트카드를 활용하여 금품을 로비하는 등 총 8억 600만 원에 달하는 불법 뇌물을 활용하였다.

수출 사기 사건이 발각됨에 따라 모뉴엘은 파산하였으며 관련 당사자들은 법의 심판을 받게 되었다. 무역보험공사와 수출입은행의 관련 임직원들도 벌금과 징역 등의 처벌을 받고 있다. 직접적인 처벌에도 불구하고 모뉴엘 사태의 충격은 사회 전체에 영향을 주고 있다.

먼저 모뉴엘의 종업원, 소비자, 거래업체는 금전적, 정신적인 피해를 입었다. 제주도에 신사옥을 지은 모뉴엘만을 믿고 제주행을 택했던 많은 직원들은 실업자로 전락하였다. 또한 모뉴엘의 제품을 사용하던 소비자들은 A/S 문제 등 불편을 겪게 되었으며 거래업체 또한 거래처를 잃게 되는 피해를 입었다.

또한 금융권에 막대한 손실이 유발되었다. 모뉴엘 파산으로 국내 은행권이 회수할 수 없게 된 자금만 6천억 원 이상에 달한다. 은행권은 무역보험공사에게 보험금 지급 의무가 있음을 주장하고 있지만, 무역보험공사는 모뉴엘의 매출채권 자체가 허위였기 때문에 보증 또한 효력이 없으므로 보험금 지급을 거부하고 있다. 이에 따라 기업은행 등 주요 은행과 무역보험공사 사이에 소송이 장기화될 우려가 있다.

마지막으로 무역금융과 중소기업 지원에 있어서 자금이 경색되는 기조가 발생하였다. 2014년 말, 모뉴엘 사태가 드러난 이후 은행권은 신규 대출을 꺼려하며 현 상태를 유지하려는 '보신주의' 태도를 취하게 되었다. 금전적인 손실과 부실 심사에 대한 비판을 받으면서 부담을 안게 된 은행권이 사태 이후 기업들에게 부당하게 보증서를 거절하거나 심사 지연, 지원 규모 축소, 추가 담보를 요구하여 자금 경색이 발생하게 된 것이다. 실제로 2014년 매달 증가하던 무역금융대출 규모는 10월 모뉴엘의 법정관리 신청 이후 한 달 사이 7,626억 원 규모가 축소되기도 하였다.

1. 무역거래의 흐름과 절차

오늘날 가장 전형적인 국제거래는 물품매매를 중심으로 하는 무역거래이다. 무역거래에는 물품종류와 운송방법, 대금결제방법 등에 따라 여러 가지 형식이 있다. 그리고 국제적인 물품매매에 따른 은행, 운송, 보험 등의 거래가 동시에 이루어진다.

일반적으로 무역거래에서 수출상은 물품을 수출해놓고도 대금을 지급받지 못할 리스크가 가장 크고, 수입상은 대금을 송금했으나 물품을 인수받지 못할 리스크가 가장 크다. 수출상은 계약한 물품을 수입상에게 운송하였지만 대금을 지급받지 못할 가능성이 있는 반면에, 수입상은 대금을 수출상에게 송금하였지만 물품을 아예 인수하지 못하거나, 인수하였다 하더라도 계약에서 정해진 물품이 아닌, 하자가 있거나 수량이 부족한 물품 등을 인수할 리스크가 있다는 것이다.

이러한 가운데 국제적으로 믿을 만한 기관인 은행이 신용장을 발행하여 수출상에게는 대금을 지급할 것을 보장하고, 수입상에게는 계약에 적합한 물품을 인수받을 수 있게 해준다. 신용장(Letter of Credit;L/C)은 수입상의 거래은행이 수출상에게 발행하는 것으로 주로 특정 금액(수출대금)을 수출상에게 지불할 의무가 있다는 내용의 서류이다. 다시 말해 신용장은 은행의 신용으로 거래당사자들이 가장 우려하는 점을 각각 보증하는 것이라 할 수 있다. 무역거래의 기본적인 흐름을 설명하기 전에 신용장과 선하증권(B/L)을 간단하게 이해하는 것이 필요하다.

그림에서와 같이 신용장은 수입상의 요청에 의해 수입상과 환거래계약을 맺은 은행이 발행하여 수출상에게 전달한다. 쉽게 말하자면 신용장은 수입상의 거래은행이 수출상에게 수출대금을 확실하게 받을 수 있게 해주겠다는 것을 의미한다. 단 수출상은 신용장 조건에 따라 물품을 선적하고 서류를 갖추어 거래은행에 제출해야만 대금을 회수할 수 있다. 바꾸어 말하면 수출상이 대금을 결제받기 위해 제출한 서류가 신용장 조건에 조금이라도 차이가 있다면 수출대금을 지급받을 수 없다는 것을 뜻하기도 한다.

구체적으로 신용장을 인수한 수출상은 수출대금을 어떻게 인수하는가. 수출상은 계약한 물품을 조달하여 신용장조건에 맞게 상품을 선적하고, 운송회사가 발행한 선하증권을 발급받는다. 그리고 대금을 청구하는 어음과 함께 신용장에 명기된 대금결제에 필요한 서류(네고서류)를 갖추어 자신의 거래은행(네고은행)에 제출하여 물품대금을 지급받는 것이다.

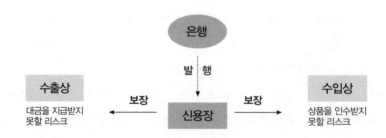

- 신용장(L/C)은 **수입상의 요청에** 의하여 수입상과 환거래 계약을 체결한 은행이 발행(개설)한다.

- 수출상은 **신용장 조건대로** 물품을 선적하고 서류를 갖추어 네고하여 대금을 결제받는다.

〈그림 2-1〉 신용장(Letter of Credit)의 기능

물론 대금을 수출상에게 지급한 네고은행은 수출상이 제출한 네고서류를 신용장을 발행한 수입상 측의 은행에 송부하여 대금을 회수한다. 이후 신용장발행은행은 수입상으로부터 수입물품대금과 선하증권을 비롯한 선적서류(네고서류)를 교환한다. 선적서류를 인수한 수입상은 도착한 선박에 선하증권을 제출하고 물품을 인수함으로써 마무리되는 것이다.

수출상은 이 신용장을 인수하면 수입상으로부터 대금을 받지 못할 리스크를 피할 수 있다. 또한 물품을 선적하자마자 대금을 회수할 수 있어서 자금흐름이 경직될 리스크를 피할 수 있으며, 물품도 저렴하게 조달할 수 있는 장점이 있다. 신용장은 매매당사자 모두에게 이익을 주며, 특히 수출상의 이익이 더욱 크기 때문에 수출상이 수익자(beneficiary)가 된다. 무역거래의 기본적인 흐름(trade flow)을 그림과 같이 간단하게 설명한다.

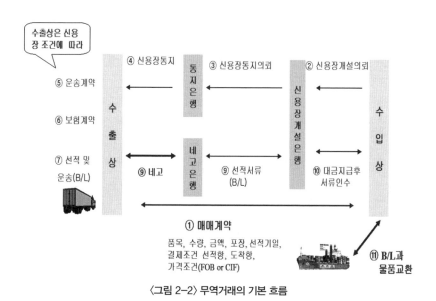

〈그림 2-2〉 무역거래의 기본 흐름

① 매매계약(Sales Contract):

수출상(shipper; Seller)과 수입상(Consignee; Buyer)은 기본적인 거래조건을 결정하고 매매계약을 체결한다.

② 신용장개설의뢰(Credit Application)

매매계약조건에서 '대금은 신용장조건으로 결제하겠다.'라는 내용으로 계약을 했다면 수입상은 환거래계약을 체결한 자신의 거래은행에 '취소불능화환신용장개설신청서'(Application for Irrevocable Documentary Credit)를 제출하여 신용장을 개설해줄 것을 의뢰한다. 이 신용장은 수입상의 거래은행이 수출상에게 수출대금을 지급할 것을 보증하는 서류이다. 그렇기 때문에, 만일에 수입상이 신용장이 발행된 후 수출상이 운송한 물품을 인수하려 하지 않거나, 수입대금을 지불하지 않을 경우에는 신용장발행은행이 수출상에게 대금을 지급하는 의무가 따르게 된다. 그래서 수입상의 거래은행은 신용장을 발행하기 전에 신용장금액에 상당하는 수입상의 신용을 확인하거나 담보를 설정하는 등의 환거래계약을 체결하고 신용장을 발행한다.

③ 신용장통지의뢰

수입상거래은행(Issuing Bank)은 신용장을 발행하여 수출상이 있는 지역의 은행(Corresponding Bank)에 신용장을 수출상에게 통지하도록 의뢰한다.

④ 신용장통지(Credit Notification)

신용장발행은행으로부터 신용장을 통지해줄 것을 의뢰받은 수출상 지역의 은행은 은행 간 전신케이블(SWIFT)로 수신된 신용장을 수출상에게 통지한다. 여기서 신용장통지은행은 흔히 신용장을 발행한 은행으로 오해하기 쉬운데, 통지은행은 단지 '신용장을 발행한 은행의 요청에 따라 아무런 책임부담 없이 취소불능화환신용장을 통지한다'라는 신용장에 기재되어 있는 사항과 같이 오로지 신용장을 통지해주는 역할만 하고 있다는 사실을 깨달아야 한다.

⑤ 운송계약(Shipping Contract)

신용장을 입수한 수출상은 매매계약조건과 신용장조건이 일치하는가를 확인한다. 이후 신용장조건의 최종선적일자 및 선적조건에 맞추어 운송회사와 운송계약을 체결한다. 신용장조건과 조금이라도 일치하지 않는다면, 대금을 지급받지 못할 수도 있기 때문에 항상 유의해야 한다.

⑥ 보험계약(Insurance Contract)

CIF 조건의 경우에 수출상은 보험회사와 보험계약을 체결하고 '해상보험증권'을 수령한다. 보험계약도 신용장조건에 그 내용이 확정되어 있으므로 수출상은 이에 따라 보험회사와 계약을 체결해야 한다. 특히 보험계약일자와 보험조건 등을 정확히 확인하여야 한다. FOB조건 등에서는 수입상이 보험료를 부담하기 때문에 수출상이 계약을 체결할 필요가 없지만 수출상이 계약을 대신 체결해주는 관행이 있다.

⑦ 선적 및 운송(Dispatch Goods)

수출상은 신용장조건에 따라 상품을 선적하고 선박회사(운송인:Carrier)로부터 '선하증권'(Bill of Lading)을 수령한다.

⑧ 네고(Negotiation; Shipping Document ↔ Payment)

수출상은 수입상거래은행 및 수입상을 지급인으로 하는 환어음을 발행하여 신용장과 신용장조건에 합치되는 선적서류(인보이스, 선하증권, 보험증권 등)를 첨부하여 자신의 거래은행(네고은행)에 '선적서류매입(추심)의뢰서'를 제출하여 매매대금을 회수한다. 이 중에서 선하증권은 물권적 효력 및 채권적 효력이 인정되어 있는, 법적으로도 유통가능한 증권이다. 그래서 수출상은 물품을 선적했다는 증거인 선하증권을 네고서류에 포함시켜 거래은행에 제출하고 수출대금을 지급받을 수 있는 것이다. 네고서류는 신용장조건에 정확하게 일치하여야 한다. 또한 수입상은 도착지에서 선하증권을 운송회사에 제출해야만 물품을 인수할 수 있다(⑧, ⑨, ⑩은 선적서류와 대금을 교환하는 단계이기 때문에 "↔"으로 쌍방향으로 표시되어 있다).

⑨ 선적서류송부(Shipping Document)

수출상에게 수출대금을 지급한 수출상거래은행(네고은행)은 신용장을 발행한 수입상 측의 거래은행에 선적서류를 송부하고 수출상에게 지불했던 수출대금을 회수한다. 선하증권은 화물을 대표하는 권리증권이기 때문에 네고은행과 신용장발행은행은 담보적인 성격으로서 선하증권을 인수하고 수출상에게 대금을 지급하거나 지급할 것을 보장해주는 성격의 증권이다.

⑩ 대금지불(Payment)

신용장을 발행한 수입상의 거래은행은 수입상에게 선적서류가 도착했음을 통지하면 수입상은 수입물품대금을 은행에 지불하고 선적서류와 교환한다. 이로써 수입상은 선적서류를 인수하여 운송회사로부터 물품을 인수할 준비를 한다.

⑪ 물품인수(Release Goods)
수입상은 운송회사에 선하증권(B/L)을 제출하고 물품을 인수한다.

일반적으로 무역회사의 실무에는 여러 가지 거래가 동시다발적으로 진행되는 경우가 대부분이다. 앞의 그림은 회사에서 현재 진행되고 있는 무역거래의 현황을 파악하는 데 효과적이다. 예를 들어 미국 바이어로부터 청바지 1,000벌에 관한 신용장(L/C)이 도착했다는 통지를 받았다면, 담당자는 ④의 단계에 있으며, ⑤, ⑥, ⑦의 과정을 진행시키면 된다. 즉 신용장을 입수한 뒤에 신용장조건에 따라 상품을 조달하여 선적할 준비를 하는 동시에 운송계약과 보험계약 등을 체결해야 한다. 또 중동으로 수출할 섬유원단을 선적하고 선하증권을 발급받았다면 ⑦의 단계에 해당되며, 수출상은 곧바로 신용장상에서 네고에 필요한 서류를 챙겨서 바로 대금결제를 위한 준비에 들어가야 하는 것이다.

2. 무역서류 작성(Trade Documentation)

1) 무역서류 작성의 목적

수출상이나 수입상 등의 당사자들은 운송 중에 있는 물품의 소유권이나 리스크가 이동하는 시점을 무역서류를 통해 확인하고 증명할 수 있다. 예를 들어 FOB가격 조건의 계약이라면 수출물품이 선박에 적재되는 순간에 수출상에서 수입상으로 소유권과 리스크가 이전된다. 무역서류는 특히 수출상이 수출대금을 회수하는 데 가장 중요한 역할을 한다.

(1) 수출상(Exporter)

수출물품을 선적하고 세관을 통과하는 등의 거래가 진행되는 과정을 무역서류를 보고 알 수 있다. 수입상과의 매매계약조건에 따라 수출물품을 조달하고 이를 운송하는 과정에서 관계당사자와 관련 기관의 지시나 정보 내용을 파악하고, 그에 적합한 서류를 작성하여 수입상에게 송부하거나 네고은행에 제출하여 수출대금을 지급받을 수 있다.

(2) 수입상(Importer)

수입하려는 물품이 매매계약조건대로 조달되고, 선적되었는가를 알 수 있고, 세관까지 무사하게 통과하여 정확하게 인수할 수 있을 것인가를 서류상의 기록을 보고 파악할 수 있다.

(3) 선박회사 및 운송주선업자(Shipping Company or Freight Forwarder)

물품이 운송되는 과정에 대한 기록으로서, 물품을 어떻게 선적하고, 어디로 운송하며, 누구에게 화물을 인도하여야 하는가에 대한 지시사항을 파악하고 그에 맞게 운송하는 데 필요하다.

(4) 은행

수출상과 수입상 간에 대금결제를 위해 필요한 서류를 작성하고 확인하며, 당사자 간에 분쟁이 발생할 경우에 그에 따른 내용을 파악할 수 있다.

(5) 보험회사

선적하거나 운송 중의 물품에 어떠한 리스크가 있을 것인가를 평가하여, 물품이 사라지거나, 훼손되었을 경우의 클레임 등에 관한 사항을 조사하여 보험료를 산정한다.

(6) 수출국 및 수입국의 관계기관

물품 수출입에 대한 통계와 센서스 정보를 제공받고, 건강 및 안전과 관련한 수출입국의 규정을 조사하여 수출입관세와 각종 수수료를 산정한다.

2) 무역서류의 4가지 카테고리

무역서류는 수출입이 이루어지는 과정에서 회계, 운송, 대금결제, 허가, 검사 등에 필요한 서류이다. 특히 선하증권은 관계당사자들이 많아서 여러 장을 카피하고 원본은 오리지널로 표시한다.

(1) 상거래 서류(Commercial Document, Transaction Document)

상거래 서류는 수출상과 수입상이 특정 물품을 매매하기 위하여 당사자 간의 합의에 의해 발생된다. 매매당사자뿐만 아니라 물품의 특성에 따라 여러 가지 형식이 있다. 매매계약이 체결되기까지 일반적으로 발생되는 서류는 대체로 다음과 같다.

- 견적의뢰(Request for Quotation, Letter of Inquiry)
- 견적(Quotation)
- 견적송장(Pro Forma Invoice)

- 거래조건(Terms and Conditions of Sale)

- 주문서(Purchase Order)

- 주문확인(Order Acceptance and Confirmation)

- 매매계약(Sales Contracts)

- 송장(Commercial Invoice)

(2) 네고서류(대금결제서류 ; Banking Document)

대금결제에 참가하는 은행들이 요구하는 서류이다. 내용과 형식은 각 당사자인 수출상과 수입상에 따라 각기 다르다.

(3) 운송·보험서류(Transportation and Insurance Document)

선박회사, 항공회사, 바지선(Barge Operator), 운송주선업자(Freight Forward, Logistics Company), 보험회사들이 목적지까지 물품을 운송하기 위하여 작성하는 서류이다. 가장 중요한 서류는 선하증권이다.

(4) 각종 수출입 절차 관련 서류(Formalities Document)

수출국 또는 수입국 정부 및 기관이 공식적으로 요구하는 서류이다.

- 수출입 라이선스(Export/Import License)

- 선하증권(Bill of Lading)

- 상업송장(Commercial Invoice)

- 원산지증명서(Certificate of Origin)

- 수출입신고서(Export/Import Declaration)

- 검사증명서(Inspection Certificate)

- 해상보험증권(Insurance Certificate)

이외에도 천연자원, 전략물자, 방사선물질, 보건위생 등의 특정 조건에 따라 필요한 서류가 있다.

3) 수출거래의 일반적인 흐름(flow)

수출상과 수입상 간의 상거래 과정에서 발행되는 서류는 서신, 국제전화, 팩스 그리고 이메일 메시지 등을 통해 전달되며, 대체로 다음과 같은 순서로 진행된다.

A. 수입상은 원하는 물품 또는 관심을 가지고 있는 비즈니스에 대한 견적의뢰서(Request for Quotation, Letter of Inquiry)를 수출상에게 보내 견적을 의뢰한다.

B. 수출상은 제품, 수량, 스펙(Specification), 가격, 기타 거래조건 등을 포함한 내용의 견적서를 수입상에게 보낸다. 이 중에서 RFQ 견적서(Request for Quotation)는 수출물품이 수출상의 제품공급 라인에 있는 경우에 보내는 견적서이며, RFP 견적서(Request for Proposal)는 수출물품이 수출상의 제품공급 라인에 있지 않고 명세서(Specification)만 있어서 각각의 주문에 따라 제조해야 하는 상태의 물품인 경우에 보내는 견적서이다.

C. 수출상과 수입상은 견적사항의 내용에 대해 상담을 진행하여 거래를 확정(confirm)시키면 대체로 다음과 같은 과정이 진행된다.
① 수입상은 승낙서(Letter of Acceptance) 또는 사인이 된 주문서(Order Form)를 작성하여 수출상에게 보낸다.

② 수출상과 수입상은 매매계약서(Contracts for the Sale of Goods)를 각각 작성하여 사인을 한다.

③ 수출상은 수입상이 개설 의뢰하여 수입상거래은행이 개설한 신용장을 통지은행을 통하여 입수한다.

④ 수출상은 제조업체에 발주를 의뢰한다(자체 공장이 없는 경우).

⑤ 해상운송을 위한 보험 또는 수출보험에 부보한다(CIF가격조건의 경우).

⑥ 수출상은 세관에 수출신고를 하고 수출허가를 받는다.

⑦ 수출상은 본선에 물품을 선적하고 선하증권(B/L) 또는 운송장(Air Way Bill)을 발급받는다.

⑧ 수출상은 환어음 및 선적서류를 네고은행에 매입의뢰하고 수출대금을 회수한다.

⑨ 수출상은 수출물품을 제조한 업체에 물품대금을 지급한다.

4) 수입거래의 일반적인 흐름(flow)

수입거래는 대체로 다음과 같은 순서로 진행된다.

① 수입상은 수출상에게 견적을 의뢰한다.

② 수출상은 견적서를 수입상에게 보낸다.

③ 수출상과 수입상은 견적사항에 대한 내용에 대해 협상한다.

④ 수입상은 승낙서(Letter of Acceptance)나 사인이 된 주문서(Order Form)를 수출상에게 보낸다.

⑤ 수입상은 수출상과 수입계약을 한다.

⑥ 수입상은 자신과 환거래계약을 체결한 은행에 신용장개설을 의뢰한다.

⑦ 국내법과 규정에 따른 수입허가 및 승인 등의 절차를 취득한다.

⑧ 해상운송을 위한 보험에 부보한다(FOB, CFR, FCA 등의 계약조건의 경우).

⑨ 신용장개설은행에 수입상품 대금을 지불하고 선하증권 등을 비롯한 선적서류를 인수한다.

⑩ 선박회사에 선하증권(Sea Waybill 또는 Air Way Bill)을 제시하고 물품을 인수하는 동시에 보세장치장에 보관한다.

⑪ 세관에 수입신고 및 수입허가를 취득한다.

⑫ 최종 수요자에게 물품을 납품하고 대금을 지급받는다.

3. 무역서류 작성의 사례

한국의 '삼아코리아'라는 회사가 인도의 뭄바이에 있는 수입상(Mumbai Importing Co.)에 전자부품을 수출하는 과정을 간단한 예를 들어 설명하여 보자.

- 수출상 : Sam-A Korea Co.
- 수입상 : Mumbai Importing Co.
- 신용장발행은행 : Import Bank of India
- 신용장통지은행 : Korea Exchange Bank
- 선박회사 : Han Transport Co.

1) Request for Quotation(견적의뢰)

Mumbai Importing Co. Ltd. A 888 Nagar Agarwadi

Mankhurd Mumbai 300 033 Fax 22 00000

Request for Quotation

No : MIC-PO-20080220

Date : Feb. 20. 2016

Dear Sirs

Please send me your quotation for Remote Control 15,000 PCs

Model number SAK-3453

Please quote FOB Busan, Korea.

Payment will be Letter of Credit

Director

Import Department

M. A. Jne

Authorized Signature

수출상은 수입상에게 보낸 매매계약상의 견적내용(quotation)을 정확하게 따라야 한다. 특히 가격조건은 물품을 선적한 상태에서의 가격을 수입상이 지불해야 하는 조건으로 작성하여야 하고, 수출상의 이익이나 커미션이 포함되어야 한다. 인도의 수입상이 리모콘 모델 SAK-3453 15,000개의 견적을 한국의 삼아코리아에 의뢰한 견적의뢰서이다. 구체적으로 FOB 가격조건으로 운임 및 보험료는 수입상이 지불하며, 신용장조건으로 대금을 지불하겠다는 내용이다. 견적내용은 다음과 같다.

"We hereby order as per your pro forma invoice number SAK-20160228"

"We hereby order 15,000pcs Model No SAK-3453 FOB Busan"

"SAK-3453 FOB Busan to be shipped by ocean no later than April 10, 2016, with payment Irrevocable Letter of Credit"(신용장 방식의 대금 결제조건이며 2016년 4월 10일까지 부산에서 F.O.B조건으로 선적되어야 한다).

수입상이 더욱 구체적이고 정형적인 서류인 견적송장(Proforma Invoice)을 요구하거나, 표준매매계약서(Standard Terms and Conditions of Sale)를 첨부하는 경우도 있다. 여기에는 "모든 선적은 'FOB New York'으로 할 것" 등의 구체적인 정보가 있다. 이는 견적서에는 나타나지 않는 내용이므로 유의해야 한다.

2) Proforma Invoice(견적송장)

견적송장은 무역거래에서 정확한 견적(quotation)을 표시한 서류이다. 구체적이고 상세한 내용의 견적서는 수입상들에게 신뢰감을 줄 수 있고, 수출상 측으로도 견적 내용에 따른 매매와 지불조건 등을 확정하여 물품의 수급 변동에 적절한 준비를 할 수 있다. 이 견적송장의 내용은 다음과 같다.

- 선적인(수출상)은 SAM-A KOREA이며 이 견적의 유효기간은 발행 후 30일 이내, 2016년 3월 30일까지, 수하인으로 주로 수입상이 된다.
- "THE PRICE QUOTED ABOVE IS WITHOUT ENGAGEMENT AND SUBJECT TO OUR FINAL CONFIRMATION"은 "이 가격조건은 우리 회사가 제시하는 최종가격임."

SAM-A KOREA CO., LTD 9FL SAMIL Plaza BLDG, 837-26
YEOKSAM-DONG, KANGNAM-KU, SEOUl KOREA TEL(82-2)
3453-0000, e-mail : jj11888@freechal.com, FAX NO: (82-2)3453-0000

PROFORMA INVOICE

No : SAK-20160228

Date : Feb. 28. 2016

SAM-A KOREA Quotation

This quotation is valid for 30days from the date hereon: March. 30. 2016

Shipper : **SAM-AKOREA**

Consignee : **Mumbai Importing Company**

Description (물품명세)	Quantity (수량)	Unit Price (단가)	Amount (총금액)
Remote Control model No. SAK-3453.	15,000pcs	@US$1.25	US$18,750.-

*THE PRICE QUOTED ABOVE IS WITHOUT ENGAGEMENT AND SUBJECT TO OUR FINAL CONFIRMATION

We are pleased to offer you the following goods on the terms and conditions described hereunder

Payment by the 90-day Irrevocable Letter of Credit from a first-class international bank

Shipment to be made within 60 days after receipt of the Letter of Credit.

FOR&ON BEHALF OF

SAM-A KOREACO. LTD.

B. H. Kim

Authorized Signature

- 국제적인 특급은행에서 발행된 90일 조건의 취소불능신용장에 의해 지불할 것.

- 신용장 인수 후 60일 이내 선적할 것임.

3) Purchase Order(주문서)

```
Mumbai Importing Co. Ltd.
A 888 Nagar Agarwadi
Mankhurd Mumbai 300 033
Fax 22-000-0000

                    PURCHASE   ORDER

                              No: MIC-PO-20080302
                              Date : March. 2. 2016
     We purchase from you the following goods on the terms and conditions set
forth below and on the reverse side hereof :
```

Description (물품명세)	Quantity (수량)	Unit Price (단가)	Amount (총금액)
Remote Control model number SAK-3453.	15,000pcs	@US$1.25	US$18,750.-

```
Cable/Telexes/Faxes exchanged :
Yours of  Date : Feb. 28. 2016(Proforma Invoice No : SAK-20160228)
Ours of Feb. 20. 2016(Request for Quotation No : MIC-PO-20050220)
                              Director Import Department
                                      M.A. Tre
                              Authorized Signature
```

수입상이 견적(quotation) 및 Proforma Invoice(견적송장)의 내용에 만족한다면 주문 또는 단계(purchase order)로 나아가게 된다.

수출상과 매매계약 내용에 대해 합의한 수입상은 주문서를 구체적인 내용으로 수출상에게 주문서를 보낸다. 아래는 리모콘 15,000개를 1개당 1.25 US 달러로 주문하려는 내용이다.

4) 신용장(Letter of Credit)

① **Irrevocable Letter of Credit**

ORIGINAL

② **KOREA EXPORT BANK**
Head Office : 000-ka Ulchi-ro, Chung-ku, Seoul, 100-000, Korea TEL : 02-000-0000 CPO BOX 0000,
Cable : KOEX BANK, TLX NO : 0000-00 SWIFT : KOEXKRSE
Advice Br. : 역삼동 Advice Date : 2016. 04. 22

③ <u>Beneficiary</u> : SAM-A KOREA CO.,
LTD 9th FL SAM-A BLDG NO 999-27,YEOK
SAM -DONG, KANGNAM-KU

④ <u>Amount</u> : USD18,750.00

⑤ <u>Expiry Date</u> : 2016. 05. 30

⑥ Advice of Irrevocable Documentary Credit
No : ANDHER0807010

⑦ DATE OF ISSUE 21 APR 2016

⑧ Applicant : Mumbai Importing Co. Ltd.
⑨ Issing Bank : IMPORT BANK OF INDIA,
ANDHERI   EAST BRANCH MUMBAI INDIA

⑩ Gentlemen
At the request of the above named issuing bank, and without any engagement or responsibility on
our part, we are pleased to the attached irrevocable Letter of Credit No. ANDHER0807010

⑪ DOCUMENT REQUIRED
AS PER PROFORMA INVOICE NO SAKP 084140 DOCUMENT REQUIRED
1. SIGNED COMMERCIAL INVOICE IN QUADRUPLICATE(상업송장 4부)
2. CERTIFICATE OF ORIGIN(원산지증명서)
3. FULL SET OF CLEAN 'SHIPPED ON BOARD' BILL OF LADING(방금된 선적선하증권 전체)
4. PACKING LIST IN DUPLICATE(포장명세서 2부)

----

⑫ This advice to be continued on page 2/2

이 신용장은 인도의 수입상이 수출상인 한국의 삼아코리아를 수익자 (Beneficiary)로 하여 거래은행에 발행을 의뢰한 내용이다. 신용장을 발행 (개설)한 은행은 인도의 IMPORT BANK OF INDIA이며, 한국의 KOREA EAPORT BANK에 신용장을 수출상에게 통지하도록 요청하였다.

여기에서 총금액인 어마운트(amount)는 18,750 U.S$이며, 대금을 지급받을 수 있는 만기일인 익스파이어리(Expiry Date)는 2016년 5월 30일 이라는 점이다. 더욱 중요한 점은 2016년 5월 15일까지 수출상은 수입 상에게 보낼 물품을 선적해야 한다는 점이다. 수출상은 선하증권이나 네고서류에 이러한 사실을 정확히 기록해야만이 네고은행에서 대금을 지급받을 수 있다.

① Irrevocable Letter of Credit(취소불능신용장)은 일단 발행되면 수입상이나 수입상거래은행은 수출상의 동의가 없으면 취소할 수 없는 신용장이란 뜻이다. 수출상은 취소불능이어야만 안심하고 물품을 조달하여 선적할 수 있기 때문이다.

② Korea Export Bank는 통지은행이다. 신용장의 윗부분에 나와 있기 때문에 흔히 신용장을 발행한 은행으로 오해하기 쉽다. 그래서 ⑩에는 "At the request of the above named issuing bank, and without any engagement or responsibility on our part, we are pleased to the attached Irrevocable Letter of Credit"(위의 개설은행의 요청에 따라 우리 은행은 아무런 책임부담 없이 취소불능화환신용장을 통지한다)"라는 조건을 삽입하여 관계당사자와는 관련 없이 단지 신용장을 통지해주는 역할만 하고 있다는 사실을 알아야 한다.

③ Beneficiary : 이 신용장으로 혜택을 많이 받는 측은 수출상이다. 수출상은 수입상에게 물품이 도착하기 전에 선적서류를 갖추어 거래하여 네고함으로써 대금을 결제받을 수 있기 때문이다. 이 신용장에서는 수출상인 삼아코리아가 수익자 즉 베네피셔리가 된다.

④ Amount : 이 신용장의 총금액은 US달러 18,750이다. 달러에도 싱가포르 달러, 홍콩 달러 등이 있기 때문에 반드시 US 달러라는 표시가 있어야 한다.

⑤ Expiry Date : 2016년 5월 30일이 이 신용장의 만기일이다. 만일 5월 30일이 지나면 수출상은 이 신용장으로 네고 즉 대금을 결제받을 수 없다. 그래서 반드시 이 기간 내에 서류를 갖추어 네고를 해야 한다.

⑥ 신용장 번호는 'ANDHER0807010'이며 네고서류인 선하증권(Bill of Lading) 및 송장(Commercial Invoice) 및 패킹리스트(Packing List) 등의 서류에 신용장번호를 정확하게 기입해야 한다. 번호가 조금이라도 틀리면 대금을 지급받지 못할 리스크가 크기 때문이다.

⑦ 'DATE OF ISSUE'는 신용장을 발행한 날로서 4월 21일이 된다.

⑧ 'Applicant'는 개설의뢰인이란 뜻으로 이 신용장을 자신의 거래은행에 개설(발행)할 것을 의뢰한 측을 뜻하며 주로 수입상이 된다.

⑨ 신용장을 개설(발행)한 은행으로 인도 뭄바이 은행이다. 뭄바이 은행은 신용장을 개설하여 수출상 소재지인 한국의 신용장통지은행을 경유하여 수출상에게 신용장이 개설되었음을 통지해야 한다. 이는 수입상을 대신하여 신용장을 발행한 은행이 수출상에게 대금을 지불할 것을 확약하는 것이다. 다시 말해 수입상의 신용을 은행 측이 대신해주는 것이다.

⑩ ② 참조.

⑪ 수출상이 대금을 결제받는 데에 필요한 서류명세이다. 어떤 의미인가 하면 견적송장인 'PER PROFORMA INVOICE) NO SAKP 164140'에 따라 필요한 서류는 다음과 같다는 점을 명시하고 있다.

- SIGNED COMMERCIAL INVOICE IN QUADRUPLICATE(상업송장 4부)
- PACKING LIST IN DUPLICATE(포장명세서 2부)
- FULL SET OF CLEAN 'SHIPPED ON BOARD' BILL OF LADING (발급된 선적선하증권 전체)
- CERTIFICATE OF ORIGIN(원산지증명서)

수출상은 위의 서류와 함께 수입상이 지급해야 하는 수입대금에 해당하는 환어음을 발행하여 거래은행에 제출하여 네고(negotiation)한다. 네고는 협상이라는 의미를 뜻한다. 여기서는 수출상이 제출한 네고서류를 은행의 외환계 담당자가 신용장조건과 네고서류를 맞추어보고 정확하게 일치한다면 수출대금을 지급하는 것을 의미한다. 따라서 은행 측은 수출상이 물품을 선적하는 것을 확인하지 않고 오로지 서류상으로만 확인하여 대금을 결제해주게 된다. 그래서 이를 악용한 범죄가 발생할 수 있다. 실제로 수출상이 수출물품을 선적하지 않고 선적한 것처럼 꾸민 뒤 선하증권을 발급받거나, 아니면 선하증권을 위조하여 거래은행에 네고한 뒤에 도주하게 되면, 네고은행은 그 금액만큼의 손실이 발생된다. 그래서 네고은행은 미리 수출상으로부터 신용장금액이나 그 이상에 해당하는 금액의 담보를 설정한 환거래계약을 체결하고 수출상의 네고에 응하게 된다.

⑫ 일반적으로 신용장은 그 내용이 다른 서류보다 약간 많기 때문에 2페이지로 되어 있어서 다음 페이지로 넘어간다는 뜻이다.

⑬ FOB Busan은 가격조건으로서 수출상이 부산항에서 선박에 물품을 선적하면 곧바로 수출상의 리스크 부담과 소유권이 수입상에게

⑬ FOB Busan
⑭ DRAFT AT SIGHT

⑮ PARTIAL SHIPMENT PROHIBITED
⑯ TRANSSHIPMENT PERMITTED

⑰ FOR TRANSPORTATION TO MUMBAI INDIA
⑱ LATEST DATE OF SHIPMENT 15 MAY 2016
⑲ DESCRIPTION OF GOODS : PARTS FOR REMOTE CONTROL

⑳ THIS CREDIT IS SUBJECT TO THE UNIFORM CUSTOMS AND PRACTICE FOR DOCUMENTARY CREDIT(1993 REVISION), ICC PUBLICATION NO. 500

YOURS FAITHFULLY

Morgan

Authorized Signature

이전됨을 뜻하는 가격조건이다. 다시 말해 수출상은 물품을 선적만 하며, 나머지 운임과 보험료는 수입상이 부담하는 조건이다. FOB는 CIF, CFR(C&F) 등의 조건과 함께 가장 많이 쓰이는 무역조건이다. 이에 따른 규정은 ICC의 INCOTERMS 2000에 잘 나타나 있다.

⑭ DRAFT AT SIGHT는 네고와 동시에 대금을 결제받을 수 있는 조건이다. 이에 비해 USANCE 조건은 외상조건으로 30일이나 60일 뒤에 수입상이 대금을 결제해주겠다는 조건이다. 수출상은 그동안의 이자를 제하고 거래은행으로부터 대금을 지급받을 수 있다. 이 경우 정부는 수출금융을 은행에 지원하여 이자율을 낮게 책정함으로써 수출을 진흥시

키기 위한 정책을 실시하기도 했다.

⑮ PARTIAL SHIPMENT PROHIBITED은 분할선적을 금지하는 조건이다. 그러나 물품에 따라서, 예를 들면 제조일이 장기간일 때에는 우선 제조된 물품을 선적하라는 뜻에서 'PARTIAL SHIPMENT PERMITTED'라는 표현을 쓴다.

⑯ TRANSSHIPMENT PERMITTED은 아프리카나 남미 등의 나라로 직행하는 선박은 잘 없기 때문에 태국이나 홍콩 등에서 환적(換積)하여 간다. 일반적으로 모든 신용장에는 환적이 허용되는 것으로 표기된다.

⑰ FOR TRANSPORTATION TO MUMBAI INDIA은 인도 뭄바이 항구까지 운송한다는 뜻으로 뭄바이가 화물의 최종도착지이다.

⑱ LATEST DATE OF SHIPMENT은 최종선적일로서 2016년 5월 15일까지 선적되어야 한다. 이는 선하증권상에 5월 15일까지 선적되었다는 점이 표기되어 있어야 하며, 그 이후에 선적된 것으로 나타나 있으면 대금을 결제받을 수 없다.

⑲ DESCRIPTION OF GOODS : PARTS FOR REMOTE CONTROL 은 물품명세로서 리모콘 부품을 뜻한다.

⑳ THIS CREDIT IS SUBJECT TO THE UNIFORM CUSTOMS AND PRACTICE FOR DOCUMENTARY CREDIT(1993 REVISION), ICC PUBLICATION NO. 500

5) Commercial Invoice(상업송장)

<table>
<tr><td colspan="2" align="center">COMMERCIAL INVOICE</td></tr>
<tr>
<td>① Shipper/Exporter(선적자, 수출상)
SAM-A KOREA CO., LTD
SEOUL KOREA</td>
<td>⑧ No. and date of Invoice
SAK90506T MAY.06. 2016</td>
</tr>
<tr>
<td rowspan="2">② For Account & Risk of Messers
Mumbai Importing Co. Ltd.
A 888 Nagar Agarwadi
Mankhurd Mumbai 300 033
Fax 22-000-0000</td>
<td>⑨ L/C No. and date
Credit No : ANDHER0807010 APR. 21. 2016</td>
</tr>
<tr>
<td rowspan="2">⑩ L/C Issuing Bank
IMPORT BANK OF INDIA,
ANDHERI EAST BRANCH MUMBAI INDIA</td>
</tr>
<tr>
<td>③ Notify Party
IMPORT BANK OF INDIA, ANDHERI EAST BRANCH MUMBAI INDIA</td>
</tr>
</table>

④ Port of Loading BUSAN KOREA	⑤ Final Destination MUMBAI INDIA	⑪ Remarks
⑥ Carrier KMTC KEELUNG 907S	⑦ Sailing on or abort MAY. 08. 2016	"Freight To Pay"

⑫ Shipping Marks	⑬ Description of Goods	⑭ Quantity Unit	⑮ Unit price	⑯ Amount CIF INDIA
SAK C/T NO : 1-13 MADE IN KOREA	REMOTE CONTROL @US$1.25	15,000PCS		US$18,750.-

TEL : (82-2) 3453-0000, FAX NO : (82-2) 3453-0000 E-MAIL : jj11888@freechal.com, ADRESS : 9FL SAMIL Plaza BLDG, 837-26 YEOKSAM-DONG KANGNAM-KU, SEOUL KOREA	FOR & ON BEHALF OF SAM-A KOREA CO. LTD. *B. H. Kim* Authorized Signature Signed by SAM-A KOREA CO., LTD SEOUL KOREA

Commercial Invoice는 매매당사자를 확인하여 다음과 같은 거래 내용 정보를 요약하므로 당사자에게는 매우 중요하다.

- 수출상의 의무를 확인한다.

- 수입상 측이 세관통과를 위해 선적하라는 지시사항이 있다.

- 제3자인 은행과 수출상의 자금조달을 위한 사항이 있다.

- 해상보험계약을 위한 내용을 확인한다.

6) Packing List(포장명세서)

PACKING LIST

① Shipper/Exporter SAM-A KOREA CO., LTD SEOUL KOREA			⑧ No. and date of Invoice SAK90506T MAY. 06. 2016		
② For Account & Risk of Messers Mumbai Importing Co. Ltd. A 888 Nagar Agarwadi Mankhurd Mumbai 300 033 Fax 22-000-0000			⑨ Remarks : IMPORT BANK OF INDIA, ANDHERI EAST BRANCH MUMBAI INDIA L/C No.: ANDHER0807010 "Freight to Pay"		
③ Notify Party IMPORT BANK OF INDIA, ANDHERI EAST BRANCH MUMBAI INDIA					
④ Port of Loading BUSAN KOREA	⑤ Final Destination M U M B A I INDIA		L/C Issuing Bank IMPORT BANK OF INDIA, ANDHERI EAST BRANCH MUMBAI INDIA		
⑥ Carrier KMTC KEELUNG 907S	⑦ Sailing on or abort MAY. 08.2016				
⑩ Shipping Marks	⑪ Description of Goods	⑫ Quantity Unit	⑬ Net-Weight	⑭ Gross- Weight	⑮ Measuremen t
SAK C/T NO : 1-13 MADE IN KOREA	REMOTE CONTROL	15,000PCS	1,600KG KG	1,700	6,300CBM (cubicmet er)
TEL : (82-2) 3453-0000, FAX NO : (82-2) 3453-0000 E-MAIL : jj11888@freechal.com, ADRESS : 9FL SAMIL Plaza BLDG, 837-26 YEOKSAM-DONG KANGNAM-KU, SEOUL KOREA			FOR & ON BEHALF OF SAM-A KOREA CO. LTD. *B. H. Kim* Authorized Signature Signed by SAM-A KOREA CO., LTD SEOUL KOREA		

Packing List는 다음과 같은 역할을 한다.

- 물품을 선적하기 위하여 지시를 받은 내용을 다시 확인한다.
- 컨테이너 외의 선적일 경우 분실될 수 있는 화물의 가치를 확인한다.
- 수입상이 화물을 인수하기 위한 준비를 할 수 있게 한다.
- 해상보험계약을 위한 사고발생 기준이 된다.

7) 선하증권(Bill of Lading)

Shipper/Consignor SAM-A KOREA CO., LTD SEOUL KOREA 9FL SAMIL Plaza BLDG, 837-26 YEOKSAM- DONG KANGNAM-KU, SEOUL KOREA			**Bill OF LADING** (MULTIMODAL LADING) B/L No : HANBOM0508017		
Consignee TO ORDER					
Notify Party IMPORT BANK OF INDIA, ANDHERI EAST BRANCH MUMBAI INDIA			HAN TRANSPORT CO. LTD INTERNATIONAL FREIGHT FORWARDERS		
Place of receipt BUSAN, KOREA	Port of loading BUSAN, KOREA				
Ocean vessel KMTC KEELUNG 907S					
Port of discharge MUMBAI INDIA	Place of deliveryMUMBAI INDIA				
Marks Shipping Marks	Description of Goods	Quantity Unit	Unit price	Amount F.O.B. Busan	
SAK C/T NO : 1-13 MADE IN KOREA	REMOTE CONTROL "Freight to Pay"	@US$1.25	15,000PCS	US$18,750.-	
FOR & ON BEHALF OF SAM-A KOREA CO. LTD. *B. H. Kim* Authorized Signature Signed by SAM-A KOREA CO., LTD SEOUL KOREA					

선하증권은 운송회사(Shipping Line, Air Line)가 물품을 선적하였다는 사실을 증명하는 서류이다. 수출상은 선하증권을 발급받아야 네고은행에서 대금을 결제받을 수 있고, 수입상은 선하증권을 제시해야만 물품을 인수받을 수 있기 때문에 무역서류 중에 가장 중요한 서류이다.

선하증권은 선박회사가 주로 수출상인 화주로부터 의뢰받은 화물을 자기 선박에 적재하거나 또는 선적하기 위하여 그 화물을 수령하였다는 것을 증명하고, 이를 도착항에서 화물을 인수하려는 수화인에게 인도할 것을 약정하는 유가증권이다.

수출상은 물품을 선적하고 선하증권을 발급받으면 신용장상에 명시된, 네고에 필요한 서류를 작성하여 자신의 거래은행인 네고은행에 제출하고 대금을 회수할 수 있다. 그러나 선하증권이나 서류에서 신용장의 내용과 다를 경우에는 분쟁이 발생되거나, 대금을 지급받지 못할 리스크가 있으므로 주의해야 한다.

일반적인 무역거래에서 수출상이 보낸 물품이 수입상에게 도착하기까지는 상당한 기간이 소요된다. 수입상 측으로서는 물품이 안전하게 도착할 것인가를 확인하기가 어렵고, 운송 중의 물품을 처분하기도 곤란한 리스크가 있다. 그런 경우에 수출상은 선하증권 자체를 양도하여 해상운송 중의 물품을 신속하게 처분할 수 있다. 다시 말해 선하증권은 수출상이 수입상에게 보낼 수출품을 선박회사(운송인)가 수령한 뒤에, 그 수취 혹은 선적한 사실을 증명하고, 목적지에서 증권의 정당한 소지인(일반적으로 수입상)에게 운송물품을 인도할 것을 약속한 증권이다.

현재는 무역에서 대금결제 시에 상업송장, 보험증권 등과 함께 가장 중요한 서류이다. 그래서 선하증권의 유통성 확보와 증권 소지인의 보호를 위하여 선하증권의 발행 및 기재사항에 대해서 법률로서 정하고 있다. 선하증권에 관한 일정한 사항에 대해서는 헤이그 규칙에서 규정하고 있고, 그 외의 문제는 국내법에서 정하고 있다. 따라서 국제계약에서 이용되는 선하증권은 국제해상물품운송법이 적용되지만, 국내 상법의 규정을 준용하는 것에 의해서 조약의 규정을 보완하고 있다.

8) 원산지 증명서(Certificate of Origin)

① Exporter(Name, address, country) SAM-A KOREA CO., LTD 9FL SAMIL Plaza BLDG, 837-26 YEOKSAM-DONG KANGNAM-KU, SEOUL KOREA	**ORIGINAL** **CERTIFICATE OF ORIGIN** issued by THE KOREA CHAMBER OF COMMERCE &INDUSTRY Seoul, Republic of Korea
② Consignee(Name, address, country) Mumbai Importing Co. Ltd. A 888 Nagar Agarwadi Mankhurd Mumbai 300 033 Fax 22-000-0000	
④ Transport details From : BUSAN, KOREA To : MUMBAI INDIA By : SALING ON OR ABUT APR. 25, 2016	③ Country of Origin REPUBLIC OF KOREA ⑤ Remarks

⑥ Marks &numbers ; number and kind of packages ; description of goods		⑦ Quantity
S. A MUMBAI INDIA S/# : 4794FX MADE IN KOREA ////////////////	REMOTE CONTROL L/C NO. Credit No : ANDHER0507010 /// ///	15,000PCS //////////////////////

⑧ Declaration by the Exporter SAM-A KOREA CO., LTD SEOUL KOREA Signed by *B. H. Kim* Authorized Signature	9. Certification ------------------------- Authorized Signatory Certificate No.

THE KOREA CHAMBER OF COMMERCE & INDUSTRY

원산지 증명서는 수출상(매도인) 국가의 상공회의소나 기타 관계기관에서 발행하는 서류이다. 물품의 원산지를 나타낸다.

무역거래 절차상의 리스크 관리

제3장

무역계약 리스크 관리

┃ 아제르바이잔, 바이어와의 상담 요령 및 계약 체결 시 유의사항[20]

'아제르바이잔 비즈니스, 되는 것도 없고 안 되는 것도 없다'는 말은 아제르바이잔 시장을 가장 잘 표현하는 말이라고 한다. 아무리 쉬워 보이고 당연해 보이는 일이라도 막상 안 되는 경우가 있는가 하면, 도저히 불가능한 것처럼 보이는 일도 쉽게 성사되는 경우가 많다. 제도를 엄격하게 적용하면 될 수 있는 일이 없지만, 고위층과 커넥션이 좋으면 얼마든지 법을 우회할 수 있기 때문이다. 그러나 법을 우회하는 방법에 치중할 경우 큰 낭패를 볼 수도 있어 가급적이면 원칙적인 방향으로 거래를 하는 것이 좋다. 최근 행정 투명화 및 부정부패 척결 등이 주요 사회 이슈로 등장했으며, 원칙적인 거래를 원하는 바이어들도 생겨나고 있다.

아제르바이잔 비즈니스를 성공적으로 마무리하기 위해서는 다음

---

20) 참고: KOTRA 해외 뉴스, 현장·인터뷰, 아제르바이잔, 바이어와의 상담 요령 및 계약 체결 시 유의사항, 2013-09-02, 홍희, 아제르바이잔 바쿠 무역관.

과 같은 유의사항이 필요하다. 첫째, 상담은 얼굴을 마주보며 하도록 한다. 아제르바이잔에서는 인간관계가 비즈니스 성패를 좌우하여 이메일/전화 연락만으로 아제르바이잔에 진출하려는 경우는 성공하기 힘들다. 아제르바이잔 바이어들이 대부분 영세하고 사장이 구매 결정을 독점하고 있기 때문에 전화, 이메일로는 사장과 잘 연결되지 않으며 사장이 아닌 직원과의 전화, 이메일은 묵살되는 경우가 허다하다고 한다. 둘째, 아제르바이잔인의 눈높이에 맞춰야 한다. 우선 현지인의 눈높이에 맞추고 이해하는 자세가 필요하다.

계약 체결과 관련하여 유의할 사항은 다음과 같다. 첫째, 전통적으로 아제르바이잔 영세 수입업자들은 4~5만 달러의 소량 주문 및 단기 딜리버리를 선호한다. 그러나 최근 석유 수출이 늘어남에 따라 대아제르바이잔 수출의 대금결제 안정성도 과거보다 많이 높아진 편이다. 그러나 아직 금융 인프라가 미비해 T/T 및 현찰거래 관행이 보편적이다. 둘째, 거래상대방에 대한 신용조사를 실시하고 거래를 해야 하며 가능한 선수금을 많이 받는 것을 추천한다. 법·제도의 투명성이 부족하고, 관료주의 및 높은 관세율 때문에 밀수 등이 근절되지 않았다. 무역 거래시 대금의 일부를 결제하고 일부는 추후에 지불하겠다는 조건을 거는 경우가 많은데, 신용조사 후 거래를 하는 것이 좋다.

1. 무역계약의 특징과 내용

1) 무역계약의 특징

무역도 기본적으로 국내거래와 다르지 않다. 그러나 당사자가 다른 국가의 국적을 가지고 있고 다른 국가에 영업의 본거지를 두고 있기 때문에 국내거래와는 다른 다음과 같은 특징이 있다.

(1) 2개국 이상의 국가법이 적용된다

한국의 자동차회사가 미국으로 자동차를 수출하는 경우, 그 수출거래에는 한국법이 적용될 것인가, 혹은 미국법이 적용될 것인가 하는 문제가 있다. 예를 들어, '차량안전기준'이나 '환경기준' 및 '제품의 결함에 의해서 생긴 손해배상' 등은 미국과 한국이 각기 다를 수 있다. 이와 같이 국제거래에서는 2개국 이상의 국가법이 관계하는 경우가 일반적이다. 따라서 당해 거래에 어느 나라의 법이 적용되는가는 거래당사자에 있어서 매우 중요하다.

(2) 각종 조약에 의한 법의 통일

무역거래에 있어서는 각국 법이 다르기 때문에 양국 간 또는 다수국 간의 조약으로 조정되거나 통일되고 있다. 따라서 그러한 조약이나 통일 규칙이 있는 경우에는 국내법뿐만이 아니라 국제적인 조약이 어떻게 적용되는가를 고려하여야 한다.

(3) 국제적인 관습이나 관행

국내에서의 상거래와 같이 국제거래에서도 각각의 거래 분야에 따라 독특한 관습이나 관행이 있다. 국제적인 거래관습이나 관행은 국내거래에서보다 더욱 중요하다고 볼 수 있다. 예를 들어 해상운송보험의 분야에서는 전통적인 해상운송 및 보험시장의 역사를 가진 영국의 법률과 관습이 현재에도 세계적인 권위를 인정받고 있다. 그래서 보험증권의 약관에는 영국의 법과 관습에 의한다는 규정이 기재되어 있다.

(4) 커뮤니케이션의 어려움

무역은 법률이나 언어, 관습 등이 다른 다양한 당사자 간에 행해지기때문에, 계약 해석이 어려워 클레임이 발생할 리스크가 많다. 그래서 각국의 법제도나 해석이 다르기 때문에 예상치 못한 분쟁으로까지 발전할수도 있다. 따라서 무역은 국내거래 이상으로 분쟁의 발생에 대한 대책이 더욱 필요하다. 그래서 국제계약에서 분쟁을 발생시키지 않기 위해서는 가능한 한 상세한 계약서를 작성하는 것이 필요하다. 특히 각자의 권리·의무를 객관적으로 명확히 정리해두는 것이 중요하다.

(5) 국제적인 상사(商事)분쟁

국제사회에는 사법상의 법률문제에 관하여 재판하는 국제적인 재판기관이 없다. 예를 들어 한국의 회사와 미국의 회사 사이에 분쟁이 생긴경우에 한국이나 미국, 아니면 제3국의 법원에서 재판할 것인가를 정하는 국제적 재판관할권의 문제가 발생된다. 어느 국가의 법원에서 재판을하는가에 따라 적용되는 법이 다르며, 경우에 따라서는 판결도 다르게될 불확실성이 있다. 나아가 당사자가 어느 국가에서의 재판을 하더라도 법원이 소송을 기각하는 경우가 있다. 또한 국내 사건에 경우와는 달리 법원에서 판결을 받았다 하더라도 타국에서 당연히 강제집행이 될 수있을 것인가에 대한 외국 판결의 승인·집행의 문제가 있다. 피고가 판결국가의 재산을 소유할 수 없도록 하는 경우에는 분쟁해결의 실효성의 문제도 생긴다. 이외에도 무역 이익에는 국제적인 과세가 포함되므로 이를 감안하여 거래하여야 할 것이다.

이와 같이 법원의 판결에 의한 분쟁 해결에는 여러 가지 문제점이 있기 때문에 국제거래에서는 법원 이외의 분쟁처리 절차인 국제상사중재원의 이용이 권장되고 있다. 중재는 분쟁해결을 제3자에 위임하는 것이지만, 국제거래에 관하여는 세계적인 상업단체에 의해 조직된 중재조직과 중재제도가 정비되고 있는 추세에 있다.

2) 무역계약의 내용

국제계약은 국내계약과 어떠한 개념상의 차이가 있는가? 일반적으로 계약체결시점에서 국내계약과 국제계약과의 차이를 비교하면 다음과 같다.

- 국내계약은 계약서상에서 국내법이 적용된다. 그러나 국제계약은 대부분이 영어로 작성된다. 어느 나라 또는 어느 지역의 법률이 계약 해석에 적용되는가는 국제사법에 의하여 정해진다.
- 국내에서 계약 내용에 관한 분쟁이 발생될 경우에는 국내법원에서, 국내법관에 의해, 국내의 사회통념, 상관습 등에 따라 판결이 확정된다. 그러나 국제계약에서는 소송의 제소지가 국내로 한정되어 있지 않다. 그래서 계약서상의 내용에서 확정된 나라의 법규에 따라 그 나라의 법관이나 배심원 등에 의해 재판이 진행된다. 일반적으로는 미국, 일본 등의 선진국에서는 계약 관련한 법규가 제대로 정비되어 있고, 신뢰성 있는 제도가 갖추어져 있지만, 세계적으로 통일된 재판 및 집행제도는 존재하고 있지 않다.

- 국내계약에서 계약당사자들이 국내의 자산을 보유하고 있어서, 판결이 확정되면 직접 국내에서 집행할 수 있다. 그러나 국제계약은 집행을 행하는 법정지에 피고자산이 없다면 판결이 확정되었다 하더라도 피고의 자산이 없어서 강제집행을 하기 위해 피고자산소재지국의 법원에 대해 집행판결의 수속을 필요로 하는 경우가 있다. 그렇기 때문에 자산소재국에서 판결을 받았다 하더라도, 강제적으로 집행할 수 없는 경우가 많다.

- 국제계약에서 계약상의 리스크를 회피하거나 전가시키기 위하여 자신에 유리한 사항을 계약서에 삽입하는 경우가 많다. 이러한 법적 리스크를 회피하기 위한 법률문서작성 기술이 전문변호사들 사이에서 발달하고 있다. 예를 들어 일정한 계약서 서식이나 보통거래약관 등의 특정의 거래서식에 리스크를 제한하거나 사고에 대한 면책을 주장하는 내용을 기재하는 등으로 리스크를 회피하는 경우가 많다. 이에 비해 한국의 기업인들은 계약서상에 충분히 또는 명료하게 법률적인 사항을 기입하지 못하는 특성이 있다. 이는 외국인과의 계약상에 있어서 중대한 리스크가 발생될 수가 있기 때문에 유의해야 할 사항이다.

- 계약은 구두의 약속이어도 관계당사자의 의사가 합치되었다면 문서화하지 않더라도 원칙적으로 유효한 것으로 본다. 그러나 각기 차이가 있는 문화, 풍속, 관습, 언어, 법제도, 권리의식의 변화 등의 영향하에 있는 국제계약의 당사자들이 구두로 약속한 계약은 충분하다고는 볼 수 없다. 구두합의는 일정 기간이 지나면 입증하기가 곤란하다. 또한 클레임이 발생하는 경우에는 계약서에 명시된 클레임 제기기간을 준수하여야 하며, 명시가 없다 하더라도 청구권 자체의 법적 소멸시효기간을 준수하여야 한다.

- 계약의 내용을 상세하게 문서화하는 작업은 가장 중요한 단계로 볼 수 있다. 완벽하게 체결한 계약이라도 상대방이 신용이 없고 준수할 의지

가 없다면 그 법적 효력이 반감될 수밖에 없다. 세계경제가 침체해짐에 따라 무역환경도 열악해져 가는 추세이기 때문에 수출상은 대금결제, 납기 등 기본조건 외에 특별한 경우의 조항을 최대한 반영하여 발생 가능한 리스크를 제거해야 할 것이다. 예를 들어 국내 수출업체들이 주문확정 단계에서 소액이라는 이유 또는 계약서 작성을 어렵게 여겨 물품매도확약서(offer sheet)만으로 계약을 마치는 경우가 있다. 이에 비해 선진국의 수입상들은 신용장 개설 이전에 이미 자체 수입계약서의 작성을 요구하는데, 그 주된 목적은 수입물품이 통관된 후에도 납기가 지연되거나, 품질이 불량할 경우에 손해배상을 청구하거나, 품질보증기간, 제조품의 하자 근거를 명시하여 수입상 자신의 권리를 확보키 위한 것이다. 이런 점에서 주문확약서만으로 계약을 이행하려는 한국 수출업체의 관행은 여러 가지 리스크에 노출되어 있다고 볼 수 있다.

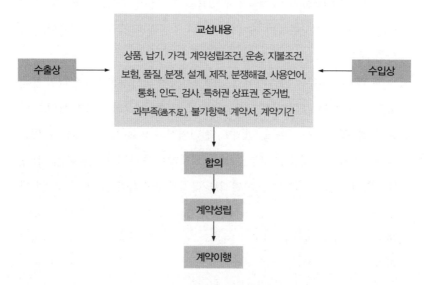

교섭내용

상품, 납기, 가격, 계약성립조건, 운송, 지불조건,
보험, 품질, 분쟁, 설계, 제작, 분쟁해결, 사용언어,
통화, 인도, 검사, 특허권 상표권, 준거법,
과부족(過不足), 불가항력, 계약서, 계약기간

수출상

수입상

합의

계약성립

계약이행

〈도표 3-1〉 무역계약의 교섭내용과 프로세스

3) 계약서 작성의 기준

관계당사자가 합의한 권리의무의 내용을 명확하게 표현하기 위함이다. 따라서 계약조항에서 다음과 같은 점을 기준으로 하여 작성하고 검토하여야 한다.

- 계약조항을 읽어보아 명확하게 의미를 알 수 있는가
- 전후관계에서 모순되는 내용은 없는가
- 중요한 점은 기재되어 있는가
- 계약서 작성의 의도가 충분히 달성되었는가
- 불완전한 부분은 보완하게 하거나 미리 지적해놓았는가

계약서를 작성하였다 하더라도 여러 가지 거래 형태, 업종과 합의되는 내용 및 계약의 목적 등에 따라 차이가 있다. 현실적으로도 계약 내용이나 계약조건이 관계당사자의 협상력에 의해 좌우되는 경우가 많다는 것은 부정할 수 없는 사실이다. 따라서 계약 내용을 관례에 따르거나 구태의연하게 획일적으로 정하는 것도 리스크가 있다. 계약서를 완전무결하게 작성하는 것이 바람직하지만 이 또한 쉽지 않은 사실이다.

계약서는 원칙적으로 관계당사자가 계약서에 서명함으로써 성립되는 것으로 본다. 표제나 형식에는 관계없이 법률상의 구속력을 가지는 합의나 기재된 서면에 관계당사자가 서명하면 계약서로서의 효력이 발생하게 되는 것이다. 국제거래에는 언어의 차이, 문화나 관습, 법률의 차이가 있어서 계약당사자들이 이해하기 어려운 요인이 많다. 계약당사자의 의도를 실제로 구체화한 경우에도 그때까지 발생되지 않았던 새로운 문제점이나 사태가 나타나는 경우도 허다하다. 이러한 때에도 일정한 규칙을

설정하여 조기에 합리적, 효과적으로 해결이 가능하도록 하는 것이 계약서 작성의 기본원칙이다.

> 국제계약의 종류는 다양하고, 관계당사자의 의도도 차이가 있다. 예방은 물론 자기에게 유리한 사항을 계약서에 삽입하고자 하는 시도는 당연하다고 볼 수 있다. 그 결과 현재에는 리스크 회피를 목적으로 하는 법률문서작성 기술이 발전하였지만, 최근에는 계약서 작성한 결과로서 발생되는 사건이나 사태를 예측하고 판단하는 전략적인 법무활동으로서 계약서를 검토하고 연구하는 것이 필요하다.

계약서 작성은 상술한 바와 같이 여러 가지 거래 형태, 내용 및 실정에 따라 차이가 있지만, 일정한 기본자세가 있다. 표현상으로는 계약 내용을 얼마나 명료하게 분석하여 표현할 것인가. 이에는 정확한 용어를 취사선택하여 적절하게 배열하여야 하는 점에 주의하여야 한다. 계약서 작성 시에 고려해야 할 사항은 다음과 같다.

- 계약서 내용이 당사자 간의 합의 내용을 모두 나타내고 있는지 확인한다.
- 계약서의 내용이 합법적인가.
- 계약서의 내용이 논리적으로 일관성을 유지하는가.
- 계약서에 사용된 용어가 평이하고 정확한 표현인가.
- 계약서에 사용되고 있는 용어가 통일되었는가.

4) 영문계약서

영국은 산업혁명의 발상지이며, 세계 최초의 공업국이기 때문에 해운·무역·보험·금융 등도 영국을 중심으로 하여 발전하였다. 그래서 선하증권이나 용선계약서, 해상보험증권의 표준화 과정에 큰 영향력을 행사하였던 것도 사실이다. 따라서 국제거래에도 영어를 사용하여 계약서를 작성하는 경우가 대부분이다. 영문계약서에 분쟁이 발생한 경우에 그 분쟁처리에 대해서 용어나 개념의 해석은 기본적으로 영미법에 기반을 두었다고 볼 수 있다. 그러한 의미에서 국제계약서의 작성이나 검토에는 영미법의 지식이 필요하다고 볼 수 있다.

> 영문계약서사용에 있어서 정확하게 해석해야 하는 주요 용어는 다음과 같다.
> ① shall, will, may ② 일시, 시간, 장소의 표시 ③ 기간(휴일) ④ 계약에 많이 사용되는 관용어(bona fide, force majeure, arm's length 등), ⑤ here_, there_ ⑥ there_, this_, that-

5) 계약의 유효성

계약성립을 위한 가장 중요한 요소는 계약당사자들 간에 의사가 합치되어야 하는 점이다. 구체적으로 계약당사자 모두의 의사표시가 있고, 그 내용이 일치하여야 한다. 이 2가지의 의사표시는 당사자 간에 교환하여 대립되어 있어야 한다. 더욱이 계약이 유효하기 위해서는 공법상, 민법상 및 계약법상의 제한을 받지 않아야 하는 점도 중요하다. 특히 수출입을 허가하거나 제한하는 법률이나 외환거래에 관한 법률은 각국의 강행법규로서 당사자 간의 합의보다 우선하게 되는 점에 주의하여야 한다.

민법상의 제한도 문제가 된다. 이는 계약법에서 제외되거나 규정이 없는 경우에 한한다. 대표적인 것은 '계약당사자의 행위능력'에 관한 것으로 대부분의 국내법이 무능력(incapacity), 무권한(lack of authority), 부도덕(immorality) 또는 불법(illegality) 등에 의한 계약은 무효로 규정하고 있다. 또한 대리인의 권한도 여기에 포함된다.

계약법상의 규정은 계약당사자의 의사표시의 진의 또는 하자에 관한 문제이다. 의사표시에서 착오(mistake), 사기(fraud), 강박(threat) 및 현저한 불공정(gross disparity) 등이 입증되면 상대방은 계약을 취소할 수 있다.

6) 약관(約款)의 충돌

'품질에 하자가 있는 경우에 10일 안에 서면으로 클레임을 제기해야 하며, 모든 분쟁은 자국의 중재에 의한다.'

계약서에는 위와 같이 자사에 유리한 내용의 면책조항이나 중재조항과 같은 분쟁처리 조항을 인쇄해 놓은 경우가 있다. 이는 주로 주문서 뒷면의 이면약관에 영문으로 또 작은 글씨로 인쇄되어 있기 때문에 수출상이 꼼꼼하게 살펴보지 않아 손해를 본 사례가 많다.

이와 같이 국제계약에서 여러 가지 조건이 추가된 계약서가 여러 관계당사자들로부터 제시될 수 있다. 이러한 계약서는 일방적으로 자사에 유리하게 인쇄하여 사용되는 경우가 많다. 예를 들어 해상운송계약이나 유탁손해배상 등에 관한 법률에는 해사기업의 책임제한이란 형태로 리스크를 제한하고 있다.

그런데 수출상이 자사에 유리한 내용을 인쇄한 계약이나 주문서를 사용하여 수입상에게 보내면, 수입상 또한 자사에게 유리한 내용을 인쇄한 수주확인서를 작성하여 통지하는 사태가 발생될 수 있다. 이와 같이 내용의 차이가 있는 계약서나 확인서를 사용하는 것을 '약관의 충돌'(또는 전쟁)이라 한다. 이는 거래 쌍방이 각자의 리스크를 제한하기 위한 수단이 충돌하는 것을 뜻한다. 이와 같은 경우에 계약은 성립될 것인가. 아니면 어느 계약당사자의 계약서를 우선할 것인가의 문제가 되므로 각별히 유의해야 한다.

현실의 국제거래계약에서는 관계당사자가 계약을 이행하는 단계에서 가격이 크게 차이가 나거나, 계약서 내용이 상호 모순되거나 상이하지 않다면 계약은 이행된다고 볼 수 있다. 물품의 품질이나 특성 등에 대해서 분쟁이 발생하는 경우에 계약서 조항이 우선적으로 적용되어 문제를 해결하게 된다.

이와 같이 서식의 충돌은 수출상과 수입상의 이해가 복잡하게 얽혀 있어서 간단하게 해결하기가 곤란할 것이다. 이론적으로는 관계당사자 간에 모든 사항에 대해서 합의한 기본계약서를 사용하여 계약을 체결하는 것이 최선이라고 볼 수 있다.

그 밖에 계약서는 당사자의 자격과 거래내용, 거래조건 등의 거래상 필요한 사항에 대해서는 미리 알아서 합의된 내용을 서면으로 교환하고 권한이 있는 당사자가 서명 및 날인을 하는 것으로부터 성립한다. 유럽에는 인감을 이용하지 않고 주로 서명을 이용한다.

중요한 계약서의 경우에는 회사를 대표하는 회장, 사장 등의 대표들이 서명하고, 매매계약서 등의 일상적이고 단순한 계약은 각 부서의 책임자인 부서장이 서명하는 것이 관례이다. 서명한 계약서는 상대방에게 인도함으로써 계약이 성립하고 자동적으로 계약서는 유효하게 된다. 특히 중요한 계약서는 기업 간의 사적인 계약서이기 때문에 공증인사무소에서 확실한 공증을 받는 것이 필요하다.

> 약관은 그 계약 내용을 미리 정형화함으로써 거래를 신속하게 처리할 수 있다는 장점이 있으나, 사업자 측에서는 일방적으로 자신들에게 유리하게 그 내용을 정하고, 고객은 그러한 약관을 거부할 수 없다는 점에서 문제가 있다.

2. 무역계약에 적용되는 법률지식

세계 각국은 국제거래에 대하여 여러 가지의 법적인 규제를 가하고 있다. 이를 공법적 규제라 할 수 있다. 당사자들은 거래에 합의하였다 하더라도 이를 준수하여 거래를 진행시켜야 한다. 그러나 이러한 규제는 그 나라의 경제정책이나 통상정책을 반영하고 있기 때문에 국가별, 시대별로 각각 다르고 형태도 매우 다양하다.

예를 들어 한국의 전자제품을 미국으로 수출하는 데는 여러 가지의 법규가 적용된다. 먼저 어느 나라의 민법 또는 상법에 따라 매매계약을 체결할 것인가가 문제된다. 다음으로 계약의 이행에 관한 법규의 문제가 따르게 된다. 매매계약이 체결된 후에도 각국의 외환거래법이나 통상법과 같이 수출입 거래에 관한 법규를 준수하여야 한다. 당사자 간에 분쟁

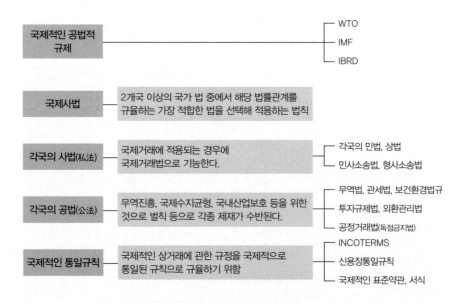

〈도표 3-2〉 국제거래에 적용되는 법과 규정

이 생긴 경우에는 분쟁을 해결하기 위한 법적인 수속절차에 관한 법률문제가 제기될 수도 있다.

그러나 국가마다 국제거래를 규율하는 법률에 차이가 있으면 거래활동에 대한 예측이 불가능하여 그에 따른 리스크도 증가할 수 있다. 이 같은 사정 아래 국제거래에 관한 통일법이나 국제적인 상관행을 통일시키거나, 법적인 면에서 국경을 초월한 협력이 필요하다.

1) 국제계약에 적용되는 법과 규정

국제거래를 실제로 규율하는 법규는 각국의 사법과 공법, 국제사법, 절차법, 그 밖에 2국 간 또는 다수국 간의 조약을 중심으로 한 국제법 등의 광범한 분야가 포함되어 있다. 각국의 국내법 가운데 민법이나 상법 등은 국제거래를 위하여 입법되지 않았지만, 국제거래에 적용되는 경우에는 국제거래법으로서 기능을 하게 된다.

이에 대해 사법, 통일사법, 무역을 규제하는 공법적 규정 등은 주로 국제적인 거래를 대상으로 한 것이다. 또한 국제거래에 있어서는 각종 민간기구에 의해 형성된 자주적 규범으로서 매매계약당사자의 권리와 의무를 제한하는 형태의 통일규칙이나 표준약관이 중요한 역할을 하고 있다.

세계 각국은 기본적으로 자유무역을 천명하고 있지만, 실제로는 외국환거래법 및 대외무역법, 수출입규제법, 수출검사법 등으로 국제거래에 대해 규제를 가하고 있다. 수출을 관리하는 법규에 의하면, 특정 국가와의 거래 또는 특정 상품이나 특정 계약의 경우 관계당국의 수출승인을 필요로 하기도 한다. 철광석, 곡물, 목재 등의 원료는 국내 수급의 안정을 확보하기 위하여 거래가 제한되기도 하는 품목이다. 무기 등을 비롯한 군수물자나 원자력제품, 통신기기 등은 전략적으로 수출입규제대상이 되는 품목이다. 섬유류, 기계류 등 수입이 일정량 이하로 제한되는 쿼터로 묶여 있는 품목도 있다.

UN 결의에 의해 경제제재를 목적으로 특정국으로 상품수출을 금지하거나 규제하는 수도 있다. 위조통화, 마약, 국보, 상대국에 대한 특허위반의 상품 등은 금수품으로 규제된다.

특정 지역을 향한 특정 상품에 대해서는 과당경쟁을 방지하기 위하여 수출조합을 결성하여 가격, 수량, 품질, 디자인 등에 협정을 맺는 경우도 있다. 이는 각기 다른 기업들이 동일한 리스크를 가격경쟁 방지나 일정 생산량이상은 수출을 금지하는 등의 협정을 맺어 리스크를 제거하는 것을 말한다.

상품을 수출하기 위해서는 관계조합의 수출거래승인을 필요로 하는 경우가 있다. 이는 가격 및 생산과 수출을 제한하기 위하여 가격협정이나 거래협정 및 생산제한 등에 의하여 과당경쟁의 리스크를 제거하기 위한 수단이라 할 수 있다.

외국환관리법에 의하면 자국의 기업이 발행한 어음을 거래대금으로 지급하여 이를 외국에서 수령하는 것은 금지되어 있는 경우도 있다. 수출대금과 수입대금을 상계할 때에는 정부의 수출승인을 받아야 하는 수도 있다. 수출검사법에는 불량품의 수출을 방지하기 위하여 품질이나 포장에 대한 검사기관의 검사를 받아 수출검사증명서를 첨부해야 하는 품목도 있다. 그 밖에, 양곡관리법, 문화재보호법, 마약관리법 등에서 보는 바와 같이 당국의 수출입허가를 받아야 하는 상품도 있다.

(1) 국제사법(國際私法)

한국과 미국의 전자회사가 중국에 합작회사를 설립하기 위한 계약을 일본에서 체결했다고 하자. 분쟁이 발생할 경우에 한국법, 미국법, 중국법 가운데에서 어느 나라의 법을 적용하여 판결을 내릴 것인가. 이때는 가장 밀접한 관계에 있는 법, 계약체결지의 법으로 일본법을 적용하여 문제를 해결하도록 하는 것이 국제사법에 의한 규정이다.

국제사법은 각 국가마다 각기 다른 법질서가 존재한다는 것을 전제로 하여 여기에서 발생되는 법률관계에 적용할 수 있는 법률을 결정하는 법이라 할 수 있다. 구체적으로 국제사법이란 섭외적(涉外的)인 법률관계와 관련한 여러 국가의 법 가운데 당해 법률관계를 규율하는 것에 가장 적합한 법을 선택하고 그것을 적용함으로써 실질적으로 그 법률관계를 규율하는 것이라 할 수 있다. 즉 2개국 이상의 국가법 가운데에서 당해 법률관계에 적용되어야 할 법을 선택하는 법칙이 국제사법이다.

현재의 국제사법은 각국의 국내법으로서 존재하고 있다. 따라서 어느 국가에서 재판이 행해지는 가에 따라 준거법도 다르게 된다. 국가에 따라 판결도 다르게 나타날 수 있다는 것이다. 그렇기 때문에 국제적인 사회생활에서의 국제사법의 임무는 아직도 충분하다고 볼 수 없는 것이 현실이다.

(2) 통일규칙

무역거래에는 수출상과 수입상뿐만 아니라 은행이나 보험회사 및 운송회사 등의 관계당사자들이 많다. 이들이 무역거래를 수행하는 데에는 세계 각국의 법률이 통일되어 있는 것이 바람직하다. '선하증권통일규칙'이나 '국제항공운송에 관한 바르샤바 조약' 등은 그러한 내용으로 통일되어 있는 법률체계라 할 수 있다. 예를 들어 신용장이나 선하증권상의 내용에 따른 분쟁이 발생되어 소송이 제기되었다면, 법적으로 '신용장통일규칙'이나 '선하증권통일규칙'에 따라 판결이 내려지게 된다.

그러나 이는 지극히 제한된 범위에 그치고 있다. 대륙법과 영미법과 같이 법제도가 다르고, 해운국과 비(非)해운국, 선진국과 개발도상국 등의 국가 간의 이해가 충돌하기 때문에 해결하기가 곤란한 문제가 많기 때문이다.

그래서 국제거래에 관한 분야의 법률을 전 세계적으로 통일할 수 있을 것이라는 기대는 하기 어렵다. 물론 일정한 성과를 거두고 있는 분야도 있기는 하다. 국제연합을 중심으로서 다수의 통일조약이 작성되고 있는 점을 보면 법통일을 위한 노력이 있다는 점을 짐작할 수 있다.

통일규칙의 예를 들면 각국의 법률이나 국가 간에 정한 여러 조약 외에 국제적인 민간단체에 의해 작성된 '거래조건과 그 해석에 관한 통일규칙'이 있다. 국제상업회의소(ICC)가 작성한 '정형거래조건의 해석에 관한 국제규칙'인 '인코텀스'(INCOTERMS)나 '화환신용장에 관한 통일규칙 및 관례'(Uniform Customs and Practice for Commercial Documentary Credits) 등이 있다.

이들 통일규칙은 일정한 거래 분야에 있어서의 상관습이나 상관행을 정리하고 그것을 통일시켜 명확하게 정리한 것이지만, 실제의 무역거래 실무에서는 실질적인 통일법으로서의 역할을 담당하고 있다.

신용장통일규칙도 콘테이너 운송이나 국제복합운송의 보급 등에 따라 여러 번의 개정을 거쳤다. 현재에는 세계의 다수의 은행이 신용장의 개설에 맞추어 통일규칙의 승인을 조건으로 하고 있기 때문에 신용장에 의한 결제는 사실상 거의 모두 신용장통일규칙에 의하여 규율되고 있다고 할 수 있다.

(3) 표준약관

표준약관은 정형적인 계약서 서식이나 일반거래약관 등을 사전에 작성하여 개별거래에 사용하는 것을 말한다. 계약이나 거래를 표준화시켜서 기업의 잠재적 리스크를 한정시키고 억제할 수 있기 때문이다. 특정 업계와 단체 등에서는 이러한 표준계약서식이나 표준약관 등을 이용하여 국제계약서를 작성하고 있다. 따라서 표준약관도 실질적인 통일법의 기능을 맡고 있다고 할 수 있다.

인코텀스나 신용장통일규칙은 계약당사자들이 계약서식이나 표준약관들을 원용하거나 또는 직접 사용함으로써 적용된다. 예를 들어 인코텀스는 '본 계약에서 FOB, CIF 및 CFR의 용어의 해석은 2000년 인코텀스에 의한다'로 원용함으로써 적용되고, 표준약관은 당사자가 해당 약관을 사용하여 계약을 체결하는 것으로 적용된다.

이와 같이 계약당사자들은 국제사법에 의해 계약의 준거법으로 지정된 국가의 강행규정에 반하지 않는 한, 통일규칙을 원용하거나 표준약관 등을 사용하여 계약할 수 있다. 따라서 이들의 통일규칙이나 표준약관은 실질적인 통일법으로서의 기능을 맡고 있다고 할 수 있다.

통일규칙과 표준약관 등은 국제적인 민간기구들이 매매계약당사자 간의 분쟁과 리스크를 방지하기 위하여 작성한 자주적 규범으로 볼 수 있다. 계약이나 거래를 표준화하여 매매계약당사자들의 잠재적인 리스크를 한정시키고 억제시킬 수 있기 때문에 국제거래를 안전하고 원활하게 수행하는 효과를 거둘 수 있는 것이다.

2) 공법적 규제에 관한 국제법

국제거래를 규제하는 국내 법규들은 주로 국내에서의 거래활동을 대상으로 하고 있다. 예를 들어 국내 특정 물품을 수출하는 경우에는 사전에 수출허가를 받도록 규정한 대외무역법의 경우를 들 수 있다. 그러나 기업의 활동이 세계화됨에 따라 자국에서만 국제거래를 규제하는 것으로는 그 법규의 목적이 달성되지 못하는 상황이 발생되고 있다. 예를 들어 미국, 독일, EU 등에서는 수출상대국이 자국의 수출상품에 대한 차별조치를 취하는 경우에 자국의 법규정을 적용할 수 있다는 입장을 취하고 있다.

역외적용의 전형적인 사례가 시베리아·파이프라인 사건이다. 미국은 1960년대 대소경제제재조치로서 시베리아에서 유럽까지의 파이프라인 건설에 필요한 기술 및 자재를 소련으로 수출하는 것을 금지시켰다. 동시에 외국에 있는 미국 기업의 자회사(子會社) 및 미국 기업의 기술 라이센스를 얻어 생산하고 있는 외국회사에까지 이 조치를 확대 적용하였던 것이다.

서유럽의 각국은 미국수출관리법의 역외적용은 국제법 위반이라고 항의하는 한편 영국 및 프랑스는 대항입법을 발동시켜 자국의 기업에 대하여 수출계약을 준수할 것을 권하였다. 이와 같이 각국의 법정책이 엄격히 대립하는 경우에는 공법적 법규의 역외적용은 국가간에 긴장관계를 만들어 내며, 거기에 휩쓸린 당사자는 양국법의 딜레마라고 하는 난처한 입장에 놓이게 된다.

---

3) 국제거래의 규제에 관한 대표적인 조약

자국의 법규를 국제적인 거래활동에 적용하는 경우에는 외국의 법정책과 대립하여 충돌하는 문제가 발생된다. 이를 해결하는 방법은 우선 국가 간의 협의나 조약에 의해 법적용에 따른 충돌을 조정하는 것이 바람직하다. 예를 들어 2국 간의 이중과세를 방지하기 위한 조세조약 등이 그 좋은 예이다. 그러나 시베리아·파이프라인 사건에서와 같이 국가 간의 법률정책이 대립하는 경우에는 한계가 있다. 그래서 미국에서 주장되고 있는 '합리성의 원칙'이나 국제법상의 '불간섭원칙'에 기초하여 입법

관할권의 행사를 제한하는 견해와 같이 합리적으로 한계를 짓는 안이 모색되고 있으나, 아직까지 국제적으로 확립된 원칙은 보이지 않고 있다.

국제거래의 규제에 관하여 각국은 양국 간 및 다수국가 간의 조약을 체결하는 것에 의해 국가 간의 이해를 조정하고 국제적인 통상이 안전하고 원활하게 수행하도록 노력하고 있다. 그와 같은 국제거래의 규제에 관한 대표적인 조약은 다음과 같은 것이 있다.

(1) WTO

WTO는 GATT를 발전적으로 계승하면서 그 기능을 다음과 같이 한층 더 강화시켰다. GATT가 국제조직으로서의 법적 기반이 약했던 것에 대하여, WTO는 정규의 국제기관으로 설립되었다. 종래의 GATT는 조직적으로 정비·확충되어 WTO에 인계되었고, 그동안 잠정적으로 적용되었던 GATT의 실체 규정도 새롭게 바뀌어 확정적인 효력을 부여받았다.

(2) 통상항해조약

국가 간의 통상·항해에 관한 기본적 사항을 정하는 국가 간의 조약이 통상항해조약이다. 조약의 내용은 각국의 사정에 따라 다르지만, 통상·항해의 자유와 관세에 관한 협정을 포함하는 것이 일반적이다. 이 조약에 의해 양국 국민은 상대국에 대해 입국, 거주, 사업활동, 재산취득 등이 보장된다. 조세, 투자보호, 항공운송 등 개별적인 분야를 대상으로 한 조약도 체결되고 있다.

(3) 세계평화와 안전보장에 관한 조약

세계의 평화를 유지하기 위하여 대량살상무기나 병기의 무역을 금지하는 조약을 말한다. 안전보장의 국제적인 조직으로서 대량살상무기에 관한 관리체제에 관하여 ①핵확산방지조약(NPT; Nuclear Non-proliferation Treaty), ②원자력공급국그룹(NSG; Nuclear Suppliers Group) ③생물무기금지조약(Biological Weapons Convention), ④화학무기금지조약(Cwc; Chemical Weapons Convention), ⑤미사일기기·기술수출규제(MTCR; Missile Technology Control Regime) 등이 있다. 이러한 조약들은 조약가맹국에 있어서 여러 가지 국내법에 반영되어 국제거래에 적용된다.

(4) 지적재산권보호에 관한 조약

국제거래를 원활하게 하기 위해서는 국제적인 협력관계가 필요하다. 특히 특허권, 상표권, 의장권, 저작권 등의 지적재산권의 분야에는 권리자의 지적 창의성이 권리의 대상이 된다. 이는 실체가 존재하지 않는 권리이기 때문에 국경을 넘어 쉽게 유포되어 해당 권리를 침해하는 성질이 있다. 그러나 지적재산권에 관한 법률이 국가마다 그 내용이 다르기 때문에 복잡한 문제가 발생된다. 이러한 문제 때문에 국제적으로 조직되어 실행되고 있는 조약은 다음과 같다.

공업소유권에 대해서는 내국민대우, 특허권 독립의 원칙 및 출원자우선권제도라는 기본원칙을 합의한 파리조약이 중요하다. UN 산하의 전문기관으로서 WIPO는 세계적인 지적재산권의 보호를 촉진하기 위하여 행정적 협력을 촉진하는 목적으로 관리업무를 목적으로 하고 있다.

WTO 설립협정의 일부인 TRIP 협정에는 집적회로의 회로배치라는 새로운 분야를 포함한 광범위한 범위의 지적재산권에 관한 권리행사에 관한 내용이 정비되어 있다.

(5) ICC(국제상업회의소)의 무역 규칙의 적용

국제상업회의소(ICC; International Chamber of Commerce)는 민간단체

이지만 세계 각국의 상공회의소의 국제적인 조정기구로서 기능하고 있다. ICC는 국제거래에 관한 통일된 규칙을 만들고 공표하고 있다. 이러한 규칙은 대부분의 국제거래에 적용되고 있다.

ICC는 제1차 세계대전 종결 후 유럽의 산업과 경제부흥을 목적으로 자유로운 국제통상을 실현하기 위하여 1920년에 창립되었다. ICC 활동은 ① 국제무역(상품·서비스와 국제투자를 촉진하고), ② 기업 간의 자유롭고 공정한 경쟁원리에 의하여 시장경제 시스템을 발전시키는 것, ③ 세계경제와 관련한 환경이나 사회문제 등에 대한 조언을 목적으로 하고 있다.

이러한 활동의 목적의 일환으로서 UN이나 국제조약에서의 국제기구에 대해 민간의 입장에서 정책을 조언하고 있다. 또한 국제거래관습에 관한 공통의 규칙을 추진하고 있다. 더욱이 국제적인 상사분쟁의 해결에 적극적으로 관여하여 중재규칙을 정하고 중재기구를 만들고 있다. ICC의 사무국 본부는 파리에 있다.

(6) 한국의 국제거래법규

한국도 대부분의 나라들과 마찬가지로 헌법상의 규정과 기타 여러 법규에 의하여 정부가 대외무역에 직·간접으로 깊이 관여하는 무역관리제도를 실시해 왔다. 헌법 제126조에 의하면 '국가는 대외무역을 육성하여 이를 규제·조정할 수 있다'라고 규정하여 무역관리의 법적 근거를 명시하고 있다. 대외무역법 제1조에서도 '대외무역을 진흥하고 공정한 거래질서를 확립하여 국제수지의 균형과 통상의 확대를 도모함으로써 국민경제의 발전에 이바지함을 목적으로 한다'라고 규정하고 그에 따른 구체적인 법적 근거를 명시하고 있다.

1986년에 대외무역법을 제정하여 무역관리의 근간을 이루었는데, 이 법은 화물의 수출입에 관하여 자유원칙의 입장을 규정하고 있지만, 특정

거래에 관하여는 규제를 행할 수 있게 하고 그 구체적인 규제의 실시는
대통령령으로 광범하게 위임하고 있다.

> 일본의 수출입거래법은 실제로는 통상마찰의 회피 등을 위하여 통산성의 강력한 행
> 정지도에 의해 카르텔이 결성되는 경우가 많으며, 수출입거래법도 국가의 통상정책실
> 현의 수단으로써 활용되고 있다.

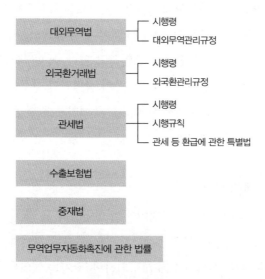

〈도표 3-3〉 한국의 무역·외환관리에 관한 주요 법령체계

외국환관리에 관한 법규로서 무역 이외의 국제거래 즉 국제투자나 저
축·대부 등의 자본거래, 노동과 서비스의 제공을 목적으로 하는 거래,
중개무역, 기술도입 등에 관하여도 외환법에 의한 규제도 있다.

국제법은 국제거래법과는 다르다. 국제법이란 국가와 국가를 규율하는 법 분야로서 개인 간, 기업 간의 권리·의무에 대해서 정해진 것이 아니다. 그러나 국가가 조약을 체결하여 조약에 가맹한 나라에 소재하는 개인 간이나 기업 간의 권리와 의무를 규율하는 것이다. 글로벌화에 따라 여러 가지 국제법이 국제거래에 관여하고 있다.

무역에 관한 2개국 간 조약인 통상항해조약이나 WTO협정, 지적재산권에 관한 조약, 조세(租稅)조약, IMF협정 등은 국가와 국가와의 관계에 있어서 국제경제법의 분야라고 볼 수 있다. 이러한 국제경제법의 분야는 공적인 관점에서부터 국제경제질서의 확립이나 유지를 목적으로 하여 국제적으로 거래하는 기업의 활동에 크게 관여한다.

기업의 경제활동은 '당사자 자치의 원칙', '계약자유의 원칙'으로 이루어지고 있지만 국제법, 국제경제법의 범위에서는 이러한 원칙이 제한되고 있다. 이러한 규율을 지키지 않는 거래는 무효가 되어 벌금이나 형사처벌의 대상이 되는 리스크가 따른다.

3. 무역계약서 작성 시의 리스크 관리

수출상과 수입상은 매매계약 체결에 앞서 '일반적인 거래조건'(General Agreement and Condition of Business)을 결정한다. 거래당사자의 자격이나 역할, 거래상태, 취급상품과 가격, 오퍼, 주문, 신용장, 지급, 선적, 불가항력, 선적지연, 해상보험, 검사(檢査), 클레임, 계약기간과 종료, 준거법, 계약성립의 증명 등에 대해 결정하는 것이다. 이는 수출입거래당사자 간에 매매계약을 이행하기 위한 필수적인 거래조건이라 할 수 있다.

기본거래 협정서는 계약서 내용 이외에도 어떠한 사항을 검토할 것인가, 또는 계약서의 문언에 어떻게 표현할 것인가 등에 대한 내용을 상세하게 표시한다.

거래조건은 매매당사자 간에 실제로 거래하기 전에 검토하여 기본거래조건협정서에 반영하여야 한다. 이는 거래의 기본을 정하고, 그 기본에 대해서 거래를 행하는 것만이 아니라, 분쟁이 발생했을 경우에 거래조건의 해석이나 해결방법을 둘러싸고 분쟁으로 발전되는 것을 방지하는 기능을 가지고 있다. 따라서 기본적인 거래조건을 이해하고 그 협정서의 내용에 대해서 숙지하고 있으면 거래당사자들은 분쟁 발생 시에도 비교적 합리적으로 신속하게 해결할 수 있을 것이다.

1)기본거래협정서의 내용

매매계약에는 물품의 소유권이 무조건 이전하는 매매인 이행물품매매계약(Executed Contract for Sale of Goods)과, 물품의 소유권이 조건부로 이전하는 미이행매매(Agreement to Sale), 다시 말해 매매계약체결과 동시에 계약이 이행되는 것이 아니라 '장래의 일정 시기에 이행되는 계약'(Executory Contract for Sale of Goods)이 있다. 무역거래는 통상적으로 미이행매매계약으로 이루어지기 때문에 당사자들은 매매계약체결에 앞서 거래의 일반적인 조건을 결정한다. 이를 문서화한 것을 협정서 또는 매매계약서(Agreement, 또는 Memorandom of Agreement)라고 한다. 이 협정서의 내용은 거래상품이나 거래국 및 거래선 등에 따라 약간의 차이가 있다.

일반적인 무역거래에서는 협정서를 교환하지 않고 구체적인 거래에 들어가는 것이 통상적이다. 협정서 없이 거래하는 경우에는 계약서 표면에 거래조건을 기재하고 이면에 거래의 일반적인 조건을 명기하고 서명함으로써 계약이 성립되기도 한다.

매매계약서는 판매확인서나 주문서나 견적서와 같이 서식으로 간단하게 거래조건을 기입하는 형식에서부터 어떠한 조건을 어떻게 취급하고, 어떻게 해석하며, 어떻게 이러한 조건을 지킬 것이며, 분쟁은 어떻게 해결할 것인가, 나아가 계약에 따른 분쟁은 어느 나라의 법률을 적용할 것인가 하는가에 대해 상세히 세분하여 규정하기도 한다. 거액이거나 특수한 계약은 국제업무를 전문적으로 담당하는 법률사무소에 의뢰할 필요가 있다. 계약서에 기재되는 주요 내용은 다음과 같다.

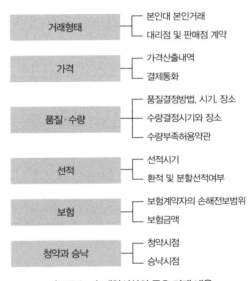

〈도표 3-4〉 계약서상의 주요 기재 내용

    계약서는 거래당사자가 당사자의 자격과 거래 내용, 거래조건 등의 거래상 필요한 사항에 대해서는 미리 알아서 합의된 내용을 서면으로 교환하고 권한이 있는 당사자가 서명 및 날인을 하는 것으로 성립한다.

    유럽에는 인감을 이용하지 않고 주로 서명을 이용한다. 중요한 계약서의 경우에는 회사를 대표하는 회장, 사장 등의 대표들이 서명하고, 매매계약서 등의 일상적이고 단순한 계약은 각 부서의 책임자인 부서장이 서명하는 것이 관례이다. 서명한 계약서를 각 상대방에게 인도함으로써 계약이 성립하고 계약서는 유효하게 된다. 특히 중요한 계약서는 공증인사무소에서 공증을 받는 것이 필수적이다.

2) 계약서의 중요성

일반적으로 중소수출업체에서는 소액이라는 이유로 계약서를 작성하지 않고 오퍼 시트(물품매도확약서; offer sheet)만으로 계약을 체결하는 경우가 많다. 이에 비해, 선진국의 수입상들은 신용장이 개설되기 이전부터 수입계약서를 작성할 것을 요구한다. 수입계약서에는 주로 수입품의 통관 후 납기지연, 품질불량에 관한 손해배상청구 근거, 품질보증기간, 제조품의 하자근거 등을 명시하여 수입상의 권리를 확보하기 위한 것이다. 완벽하게 체결한 계약이라도 상대방이 신용이 없고 준수할 의지가 없다면 그 법적 효력이 반감될 수밖에 없다. 세계무역환경이 날로 열악해져 가는 추세이기 때문에 수출상은 대금결제, 납기 등 기본조건 외에 특별한 경우의 조항을 계약에 적극 반영하여 리스크 관리에 만전을 기하여야 할 것이다.

3) 계약서 작성의 목적

계약서 작성은 관계당사자가 합의한 권리의무의 내용을 명확하게 표현하고 그에 따른 분쟁을 방지하기 위한 리스크 관리수단이라 할 수 있다. 따라서 계약조항을 읽어보아 명확하게 의미를 파악할 수 있는가, 전후관계에서 모순되는 내용은 없는가, 중요한 점은 기재되어 있는가, 계약서 작성의 의도가 충분히 달성되었는가, 불완전한 부분은 보완하게 하거나 미리 지적해놓았는가 등을 기준으로 작성하고 검토해야 한다.

4) 무역계약서 작성의 리스크 관리

매매계약은 구두로도 성립될 수 있으나 후일의 분쟁을 피하기 위하여 계약서를 교환하는 것이 필요하다. 매매계약서에 기재되는 내용은 거래 상대방, 상품의 목적지, 상품의 내용 등에 따라 천차만별이다. 그러나 당사자 간에 합의한 사항을 빠뜨리지 않고 정확하게 기재하는 것이 필요하다. 먼저 거래당사자의 명칭이나 사업소재지, 당사자 본인 또는 대리인인가의 여부, 수출상인가, 수입상인가, 어떠한 성격의 계약인가 등을 명료하게 밝혀야 한다.

다음으로 계약당사자의 역할, 거래내용, 취급상품, 가격, 사업이행의 순서, 주문방법, 결제방법, 상품의 선적, 포장, 운송방법, 선하증권의 종류, 계약이행 과정에서의 해상보험, 상품품질조건, 검사, 클레임, 계약기간 등 계약에 대해서 이른바 필수적인 사항에 대해서 검토하고 결정한다.

각각의 거래에 따라 결정되는 품명, 수량, 규격, 가격, 선적 등의 일반적인 조항 은 통상적으로는 계약서 표면에 기재한다. 그 외에 당해거래를 포함한 일반적인 거래에 광범위하게 적용되는 공통의 조항, 이른바 불가항력, 거래조건, 권리침해, 클레임 제기기한, 중재, 준거법 등에 관한 조항은 계약서의 이면에 인쇄되어 있다. 통상적으로 매매계약에 기재되는 조항의 내용은 다음과 같다.

(1) 거래 형태

거래선과 거래하는 형태를 본인 대 본인의 거래(Transaction as Principal to Principal)인가, 아니면 대리점(Agent) 및 판매점(Distributer)에 의한 거

래인가를 명기한다.

(2) 매매계약조항

매매계약이 계약서에 기재된 조항에 따라 성립하였다는 점을 확인하는 문언을 기입한다.

(3) 가격조항

가격조항에는 계약된 물품의 수량단가(unit price)와 합계금액(total amount)을 기입한다. 특히 결제통화는 외환시세 변동에 따라 수출국통화인지, 수입국통화, 혹은 제3국의 통화인가를 확실히 기입해야 한다. 계약체결시점과 대금결제시점의 시차에서 발생되는 환율변동으로 인해 대금결제통화에 대한 분쟁이 발생되기도 한다. 그러나 이는 계약당사자들 간의 계약조항에 의해 해결할 수밖에 없다. 또한 계약 시에 해상운임이나 해상보험료가 인상되는 경우에 증가된 비용은 어느 측의 부담인가를 명확히 기재할 필요도 있다. 그 외에도 각종 수수료도 어느 측에서 부담해야 하는가를 명시하는 것이 중요하다.

(4) 품질결정방법

무역계약에서 해당 상품의 품질, 규격 및 상태 등을 명확하게 결정하는 것이 필요하다. 품질조항으로서는 우선 견본(sample), 설명서(specification), 브랜드 및 상표(trade mark) 혹은 표준품(standard) 등으로 품질결정방법을 명기한다.

OEM 수출은 바이어가 제공한 견본, 디자인, 기술자료 등에 의해 제조되기 때문에 수입국에 도착한 후 통관이 허용되지 않거나 현지 유통 중에 지식재산권자로부터의 권리 침해소송을 당할 리스크도 있다. 수출상은 이러한 점에 대해 면책되거나, 수입상이 전적으로 책임진다는 조항을 반드시 넣어야 한다. 수입상이 이를 거부한다면 주문품이 모조 유사품일 가능성이 높다고 보아야 한다. 따라서 최소한 상기의 조항들을 반영한 수출계약서를 비치해놓는 것이 좋다.

기술적으로 1등급품만을 생산하는 것이 곤란한 상품에 대해서는 2등급품의 혼합허용량(allowance)을 기입할 필요가 있다. 이와 같이 품질결정방법과 2등급품의 혼합허용량을 통상적으로는 품명 및 규격 등과 함께 계약서 표면에 기입하여 당사자들 간의 분쟁발생 가능성을 방지할 수 있다.

품질보증에 대해서는 수출상이 '선적할 때까지' 혹은 '양륙할 때까지' 등을 명기하는 것이 안전하다. 선적품질조건의 경우에는 수출상이 통상적으로 선적 시에 권위 있는 검사기관에 의해 발행된 검사증명서를 입수하여 이를 수입상에게 제공함으로써 책임을 면할 수 있다. 그러나 수출상은 검사증명서와 검사기관명을 반드시 기재하여 검사기관에 대한 수입상의 오해를 불러일으키지 않도록 하여야 한다. 양륙품질조건의 경우에는 양륙시의 품질이 계약 당시의 품질과 상이하면 수입상은 양륙지의 권위 있는 검사기관에 의해 발행된 감정증명서(survey report)를 증거로서 수출상에게 클레임을 청구할 수 있다.

수출상이 성실하게 계약을 이행하는 데도 수입상이 품질불량으로 고의적인 클레임을 제기하는 경우도 많다. 따라서 계약서상에 이에 대한 반박근거를 사전에 명시해야 할 것이다. 품질과 관련하여 일치하지 못할 경우에 이를 입증할 기관이나 방법을 미리 정하고 이에 따른 확인서를 클레임 제기할 때에 첨부하도록 하여 예방할 수 있을 것이다.

농산물이나 일회용품 같은 상품은 수출 시에 미리 클레임 제기기간을 선적일로부터 일정 기간으로 한정하여 수출품의 판매부진에 의한 클레임으로부터 보호할 수 있다.

(5) 포장조항

일반적으로 재질 및 용기, 내장 및 외장의 형태, 내장 및 외장의 함유수량, 하인, 라벨 등에 대해서 기입한다. 계약서 등에 '일상적인 포장'(usual packing 또는 packing as usual)으로 기재되어 있으면 업계의 관례적인 포장으로 선적할 수 있다. 포장에 대해서는 일반적으로 견고한 감항성과 운송의 편의성 및 포장비나 운임을 절약할 것을 고려하여야 하며, 수입국의 법규에 위반되지 않게 유의하여야 한다.

(6) 수량조항

수량단위를 확정하고, 수량의 보증은 선적 시인가 양륙 시인가를 기재하여야 한다. 수량과부족을 얼마나 허용할 것인가, 1회 인수량은 얼마나 가능할 것인가를 명기한다. 선적수량조건인 경우에는 수출상은 선적 시에 수입상이 승인한 선적지의 검정기관에 의해 발행된 중량용적증명서(certificate and list of measurement and/or weight)를 입수하여 이를 수입상에게 제공하여야 한다. 그래야만이 선적수량이 입증되기 때문에, 선적 후에 감량이 되어도 수출상은 책임을 면할 수 있다. 양륙지의 공증기관에 의해 일정 기간 내에 검량하여, 화물이 도착한 당시의 수량을 입증할 수도 있다. 포장화물은 총량조건(gross weight condition) 또는 순량조건(net weight condition)으로 할 것인가를 명기한다.

곡물이나 석유등의 대량화물이나 섬유제품과 같이 생산·가공하는 중에 과부족현상이 발생하는 상품의 경우에는 계약수량과 인도수량이 일치하지 않는 경우가 많다. 그 결과 발생되는 분쟁을 피하기 위하여 과부족허용약관(more or less clause)을 기재하여 계약을 체결한다. 통상적으로는 about, circa 등의 표시를 한다. 신용장거래에서는 '신용장통일규칙 및 관례',(1993 개정 Uniform Customs and Practice for Documentary Credits) 제39조 a항에 '10% more or 10% less'의 규정에 의하여 과부족이 인정된다.

(7) 선적시기

분할선적(partial shipment; installment shipment)과 환적(transshipment)을 허용할 것인지 명기하여야 한다. 지연(delay in shipment ; delayed shipment) 등의 경우에 어떻게 처리할 것인가도 명기한다. 또한 불가항력조항(Force Majeure Clause)을 별도의 항으로 설정하는 것이 좋다.

선적시기에 대해서는 선박출항일시가 변경되는 경우가 많기 때문에 특정 일을 지정하지 않고 특정 월을 지정하는 경우도 있다. 선적시기를 'November Shipment, subject to seller's receipt of L/C by the end of September'로 선적시기를 결정하는 것은 위험하다.

'계약체결 후 ○개월 이내 선적'(shipment within~month(s) after contract)이라던가, '신용장인수 후 ○일 내에 선적'(shipment within~days after receipt of L/C) 등으로 계약을 체결하면 결제방법이나 이행시기가 명확하지 않아서 그에 따른 분쟁이 발생할 리스크가 있다.

수출상은 'shipment within~days after receipt of L/C to be opened latest by (date)' 라던가, 결제조항에 'Irrevocable L/C shall be opened within~days after contract' 등의 문언을 기입하여 결제방법이나 인도시기를 결정하는 것이 바람직하다.

'prompt shipment, immediate shipment' 또는 'shipment as soon as possible' 등의 문언은 긴급히 선적하라는 의미이기 때문에 수출상의 리스크가 커지므로 조심해야 한다.

신용장통일규칙에서도 'prompt', 'immediately', 'as soon as possible' 등의 표현은 사용하지 못하도록 규정하고 있다. 이러한 표현을 사용하더라도 은행에서는 무시하도록 규정하고 있다(제46조 b항). 'shipment on or about' 및 이와 유사한 표현을 사용할 때에 은행은 이러한 표현을 기입된 날의 '5일 전후'까지의 기간을 선적하는 것으로 지정하고 있다(46조 c항). 또한 선적시기에 대해서 'Shipment shall be made by the end of October'와 같이 'beginning', 'middle' 및 'end' 등의 용어가 사용될 때에는 각월의 1일에서 10일, 11일에서 20일, 21일에서 말일까지로 해석한다고 규정하고 있다(47조 d항).

(8) 결제조항

결제조항에서는 대금결제방법과 선적서류의 처리방법을 결정한다. 주로 하환어음에 의한 결제조건에서는 어음기한, 어음조건, 신용장유무 및 신용장의 종류 및 발행시기 등을 결정하게 된다. 신용장조건의 결제방법은 무역거래상의 일반적으로 가장 많이 행해지고 있는 결제조건이다. 신용장조건 이외의 결제방법은 다음 4가지가 있다.

① 선불(Payment in Advance) : 수입상이 계약물품을 인수하기 전에 대금을 지급하는 방법이다. 수출상이 유리하며, 수입상에게 신용이 없거나 소액의 견본물품을 거래할 때에 이용되는 결제조건이다.

② 후불(Remittance) : 화물선적 후 또는 수입상이 물품을 인수한 후에 대금을 지급하는 조건으로서 수출상이 불리한 조건이다. 수출상은 대금결제상의 리스크를 피하기 위하여 스탠바이 L/C를 이용하기도 한다.

③ 연불조건(Deferred Payment) : 수출상이 계약물품을 수입상에게 인도한 후에 일정 기간까지 대금지급을 연기하는 방법으로서 수입상에게

유리한 조건이다.

④ 분할지급조건(Payment in Instalments ; Progressive Payment) : 물품대금을 일정 기간 내에 수회에 걸쳐 분할하여 지급하는 방법으로서 일반적인 결제방법은 아니다.

(9) 지적소유권(observance of secrecy)과 저작권(copyright)

지적소유권은 발명·상표·의장(의장) 등의 공업소유권과 문학·음악·미술 작품 등에 관한 저작권을 말한다. 지적재산권이라고도 한다. 지적소유권에 관한 문제를 담당하는 국제연합의 전문기구인 세계지적소유권기구(WIPO)는 이를 구체적으로 문학·예술 및 과학작품, 연출, 예술가의 공연·음반 및 방송, 발명, 과학적 발견, 공업의장·등록상표·상호 등에 대한 보호권리와 공업·과학·문학 또는 예술 분야의 지적 활동에서 발생하는 기타 모든 권리를 포함한다고 정의하고 있다.

지적소유권의 문제는 국가와 국가 간에 그 보호장치가 확립되어 있는가의 여부와 국가 간의 제도상의 차이 등으로 해서 분쟁의 대상이 되고 있다. 오늘날과 같이 정보의 유통이 급속하게 이루어지고 있는 시대에는 어떤 국가가 상당한 시간과 인력 및 비용을 투입하여 얻은 각종 정보와 기술문화가 쉽게 타국으로 흘러 들어가기 마련이어서 선진국들은 이를 보호하기 위한 조치를 강화하고 있다. 최근에는 새로운 기술의 산물인 컴퓨터 소프트웨어와 유전공학 기술 등의 보호방법과 보호범위가 지적소유권보호제도의 한 과제가 되고 있는데, 컴퓨터 소프트웨어는 대부분의 선진국들이 저작권으로 보호하는 추세에 있다.

지적소유권과 관련된 한국의 법률로는 특허법·저작권법·실용신안법·의장법·상표법·발명보호법·컴퓨터프로그램보호법 등이 있으며, 이들에 관한 권리를 보호하기 위하여 국제적으로 협약한 조약으로는 '공업소유권의 보호를 위한 파리협약 및 '한·일 상표권상호보호에 관한 협정 등이 있다. 최근에는 첨단기술과 문화의 발달로 지적소유권도 점차 다양해져서 영업비밀보호권이나 반도체칩 배치설계보호권과 같은 새로운 지적소유권이 늘어날 전망이다.

이와 같이 지적소유권제도는 나라마다 달라서 사용을 허용하거나 양도하거나 하는 규정을 명확하게 구별하여 계약서에 작성하는 것이 바람직하다. 예를 들어 본인(매도인)과 대리점(판매점) 간의 계약기간 중에 상품판매에 따른 상표사용을 인정하는 한정적 규정을 설정할 수 있다. 상품에 사용되는 공업소유권과 저작권은 모두 본인(매도인)이 소유하고 있다는 점을 명기할 수도 있다. 또는 제3자에 의해 권리침해가 이루어졌을 경우에는 대리점(판매점)은 본인에게 통지하고, 권리를 수호하기 위하여 필요한 조치에 대해 협력할 의무를 부과할 수 있다. 예를 들어 전자기계를 수출하였지만 수출한 물품이 제3자가 보유한 특허법을 위반하여 당사자와 관계없는 제3자가 피해를 입는 경우가 있다. 이는 기계를 제조한 업자만이 아니라 이를 수출한 기업도 권리침해에 따른 책임을 지게 되는 것이다. 또한 그 기계결함으로 사고가 발생하는 경우에도 수출상은 그 책임을 면하기 어렵다. 이러한 경우에도 수출상은 수출물품을 제조한 업자와의 계약서상에 이러한 점을 명시하여 수출 리스크를 전가시켜야 할 것이다.

(10) 기간(duration)

계약이 유효한 기간을 정하는 것이다. 1년이나 2년 등의 확정 기간을 정하는 경우와 일방적으로 해약을 통지하여도 유효한 경우가 있다. 일반적인 사례로 보면 확정 기간인 1년 안에 당사자 어느 한편에서 2개월 전에 해약을 예고하지 않으면 자동적으로 1년 동안 계약이 갱신되는 것으로 본다.

(11) 불가항력(force majeure)

불가항력이란 계약에 따른 의무를 이행하지 않거나 계약위반이 있더라도 책임을 면제해 주거나 일정 기간 유예시켜 주는 당사자 간 합의를 말한다. 수출상으로서는 불가항력 사유를 넓게 규정하는 것이 유리하다.

〈표 3-1〉 수출계약서의 주요 조건

ⓐ 전문(preamble)

ⓑ 당사자의 신분(identification of parties)

ⓒ 거래대상(subject matter)

ⓓ 물품명세(description of goods)

ⓔ 가격과 대금지급조건(price and payment)

ⓕ 인도기간과 조건(delivery period and conditions)

ⓖ 물품검사-의무와 범위(inspection of the goods-obligations and limitations)

ⓗ 물품수량과 품질변동(quantity or quality variations in the products delivered)

ⓘ 권리유보와 소유권이전(reservation of title and passing of property rights)

ⓙ 위험이전(transfer of risk-how accomplished)

ⓚ 매도인의 책임담보와 매수인의 고정(seller's warranties and buyer's complaints)

ⓛ 권리양도(assignment of right)

ⓜ 불가항력(force majeure)

ⓝ 계약수정요건(requirement that amendments or modification be in writing)

ⓞ 계약언어(choice of controlling language of the contract)

ⓟ 준거법(choice of law)

ⓠ 분쟁해결방법(choice of dispute resolution mechanism)이다.

여기서 ⓐ부터 ⓖ까지는 거래의 핵심이 되는 내용으로 계약서의 전면에 나머지는 계약서의 이면에 명시되고 있다.

---

4. 전자무역계약의 리스크 관리

1) 무역 네트워크 전자화의 개념

(1) 무역 네트워크

무역 네트워크의 전자화란 국제전자상거래의 법이론, 정보통신기술, 업무 시스템 개발을 추진하기 위한 사항이라 할 수 있다. 구체적으로는 다음 사항을 적용하기 위한 것이라 할 수 있다.

- 상거래상의 권리의 전자등록
- 선하증권의 전자화
- 전자 메시지 송수신·전자서명·인증에 관한 국제규칙과 기초이론(국제과세·지적소유권·독점금지법·각종 경제관련 법과 규정)

계약성립 → 물품인도 → 대금결제에 이르는 과정에서 거쳐야 하는 관계당국 및 회사와 각종 관련 업자들은 대체로 다음과 같다. 이들에 의해 계약이 이행되고 있지만 ① 화물의 이동형태, ② 대금결제과정, ③ 작업 종류별로 사용하고 있는 서류의 크기, 레이아웃, 기재사항, 작성자, 업종, 장소가 각각 다르다.

- 해상·항공운송회사
- 관세사(통관업자)
- 인허가 관계당국
- 창고업자
- 항만·항공관리당국

- 보험회사
- 은행

(2) 통관 및 항만의 정보처리 시스템

수출상은 해당 물품의 수출신고서를 작성하여 세관에 신고한 후 이를 허가받은 뒤에 선박과 비행기 등의 운송수단에 적재하여야 한다. 현재는 EDI 및 인터넷을 통하여 간단하고 신속하게 통관할 수 있다. 특히 물품에 따라 통관수속을 신속하게 처리할 수 있거나, 관세 등을 자동이체하여 납부할 수 있으며, 한번 입력한 정보는 전자파일로 저장되어 관련업자들이 이용가능하다. 통관 및 항만의 EDI 네트워크는 다음과 같은 시스템으로 운용된다.

- 선적정보 관련한 수출상과 운송업자 간의 네트워크
- 수출입화물의 통관을 위한 정보처리 시스템
- 운송 및 운송주선업자·선박회사를 연결하는 항만의 물류정보 시스템
- 선하증권을 발행하기 위한 수출상과 선박회사 간의 네트워크

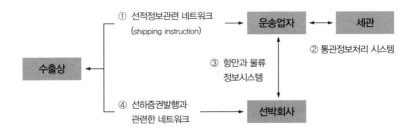

〈도표 3-5〉 통관 및 항만 EDI 네트워크

선박회사의 네트워크를 통하여서도 선박의 입항과 출항정보를 파악

할 수 있다. 수입 컨테이너도 입항 전에 예비심사제를 활용하여 화물의 도착을 확인함과 동시에 보세운송의 허가를 취득하여 수입물품을 신속하게 운송할 수 있게 되었다.

항만에서의 선박의 입출항과 관련한 정보도 다수의 전문업자들에 의해 교환되고 있다. 항만관리청 및 터미널관리용역회사, 계류시설관리회사, 도크사업자, 급수/폐기물처리업자 등이 EDI를 이용하여 편리하게 업무를 처리할 수 있다.

(3) 대금결제 시스템

무역대금결제정보는 SWIFT(The Society for Worldwide International Financial Telecommunications : 국제은행 간 금융통신협회)에 의해 이루어진다. SWIFT는 은행 간 국제통신 메시지의 스위칭·센터로서의 기능을 한다. 이 기구의 본질은 자금결제는 어디까지나 은행을 통하여 거래통화국의 금융시장 결제 시스템에서 실행된다.

(4) 무역문서 포맷의 표준화

무역서류를 전자화하기 위해서는 여러 가지 관련 기관 및 업체들 간에 공통으로 이용하는 서류 포맷을 표준화하는 것이 필요하다. 서류기반의 무역 시스템에서 전자무역문서로 거래하기 위한 문서의 서식을 통일시키는 것이다. 구체적으로는 이미 기재된 항목의 데이터 포맷의 표준화와 무역문서의 메시지를 표준화하여야 한다. 더욱이 인터넷에서는 각각의 기업이 여러 가지 컴퓨터로 접속하고 있기 때문에 상호운용성(interoperation)을 확보해야 할 필요가 있다.

2) 전자무역계약

국제사회에는 공통의 규칙인 글로벌 스탠다드가 존재한다. 전자상거래 분야에서는 UNICITRAL(UN국제상거래위원회)에서는 1996년에 모델이 되는 법을 발표하였다. 글로벌 스탠다드에 진입하기 위해서는 글로벌 스탠다드의 존재나 그 내용을 숙지하는 것이 리스크 관리의 첫 단계이다. 따라서 기업은 국제경쟁에 따라 세계의 공통언어로 되어 있는 영어를 원활하게 구사하고, 또 세계 각국의 법률 동향이나 글로벌 스탠다드에 관한 정보수집을 철저하게 하는 것이 필요하다.

통상적으로는 상거래에서 사인이 위조되는 경우에 이를 필적 감정하면 위조가 탄로날 수 있다. 그러나 전자상거래에서는 사인 대신에 비밀번호로 관리하므로 이에 따른 문제가 발생된다. 따라서 전자상거래에서는 본인확인 기술과 네트워크상에서의 신용보증제도가 정비되어야 한다.

또한 전자상거래 분야에서는 컴퓨터 바이러스 대책이나 안전도 중요하게 부각되고 있다. 무엇보다도 중요한 것은 전자상거래가 보급되어 감에 따라 비즈니스의 구조와 소비자구매 형태가 변한다는 것이다. 그 변화의 흐름을 따라가지 못하는 기업은 엄청난 비즈니스 리스크를 부담하여야 하는 것이 된다.

전자무역계약은 전통적인 무역거래계약 방식을 어떠한 부분에서 어떻게 변화시키고 있는가. 또한 어떠한 리스크를 포함하고 있는가. 이러한 리스크를 해결하기 위하여 어떤 노력을 해야 하는가. 전자문서는 우선 전자문서에 의해 매매계약을 교섭하는 당사자들 간의 문제가 있다. 법적인 문제뿐만 아니라 비즈니스에 이용하는 문제 및 기술적인 문제 등의 전자문서 특성상의 문제가 있는 것이다. 전자무역계약에는 다음 3가지 리스크가 있다.

- 복수의 서버를 경유하는 과정에서 부정한 제3자가 개입할 수 있다.
- 데이터가 목적하는 서버까지 도달하지 못할 가능성이 있다.
- 데이터의 위·변조 및 부인 등의 리스크가 있다.

(1) 전자무역계약의 개념과 특징

전자계약이란 당사자 간의 매매계약이 전자적인 네트워크를 통하여 이루어지는 것을 말한다. 그러면 전자무역계약이란 무엇인가. 단순하게 계약서만을 전자화한 것인지. 아니면 네트워크상에서 전자적인 방법에 의해 상품매매계약을 취급하는 것인지, 전자무역계약이라는 단어는 여러 가지를 의미를 나타내고 있다. 그러면 전자무역계약은 구체적으로 어떻게 이루어지고 있는가, 어떠한 특징을 가지는가. 특히 일반적인 무역계약과는 어떤 차이가 있는가. 수출상이 먼저 계약서의 문면을 작성하여 수입상에게 보내는 계약의 프로세스를 예로 들어본다.

> 대외무역법에서는 "전자무역이라 함은 무역의 전부 또는 일부가 컴퓨터 등 정보처리능력을 가진 장치와 정보통신망을 이용하여 이루어지는 거래를 말한다"고 정의하고 있다(대외무역법 제1장 총칙 제2조 6항).

(2) 무역계약 전자화의 3단계

전통적인 무역계약에서 전자적인 무역계약업무로 진행되어 가는 과정을 3단계로 나누어 볼 수 있다.

첫째 단계인 전통적인 무역거래에서는 각종의 거래 내용이 나타나 있는 서류를 교환함으로써 계약업무가 이루어졌다. 계약서 작성을 포함한 모든 업무를 종이문서를 근거로 하여 계약하는 환경이었다.

둘째 단계는 통신과 컴퓨터가 발전함에 따라 수출상의 컴퓨터에서 출력되어 작성된 계약서류를 수입상이 전해받아 이를 자신의 컴퓨터에 재입력하거나 혹은 플로피 디스크 등으로 건네받아 입력하는 방법이 이루어지게 되었다. 이는 종이문서와 전자 데이터가 병존하고 있는 상태에서 업무환경이다. 현재에도 대부분의 중소기업들은 이러한 단계의 수준에 있다고 볼 수 있다. 이 단계에서는 인쇄된 원본의 종이문서로 작성된 계약서가 있어서, 분쟁이 발생될 경우에는 종이문서의 계약서를 참조하고 제출하는 수준의 단계라 하겠다. 예를 들면 계약서를 워드 프로세스로 작성한 후에 인쇄하거나 출력한 계약서에다 회사인을 압인하고 교환하는 방식의 계약서를 종이문서 베이스로 보존하는 환경이다. 또는 계약 데이터는 전자시스템으로 관리하지만, 확인작업은 출력한 종이문서로 이루어지는 환경이라 할 수 있다.

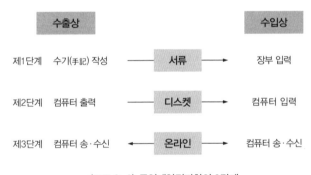

〈도표 3-6〉 무역계약전자화의 3단계

셋째 단계는 컴퓨터와 컴퓨터를 연결한 전자적인 통신회선상에서 직접 데이터를 교환하는 단계이다. 이 단계에서는 전자 데이터로도 계약을 체결할 수 있는 환경이다. 단 종이문서를 사용할 수 없는 환경으로 규정하고 있지 않기 때문에 종이문서가 출력되거나, 혹은 종이문서로 제공되었다 하더라도 원본은 전자매체에 보존되어 있다. 따라서 계약서의 원본은 전자 데이터이기 때문에 종이서류가 없어도 계약을 진행시킬 수 있다는 점이 특징이다.

기업들이 각기 다른 독자적인 데이터의 형식을 사용했을 경우에는 거래처마다 전용 단말기를 설치해야 하는 현상이 나타나게 되었다. 뿐만 아니라 거래처마다 다른 형식의 데이터를 자사의 시스템용의 데이터 형식으로 변환하는 데 따른 복잡한 문제가 생기게 되었다. 이러한 문제를 해결하기 위해서 넓게 합의된 표준에 근거해 데이터를 교환하는 EDI 시스템이 나타나게 되었다.

다시 말해 EDI는 '기업 간에 상거래를 위한 데이터를 통신회선을 이용하여 표준적인 규약을 이용해 컴퓨터 간에 교환하는 것'으로 정의해 볼 수 있다. EDI는 기업이 거래를 성립시키기 위하여 필요한 정보를 컴퓨터와 통신을 이용하여 정확하고 신속하게 교환할 수 있는 특징이 있다. 그러나 기업 간 네트워크에서의 각기 독자적인 방식에 의해 거래가 진행되는 데 따른 폐해를 없애기 위하여 기업 간에 각 결정에 대한 합의, 즉 표준화를 해야 한다. 따라서 '가능한 한 넓게 합의된 각종 규약'이란 뜻도 있다. 이상의 1단계에서 3단계까지의 전자화 단계에 있어서 계약업무를 표에서 정리한다.

결과적으로는 세 번째 단계의 계약업무 형태를 전자무역계약이라 정의할 수 있다. 실제로 전자계약의 도입단계에서 사용자가 향유하는 장점 혹은 도입과정에 필요로 하는 정보기술은 전자화단계에 크게 차이가 있다. 무엇보다도 전자계약은 전자화 3단계의 계약업무, 결국 원본이 전자 데이터임을 전제로 하고 있다.

이러한 점을 바탕으로 전자무역계약은 '전자적인 데이터 처리방법에 의해 체결되는 무역계약' 또는 '컴퓨터 네트워크상에서 체결되는 무역계약' 등으로 정의할 수 있다. 구체적으로는 '계약서의 작성, 서명, 인도, 보존, 참조 등의 일련의 무역계약에 관한 업무를 모두 전자적인 데이터로 처리하는 것'으로 볼 수 있다.

<표 3-2> 계약업무의 전자화 단계

	계약서 작성	서명	계약서 인도	계약서 보존	계약서 참조
1단계	종이문서에 필기구로 작성	회사 직인이나 압인	우송 혹은 직접인도	제품별, 수입상별로 정리한 서류 파일에 보존	서류 파일에서 해당 계약서를 검색하고 참조함
2단계	워드프로세스로 작성한 후에 인쇄하여 제본함	회사 직인이나 압인	우송 혹은 직접인도	제품별, 수입상별로 정리한 서류 파일에 보존	서류 파일에서 해당 계약서를 검색·참조함
3단계	워드 프로세스로 작성하여 인쇄하지 않음	전자서명	네트워크로 송신	전자 데이터로 보존	컴퓨터 파일상에서 일자, 거래선명 등을 입력하여 해당 계약서를 검색·참조함

3) 전자무역계약의 리스크 관리

(1) 전자문서의 법률적 리스크 관리

계약 성립을 위한 가장 중요한 요소는 계약당사자들 간에 의사가 합치되어야 하는 점이다. 계약당사자 모두의 의사표시가 있고, 그 내용이 일치하여야 한다는 것이다. 이 2가지 의사표시는 당사자 간에 교환적으로 대립되어 있을 것을 필요로 한다. 이와 같이 계약은 당사자 간의 의사가 합치되어 성립하지만 계약이 유효하기 위해서는 공법상, 민법상 및 계약법상의 제한을 받지 않아야 하는 점도 중요하다.

민법상의 제한도 문제가 된다. 이는 계약법에서 제외되거나 규정이 없는 경우에 한한다. 대표적인 것은 '계약당사자의 행위능력'에 관한 것으로 대부분의 국내법이 무능력(incapacity), 무권한(lack of authority), 부도덕(immorality) 또는 불법(illegality) 등에 의한 계약은 무효로 규정하고 있다. 또한 대리인의 권한도 여기에 포함된다.

계약법상의 규정은 계약당사자의 의사표시의 진의 또는 하자에 관한 문제이다. 의사표시의 진의를 오해하는 원인으로 착오(mistake), 사기(fraud), 강박(threat) 및 현저한 불공정(gross disparity) 등이 입증되면 상대방은 계약을 취소할 수 있다.

① 전자문서의 증거능력입증

전자 메시지 교환만으로 계약이 성립되는 전자거래에서는 서명부에 대한 서면이 없으므로 집행력을 상실하게 될 리스크가 있다. 이를 관리하기 위해서는 메시지가 서면성을 충족하고 있는가의 여부와 그것에 따른 증거가 확보되어 있는가를 고려해야 한다.

전자문서의 송신사실을 기초로 계약이 성립하면 데이터의 송수신자는 계약성립에 따른 책임이 부과된다. 그러나 분쟁이 발생한 경우 법원이 계약성립을 인정하지 않을 리스크를 방지하기 위한 대책을 강구할 필요가 있다. 이는 증거법상의 문제로서 전자거래에 의한 분쟁이 발생한 경우 분쟁사실에 대해서 판단해야 할 자료는 메시지뿐이다. 따라서 법원에 계약성립을 인정시키기 위해서는 메시지에 의한 계약성립의 증명이 가능해야 한다. 이 메시지에 의한 증명의 가부는 우선 증거로서 법원이 채용할 것인가 하는 리스크가 있다.

특히, 전자거래를 둘러싼 소송에서 전자 데이터의 취급을 문서에 의한 거래와 비교하면 당사자들이 특정한 문서로서 의사표시를 했는지 여부에 대한 소송에서는 문서의 존재 여부, 문서의 작성자, 문서의 기재사항, 문서의 변조 여부, 문서의 해석문제가 있다. 그리고 데이터 메시지를 보존하고 있는 전자적인 매체를 증거로 하는 경우에는 민사소송법상 이것이 문서에 해당하는가, 문서에 준하는 준문서에 해당하는가 또는 검증에 의해야 하는가 하는 문제가 존재한다. 이 점은 데이터 메시지의 원본이 무엇인가 하는 점과 그 원본이 증거방법으로서 증거조사의 대상이 될 수 있는 법률상의 적격을 갖추었는가 하는 증거능력이 문제이다.

② 전자문서의 작성자 확인

일반문서와는 달리 전자문서는 그 사용자가 전자문서를 작성하였다는 사실을 확인할 수 있는 기능이 있어야 한다. 이러한 진정성은 실제적인 거래요건임과 동시에 법적 요건이다. 수신자는 전자 메시지의 진정성을 믿을 수 있어야 거래를 진행할 수 있으며, 또 기록이 법원에서 증거로 채택되기 위해서는 진정성이 확보되어야 하기 때문이다. 거래당사자들이 상호간 직접 대면하지 않고 정보통신망을 이용하여 계약을 체결할 경우 제3자가 거래당사자 본인을 사칭해서 본인의 서명을 위조하여 거래를 행할 수 있는데, 이러한 리스크를 방지하기 위해서는 직접적으로 상대방을 확인하는 효과를 얻을 수 있는 방법의 대체수단이 제시되지 않으면 전자적 거래를 신뢰할 수 없다.

③ 원본성의 확보

전자문서의 사용자가 전자문서를 작성하였다는 사실을 확인할 수 있는 기능이 있어야 한다. 전자문서는 종이문서에 비해 위·변조 그 자체가 용이함과 함께, 계약진행 과정에 대한 사실 확인 작업이 어려운 보존 및 관리상의 문제가 있다. 계약상대방이 전자서명으로 확인된 정당한 당사자라 하더라도, 그 당사자가 계약 내용을 수정 또는 변경하는 데 대한 대항책이 원본성 확보를 위한 기술이다. 이는 실제적인 거래요건임과 동시에 법적 요건이다. 수신자는 전자 메시지가 진정한 원본임을 믿을 수 있어야 거래를 진행할 수 있으며, 또 기록이 법원에서 증거로 채택되기 위해서는 진정성이 확보되어야 하기 때문이다.

거래당사자들이 상호간 직접 대면하지 않고 정보통신망을 이용하여 계약을 체결할 경우 제3자가 거래당사자 본인을 사칭해서 본인의 서명을 위조하여 거래를 행할 수 있는데, 이러한 리스크를 방지하기 위해서는 직접적으로 상대방을 확인하는 효과를 얻을 수 있는 방법의 대체수단이 제시되지 않으면 전자적 거래를 신뢰할 수 없다.

④ 재판관할권

현재의 국제사회에는 사법상의 법률문제에 관하여 재판을 행하는 국제적인 재판기관이 없다. 무역분쟁에 관하여 재판으로 해결하여야 할 경우, 예를 들어 한국의 회사와 미국의 회사 사이에 분쟁이 생긴 경우 우선 한국의 법원에서 재판을 행하는가, 혹은 미국 혹은 기타의 제3국의 법원에서 재판을 행하는가의 국제적 재판관할권의 문제가 야기된다. 어느 국가에서 재판을 하는가에 따라서 당해 사건에 적용되는 법이 다르며, 경우에 따라서는 결론도 다르게 될 가능성이 있기 때문에 어느 국가의 재판소에서 재판을 행하는가는 매우 중요하다.

특히 전자무역은 각기 다른 지역이나 국가의 인터넷을 이용한 컴퓨터 터미널에서 계약을 체결하는 방식이라 할 수 있다. 하나의 컴퓨터에 연결되어 있는 로컬 시스템은 일정하게 설정된 지역이나 국가의 컴퓨터 네트워크에 연결되는데, 이러한 지역적인 네트워크들은 국가나 국제적으로 고용량의 중추적인 백본(backbone) 시스템을 통해 연결되는 것이다. 이는 광섬유, 케이블, 위성통신 등의 다양한 매체들을 통하여 IP(Internet Protocol)로 구성되는 표준언어로 연결된다. IP는 패킷 스위칭으로 불리는 프로세스를 통하여 정보를 이동시키며 그에 따른 메시지들을 통해 정보를 약어나 메시지 내용을 세분화하여 빠른 경로로 이동시킨다. 그 결과 하나의 단일 메시지는 여러 경로로 이동하며 목적지에서 통합되는 과정을 거치게 된다. 그러나 이러한 모든 연결은 지리적으로 각기 다른 지역에서 이루어진다. 특히 이러한 접속이 원활하게 이루어지지 않거나 왜곡된다면 이에 따른 법적인 분쟁이 발생되는데 이러한 분쟁은 소송의 제소지가 국내로 한정되어 있지 않기 때문에 상당히 복잡하고 까다롭다. 그래서 어느 나라 어느 지역의 법률로 판정할 것인가는 당사자에게 매우 중요하다. 그러므로 이러한 분쟁을 해결하기 위해서는 일차적으로 법원의 재판관할권이 확정되어야 하는 것이다.

4) 전자문서 기능상의 리스크 관리

전자문서의 기능적인 면에서 나타나는 문제가 있다. 전자메일로 파일을 첨부하면 시간·거리의 제약 없이 계약을 체결할 수 있으며, 종이에 비해서 파일명이나 시계열에 의한 검색이 용이하여 자료관리가 편리한 점도 있다. 그렇기 때문에 때와 장소에 상관없이 내용의 수정이나 추가를 할 수 있는 전자문서는 비즈니스상의 큰 장점이다. 그러나 이러한 장점 때문에 발생되는 리스크도 많다. 즉 문서 내용을 변경하거나 잘못 전송하는 경우가 있다면 송·수신된 주요 문서 내용의 신뢰성까지 의심할 수 있다. 이는 기업의 활동에 중요한 리스크에 해당된다. 어떠한 리스크가 발생되는지에 구체적으로 보자.

(1) 위·변조의 리스크

전통적인 계약서는 당사자 자신의 사인이나 인감을 날인한 계약서로 계약되기 때문에 합의의 대상이 되는 정보가 기입된 종이서류상의 내용을 수정할 수 없다. 그러나 전자문서는 종이문서가 아니기 때문에 위·변조를 쉽게 할 수 있다는 리스크가 있다. 확정된 내용이라 하더라도 본인이나 경우에 따라 타인도 간단하게 그 내용을 변경할 수 있을 뿐만 아니라, 변경했다 하더라도 제3자가 이러한 사실을 확인하기가 어렵다. 여기에서 종이와 전자문서의 차이는 무엇인가. 예를 들면 전자문서를 작성한 수출상이 그 내용에 관해 수입상으로부터 승낙을 받아야 하는 경우가 있다. 그러나 전자문서로 된 계약서는 당사자들이 중요한 계약 내용을 전자메일에서 파일로 처리한다면 당사자 모두 그 내용에 합의하였다 하더라도 수출상이 그 내용을 변경할 수도 있다. 물론 당사자의 컴퓨터 파일에 파일 작성일시가 보존되지만 특정 일시에 컴퓨터 시간을 설정함으로써 위·변조가 시간에 관계없이 가능하다. 따라서 컴퓨터 초보자라 하더라도 전자문서를 수정할 수 있는 프로그램을 인터넷에서 다운받은 뒤 이를 간단하게 위·변조할 수 있는 것이다.

이와 같이 원본 파일의 위·변조 가능성 때문에 인터넷 네트워크상의 보안을 유지하기가 쉽지 않다. 더욱이 컴퓨터상의 파일 조작을 막을 수 있다 하더라도 문서를 출력한 뒤에 고해상도 스캐너를 이용하여 간단하게 문서를 변조할 수도 있다. 전자문서를 보이는 그대로 컴퓨터에 저장할 수 있는 스캐닝 기술의 발전 때문이다. 보안프로그램 개발업체에서도 모든 보안문제를 기술적인 측면만으로는 해결이 불가능하다는 점을 밝히고 있다. 물론 서버에서의 보안 취약점에 대해서는 자체에서 처리 가능하다 할지라도 일반 컴퓨터에서는 보안을 유지하기가 쉽지 않기 때문이다.

(2) 해커, 컴퓨터 바이러스의 침입

전자문서는 동시에 대량의 문서를 외부로 보낼 수 있는 반면에 외부에서의 침입도 용이하다. 컴퓨터 네트워크상에서 아무런 차단 없이 인터넷을 경유하여 외부로 접속할 수 있다는 사실은 바꾸어 말하면 외부로부터도 해커나 바이러스가 침입할 수 있는 리스크가 상존하고 있는 것이다. 예를 들어 회사의 중요한 컴퓨터 시스템으로 바이러스 메일이 침입하여 중요한 파일이 파괴되는 리스크도 있는 것이다. 더욱이 회사의 기밀이 국제적인 해커들에 의해 해킹되어 타국의 경쟁업체에 넘겨지는 일도 가능한 것이다.

이러한 바이러스를 방어하는 백신이나 소프트웨어가 있지만 완전한 대응책은 없는 것이 현실이다. 그러므로 이용자 측에서 전자문서 파일을 보호하기 위하여 네트워크로부터 바이러스를 차단할 수 있는 소프트웨어의 백신을 항상 최신의 것으로 업그레이드하고, 주요 전자문서는 백업파일로 보관하여야 하는 불편한 문제가 있다.

(3) 소실 가능성

종이문서는 회사의 금고나 금융기관의 대여금고에 보존하면 컴퓨터 시스템에서 보존하는 방식에 비해 안전하다. 그러나 전자문서는 이를 관리하는 컴퓨터 시스템에 이상이 발생하거나, 전자문서가 보존되어 있는 플로피 및 하드 디스크의 유효기간이 경과하여 그 내용이 자연적으로 소멸될 가능성도 있다. 그러므로 법률상의 중요한 전자문서에 대해서는 공증인에게 전자무역계약의 내용에 관한 공정증서를 작성하여 보관시킴으로써 리스크를 분산시켜야 하는 문제가 있다. 그러므로 이에 따른 복잡성과 비용이 발생할 수 있는 것이다.

(4) 전자계약상의 리스크

전자무역상의 계약업무에서 업종별 및 규모 그리고 대상국에 따라 차이가 많다. 단순히 계약서 내용을 작성하기 위하여 워드프로세스나 수식 계산 등의 기능을 이용하는 것만이 아니라, ADSL이나 광통신의 보급 등으로 전자무역을 이용하는 방법과 형태가 다양하기 때문에 발생되는 문제도 많다. 현재 컴퓨터 보급률이 괄목할 만한 수준으로 상승함에 따라 전자문서 이용자들도 증가하고 있다. 따라서 전자문서화를 진전시키는 것뿐만 아니라 이용자 측의 시점에서 어떠한 문제점이 있는가에 중점을 두고 연구·개발하여야 한다. 대체로 전자문서를 일상적으로 사용하고 있는 비즈니스에서는 사내의 문서작성에도 컴퓨터를 이용하지만 사외의 외부 문서를 처리하기 위해서, 특히 주문, 계약과 같은 경제적, 법률적 효과를 가지는 내용의 문서는 종이문서로 처리하는 경우가 많다. 이러한 경우에 '정본' 또는 '원본'은 어디까지나 회사인감이 날인된 종이문서로 처리되며, 전자적인 정보는 부차적인 것으로 취급될 수 있다. 이러한 점에서 보면 종이문서 작업과 전자문서 작업의 2가지를 병행하여 진행시켜야 하기 때문에 효율성에 문제가 있다.

계약은 원칙적으로 관계당사자가 계약서에 서명함으로써 성립되는 것으로 본다. 표제나 형식에는 관계없이 법률상의 구속력을 가지는 합의나 기재된 서면에 관계당사자가 서명하면 계약서로서의 효력이 발생하게 되는 것이다. 계약의 성립에서 관계당사자의 합의가 필요한 것은 주지의 사실이다. 국제거래에 있어서는 특히 관계당사자들이 상호간에 언어나 행위의 의미를 충분히 파악하고 정확하게 이해하여야만이 계약상의 리스크를 방지할 수 있을 것이다.

① 성립시기

전자무역에서는 다양한 전자적 의사표시의 형태로 계약이 이루어지기 때문에 성립시기가 불분명한 리스크가 발생된다. 특히 발신주의와 도달주의 간에 상반된 견해가 존재하고 있다. 한국의 무역자동화촉진에 관한 법률 제15조에서 전자문서는 '당사자의 컴퓨터 파일에 기록된 때에 그 상대방에게 도달한다'고 규정하고 있다. 그러나 예외적으로 '전자문서의 도달시기에 관하여 다른 법률이나 약정체결 등으로 다르게 정한 경우에는 그 법률이나 약정이 정한 바에 의한다'라고 규정하여 도달주의의 원칙을 배제할 수 있는 여지를 마련하고 있다.

이와 같이 전통적인 무역계약과는 달리 전자무역계약에서는 도달주의의 원칙이 타당하다고 볼 수 있다. 전자무역에서 발신주의를 채택한다면 송신자의 발신시점 이후에 발생되는 컴퓨터망의 하자로 인한 책임을 수신자가 부담해야 하는 문제가 발생된다. 전자사서함이 있다면 전자문서가 사서함에 입력되는 순간에 발신이 이루어진 것으로 보기 때문에 수신자는 컴퓨터를 작동하고 나서야 전자문서를 인식하게 되기 때문이다. 이 경우에 송신자는 전자문서가 사서함에 입력되기까지의 리스크를 감수해야 하고, 수신자는 전자문서를 입수하여 처리하는 과정까지의 리스크를 부담하여야 하기 때문에 불합리한 결과를 가져오게 된다. 따라서 발신주의를 적용할 경우에는 청약자와 피청약자가 계약성립 시기가 불안정한 입장에 처하게 될 리스크가 있기 때문이다. 따라서 전자무역은 전자적 의사표시의 전달과정에서의 복잡한 단계로 말미암아 그 도달 여부가 더욱 중요하게 고려되어야 할 필요성이 있기 때문에 대화자 간의 계약으로 보다 도달주의에 의하는 것이 타당하다는 연구결과도 있다. 이러한 점에서 전자무역계약을 체결한 후에는 상대방에게 유선이나 팩스 등으로 확인해야 할 필요가 있다.

② 성립장소
전자무역계약의 성립장소는 당사자 간의 반대의 합의가 없는 경우, 계

약이 체결된 승낙자가 위치해 있는 장소의 준거법에 의해 규율된다고 본다. 승낙의 효력발생 시기는 원칙적으로 승낙의 통지가 상대방에게 도달한 때이므로 유효한 승낙의 통지가 청약자에게 도달된 장소에서 매매계약이 성립한다고 보아야 하기 때문이다. 그러나 무역거래가 전 세계적인 컴퓨터 네트워크를 통하여 발생한 경우에는 당사자들이 상대방이 위치해 있는 정확한 장소를 알 수 없는 경우가 있다. 또한 전자문서를 처리하는 독립된 서비스 제공자가 거래에 개입되는 경우에는 법적인 불확실성에 대한 리스크가 더욱 증가할 것이다. 이러한 리스크에 따라 당사자는 계약성립 시기와 장소에 관해 미리 합의해 두거나 서비스 제공자의 선정도 합의 또는 협정서를 교환하는 것이 바람직하다.

제4장

물품조달 및 운송 리스크 관리

▌시멘트업계 "철도노조 파업 피해 약 712억 원"[21]

　시멘트업계는 72일간의 철도노조 파업으로 인해 파업종료일인 12월 7일 기준으로 약 712억 원, 시멘트 물량으로 약 86만 톤의 대규모 피해를 입었다고 주장했다. 지난 2013년 약 200억 원대 손실까지 포함해 1,000억 원에 달하는 것으로 추산된다.

　시멘트는 물류 시스템의 대부분을 철도운송에 의존하고 있다. 국내 철도화물의 40%를 차지하고 있다. 시멘트 판매의 극성수기인 9월부터 11월 사이에 이번 철도노조 파업이 집중되면서 업계는 올해 최악의 경영실적이 예상되고 있다.

　이에 파업 등 비상사태 발생 시 시멘트 운송 차질을 최소화할 수 있는 필수유지업무 제도 도입이 시급하다는 지적이다.

　협회 측은 "파업 재발이라는 상시적 리스크 하에서 철도운송을 신

---

21) 참고: 필수유지업무 제도 도입해 시멘트 운송 차질 최소화해야, 머니투데이방송, 2016. 12. 9.
시멘트협회 "철도파업 피해심각, 운송요금 추가 할인해야", 아시아 경제, 2016. 12. 9.

뢰할 수 있으려면 여객부문처럼 평시대비 60%의 가동 가능 기준 인원을 보유할 수 있는 필수유지업무제도의 지정, 운용이 필요하다"고 주장했다.

이어 "추가적인 철도운송 요금 할인 등의 혜택을 통해 조금이나마 시멘트업계의 피해를 줄일 수 있도록 적극 검토해줄 것을 요청드린다"고 덧붙였다.

1. 수출상의 물품조달

1) 품질결정방법

수출계약이 체결되면 수출상은 계약에 따른 물품을 생산하거나 구매하여 선적하여야 한다. 이때에 품질이 계약조건에 맞는가, 예정된 선적일까지 선적할 수 있을 것인가, 인도시점에 물품이 제대로 도착할 것인가 등의 리스크가 있다. 그중에서 품질과 관련한 리스크는 무역거래 과정에서 가장 빈번하게 발생하기 때문에 품질관리는 무역거래에서 가장 중요한 포인트라 할 수 있다.

수출상이 약정품을 조달하는 방법은 직접 수출하는 경우와 별도로 제조업체나 공급업체로부터 구매하거나, 제조업체에 생산자금을 지불하여 생산한 뒤에 구입하기도 한다.

수출 전에 품질검사가 필요한 경우에는 수출 전에 미리 검사를 받아 검사증명서를 첨부해야 한다. 그 외에도 선적서류가 계약 내용과 일치한가를 정확하게 대조하여야 한다. 보험증권, 선하증권, 중량 및 용적증명서에도 품질에 관한 모든 사항이 기입되어 있어야 완전한 계약이행이 되는 것이다. 품질을 결정하는 방법으로 다음 몇 가지가 있다.

(1) 견본

일반적인 제품은 대부분 견본으로 품질을 결정한다. 규격품이 아니거나 수제품 등의 품질은 견본과 선적품 간의 약간의 품질상의 상이한 점을 허용하는 조항을 삽입하여야만이 클레임을 예방할 수 있을 것이다.

(2) 표준품(標準品)

농수산물에 대해서는 표준품을 제시하여 품질에 따라 가격을 조정한다. 농산물에 대해서는 평균품질(FAQ; Fair Average Quality), 수산품에 대해서는 최적상품(GNQ; Good Merchantable Quality) 등을 이용한다. 면화는 보통품질(USQ; Usual Standard Quality)을 이용한다. 특히 면화는 선적 전에 검사를 받은 품질검사증명서를 선적서류의 하나로 첨부할 것을 계약이나 신용장상의 조건으로 첨가하는 것이 리스크를 회피할 수 있다.

(3) 설명서(sales by description)

기계류나 화학제품, 원재료 등의 공업제품에 대해서는 재료, 성질, 성분, 성능, 구조, 방식, 중량, 형태 등에 대한 데이터나 숫자로 표시된 설명서를 첨부하여 품질을 결정한다. 품질성능시험이나 분석시험을 실시하여 그 결과를 서류상에 기입할 수도 있다.

(4) 상표

세계적인 유명품은 품질, 성능이 뛰어난 점에서 안정적으로 거래할 수 있다. 브랜드명으로 유명품질로 입증되기 때문이다.

(5) 규격(規格)

국제표준기구(ISO; International Standard Organization) 등에서 심사한 제조업체나 각국의 표준규격 등의 규격에 합치된 상품으로 결정한다.

2) 품질결정 시점

일반적으로 운송 중에 품질이 변하는 경우가 많다. 이 경우에는 수출 항에서 품질검사를 받은 검사증명서가 있으면 운송 중에 품질이 변하여 도 수출상은 책임이 없다. 수입상은 선적지에서 검사한 품질검사증명서 가 있다면 수입상은 보험사로부터 손해를 보상받을 수 있다. 운송 중에 운송회사의 부주의한 취급으로 품질이 악화되거나, 해수에 의해 변하였 거나 할 경우에도 제조한 시점이나 선적 시에 품질 상태에 대해 면밀하 게 조사하여 책임을 확정지을 필요가 있다.

(1) 포장(包裝; packing)

포장이란 화물을 수송·보관하는 중에 화물의 상태를 보호하고, 화물 의 가치를 유지하기 위하여 적절한 재료나 용기 등을 이용하여 화물을 포장하는 것을 말한다. 현재에는 포장에다가 판매촉진의 기능을 강화하 고 있는 추세에 있다.

물품의 종류나 성질에 따라 사용된 재료나 용기가 차이가 있다. 통 상적으로 나무상자(wooden case), 카툰 박스(carton box), 베일(bale), 백 (bag), 드럼(drum) 등이 이용된다. 포장은 상품의 가치를 높이고, 보호하 며, 장기간 운송을 견딜 수 있게 포장하여야 한다. 현실적으로 포장은 수 출상이 임의대로 하는 경우가 많다.

수출상품은 통상적으로 장기의 수송을 필요로 하기 때문에 그 사이에 화물이 손상 또는 도난당하는 경우가 있다. 그래서 수출포장은 장기간의 항해를 견딜 수 있도록 감항성(堪航性) 있게 포장해야 한다. 그러나 포장비나 운임이 증가하는 점을 피하여야 할 것이다. 그 외에 수입국의 상관습 및 관세법이나 기타 법규를 위반하지 않도록 주의하여야 한다. 특수한 상품은 업계나 상관습에 따라 주의하여 포장하여야 한다. 특히 매매계약상에 포장에 관한 계약조건이 있다면 그에 따라야 할 것이다.

철광석, 석탄, 곡물, 목재 등은 포장할 필요가 없다. 이러한 대량화물의 운송은 전용선에 의한 운송방법이 발달하였다. 석유는 선박 자체가 운송과 포장수단으로 되어 있다.

개품운송은 일반적으로 컨테이너로 운송한다. 컨테이너는 하역작업중에 손상되거나 도난당할 리스크가 적기 때문에 포장도 간략하게 할 수 있어서 포장비용이나 운임을 절약할 수 있는 장점이 있다.

(2) 화인(貨印 ; shipping mark ; export mark)

화인은 운송관계자나 수입상이 화물을 식별하기 쉽도록 하기 위한 기호이다. 화물취급 및 인수에 중요한 역할을 하기 때문에 선하증권 및 송장에도 필수적으로 기재된다. 화인은 통상적으로 수입상이 지정하지만, 지정되지 아니한 경우에 수출상은 적당하게 결정하여 기재하여야 한다. 수하인 및 송하인을 표시하는 주마크(main mark), 송하인 및 제조업체를 표시하는 부마크(counter mark ; sub mark), 화물의 품질·등급을 표시하는 품질마크(quality mark), 목적지 및 목적항을 표시하는 포트마크(port mark), 케이스 또는 베일마크(case or bale mark) 그 외에도 취급주의(with care) 등의 마크가 있다. 법규에 의해서 화물의 원산지국명을 명기하여야 하는 원산지마크(country of origin mark)나 중량·용적을 기입할 것을 규정한 국가도 있다.

포장이나 화인을 정당한 업무취급자로서 적절하게 처리하지 않으면 그에 따른 책임을 지게 된다. 수량이나 중량도 거래상의 중요한 포인트가 되기 때문이다. 계약당사자들은 상품의 단위를 길이와 중량, 개수 등을 기호로서 명시하여야 하고, 수출상은 그에 따른 수량이나 중량이나 용적을 표시하여야 한다.

(3) 용적 및 수량

용적이나 수량은 선적 전에 공인검사원에게 정확하게 계측될 수 있어야 한다. 선적 시에 중량이나 용적이 계약과 일치한가를 증명하기 위해서는 용량·용적증명서와 기타 검량증명서로 확인할 수 있다. 수출상은 이러한 증명서를 발급받아 놓으면 선적한 후에 운송중의 상품이 멸실되거나 수량이나 중량이 부족하더라도 책임을 면할 수 있다.

현실적으로 수입상은 수출지역에서 계약한 물품을 점검할 수 없다. 그래서 수출상이 선적 전에 약정품의 품질이나 포장 등이 계약과 일치한가를 검사하는 경우가 많다. 법적으로는 검사할 의무가 없다 하더라도 수출상이 상품을 인도하기 전에 검사하는 것은 수출상의 의무이다.

계약서상에 수출검사증명서를 요구하는 경우도 있다. 이는 수출상이 계약에 정해진, 또는 법적으로 정해진 검사기관에서 수출검사를 시행하여 검사증명서(Certificate of Inspection ; Inspection Certificate)를 발급받아야 한다. 이는 수입상으로부터 클레임이 제기될 경우에 수출상은 이에 따른 검사증명서로 대항할 수 있기 때문이다. 국제적인 주요 수출검사기관은 다음과 같다

- Bureau Veritas : 라이베리아, 페루, 마다가스카르, 에쿠아도르 등의 중남미 및 아프리카 일부
- SGS : 케냐, 앙고라, 필리핀 등의 아프리카나 동남아 지역의 일부

- COTECNA(OMIC International, Ltd) : 가나, 나이지리아 등의 아프리카나 중남미 일부
- ITS(Intertek Testing Service) : 모잠비크, 사우디아라비아 등의 아프리카와 중동의 일부 등

그러나 수출검사에 합격하였다고 해도 수입상으로부터의 품질 클레임을 면할 수 없다. 어디까지나 검사는 수출을 위한 기준이며 개별 거래계약에 의한 검사가 아니고 또한 계약상품이 확실한 것인가를 증명하는 것도 아니기 때문이다. 디자인 및 계약에 따른 상표에 대해서는 인정기관의 인정을 받아야 하는 품목도 있다. 생사 및 섬유 등의 수출에 대해서는 해당 수출조합의 검사를 받거나 허가를 받아야 한다.

3) 제조물책임법

제조물책임법은 제품의 결함으로 인해 이용자 또는 제3자가 피해를 입었을 경우 제품의 생산, 유통, 판매 과정에 관여한 자가 부담해야 하는 법률상의 배상책임을 규정한 법이다. 현재의 대량생산·대량소비의 사회에서는 대량으로 생산하여 판매하는 기업들은 막대한 수익을 보겠지만 상대적으로 불량제품을 생산하여 판매하는 리스크를 동시에 보유하고 있다. 뿐만 아니라 기업활동의 범위가 넓어지고 복잡해지면서 기업은 의식적, 무의식적으로 제3자에게 피해를 주게 되는 경우가 많아서 피해자로부터 법적인 배상책임을 당하는 경우가 빈번해지고 있다.

제조물책임법은 전통적으로 과실책임이론을 토대로 배상과 관련된 문제를 다루어 왔다. 그러나 점차 과학기술이 발달하고 이와 관련된 복잡한 제조 및 유통과정에서 발생되는 배상책임 문제를 정확하게 처리

할 수 없게 되었다. 따라서 선진국을 중심으로 엄격한 배상책임을 기초로 한 제조물책임법리가 발달되었다. 미국을 비롯한 주요 무역대국들이 제정한 제조물책임법은 수출기업에 대한 소송증가, 수출경쟁력 상실, 비관세장벽 등의 리스크를 부담하게 하였다. 특히 부가가치가 큰 공산품은 제조물책임에 노출될 소지가 더욱 크다.

각국의 제조물책임법은 대부분 국내 생산자와 소비자 간의 관계를 규율하고 있지만, 해당국에 상품을 수출한 외국 기업 역시 국내 제조기업과 동일한 리스크에 노출된다.

미국, EU, 일본의 엄격한 생산물에 대한 제조물책임법이 규정하고 있는 제품의 안전수준에 도달하기 위해서는 원자재 및 시설대체, 품질관리, 보험 등의 비용이 추가될 수밖에 없다. 이는 제품가격 상승요인이 되어 수출기업의 채산성을 악화시킬 수도 있다. 특히 수입국이 자국의 법률을 엄격하게 적용하면 경영기반이 취약한 중소 수출기업은 더욱 불리하다. 뿐만 아니라 미국, EU, 일본 등의 법규는 같은 제품이지만 책임과 범위가 각기 다르기 때문에 일종의 비관세장벽의 기능을 할 소지도 있다.

미국, EU, 일본 등은 소비자 권익보호를 위한 제반 입법적, 제도적 조치가 확립되어 있다. 따라서 수입제품에 대한 제조물배상책임 문제가 발생될 소지가 많다.

4) 제조물책임법에 따른 법률 리스크 관리

제조물책임법에 대한 대책은 예방과 방어로 나눌 수 있다. 예방은 사고발생을 방지하는 데에, 방어는 소송이 제기되었을 때 피해를 최소화하는 데 중점을 두고 있다. 제품을 판매하기 전에는 리스크 방지에 초점을 두어 품질에 최선을 다하고 있다는 점을 나타내어야 하거나, 제품을 사용할 때에 주의해야 하는 점 등의 경고내용을 상품에 부착하여 리스크를 제한하는 것이 중요하다. 제품이 판매되었지만 사고가 발생하기 전에는 손해를 경감시키는 데 초점을 맞추어야 한다.

사고가 발생한 후에는 소송대책과 기업의 신뢰회복에 초점을 두어야 한다. 이 경우에는 될 수 있는 한 화해로 이끌어 가는 것이 최선이며 기업의 신뢰회복에도 노력을 기울여야 할 것이다. 제조물책임법에 따른 리스크 관리수단은 다음과 같다.

- 제조물책임법 관련 정보와 법률을 수집, 분석한다.
- 생산직 종업원의 안전교육을 강화하고 정기적으로 점검한다.
- 제품안전에 따른 주의사항을 표시한다.
- 매매계약서상에도 제품안전에 대한 주의사항을 명시한다.

제조물책임법은 세계표준으로 정착되어가고 있다. 수출기업들은 전사적으로 사고발생 확률을 줄이고 소비자 불만 및 이미지 훼손을 최소화시켜야 할 것이다. 그러기 위해서는 제품결함의 원인을 개발부터 판매까지의 모든 단계에서 분석하고 대책을 마련하여야 한다. 제조물책임에 따른 품질관련 리스크는 다음 몇 가지 방법으로 예방할 수 있다.

– 수출상은 선적일자 및 네고일자를 맞추기 위하여 납기가 항상 중요하지만 이를 이유로 불량제품을 생산하는 리스크를 사전에 제거해야 한다. 그러기 위해서 제품개발단계에서부터 안전관련 항목을 철저히 고려하여 생산하여야 한다. 적합하지 못한 제품은 생산공정에서 아무리 주의를 기울이더라도 사고리스크가 클 수밖에 없다. 동종업계 및 글로벌

기업에서 취하는 안전기준을 벤치마킹하여 리스크를 방지할 수 있다.

- 경고 및 리스크 표시를 부착하여 리스크를 제한한다. 일반적으로 경고 라벨, 취급설명서 등을 소비자가 보기 쉽고, 읽기 쉬우며 바르게 이해할 수 있도록 제작하는 것이다. 현재는 설계보다 경고조치를 취하지 않은 결함에 대한 소송이 증가하는 추세이다. 설계결함은 기술적 내용이 관련되어 소송을 하기 어렵지만, 표시결함 등은 소비자에게 유리한 판결을 이끌어 내는 것이 쉽기 때문이다.

오토바이용 헬멧 제조업체인 H사는 미국으로 헬멧을 수출하는 중견기업이었다. 그러나 H사의 헬멧을 쓰고 오토바이를 타고 가던 미국 텍사스 주의 한 남자가 빗길에 트럭과 충돌하여 식물인간이 되었다. 가족들은 H사의 헬멧 때문이라며 소송을 제기했다. '비오는 날에는 시야가 흐려질 리스크가 있으니 착용하지 마시오'라는 경고문구가 없었다는 주장이었다. 물론 H사가 소규모 기업이었더라면 여기에 대응하지 않고 또 미국으로 수출하지 않으면 피해가 없을 수도 있다. 그러나 당시 H사는 미국 내 시장점유율이 증가하는 추세에 있었기 때문에 소송이 제기될 경우 회사의 이미지에도 타격이 클 수 있었다. 뿐만 아니라 미국의 소송제도인 배심원제에 의한 판결에 승산이 없다고 판단하고 2만 5천 달러에 화해를 하였다. 다행히 제조물책임보험(PLI)에 들었기 때문에 1만 5천 달러는 보험회사로부터 보상받았다.

- 제조와 관련한 문서관리 시스템을 구축한다. 미국에서의 제조물책임법 관련 소송에서는 관련 문서의 서술내용에 따라 판결의 승패가 좌우한다. 그러므로 유리한 입증자료로 사용할 수 있는 문서들을 보존하여야 한다. 구체적으로는 안전성에 관해 설계할 때부터 검토한 자료나, 제조단계에서도 품질관리를 엄격하게 시행하고 있음을 증명하는 자료 등이다. 이와 관련하여 문서작성 및 보관 시스템을 정비하고 사내교육을 실

시하는 것도 중요하다. 사내문서의 작성요령, 문서 간의 정합성(整合性), 보관장소 및 책임자, 보존기간 등을 구체적으로 정하여 실행한다.

부품 및 원재료를 제공하는 기업과 완성품을 생산하는 기업이 서로 책임소재를 명확하게 분담하는 것도 중요하다. 특히 수출기업들은 생산 및 하청관계에 있는 기업에 대해 제조물책임법 관련 손해배상의 주체, 지불방법 등을 계약서상에 명기하여야만이 소송이 제기되었을 경우의 리스크를 회피할 수 있다.

최종 소비재를 생산하는 회사가 아니더라도 소송에 연루될 수 있음을 관계기업에 인식시키는 것도 중요하다. 미국 등으로의 수출에는 제조물 책임법에 관한 보험가입이 필수적이지만, 그렇다고 보험에만 의존하는 것도 최선의 방법은 아니다. 보험가입 여부에 상관없이 사고가 발생하지 않도록 최선을 다해야 할 것이다.

- 제품결함이 발견되면 즉시 리콜 및 제품개량에 착수하여야 한다. 사고유무에 상관없이 결함이 발생된 시점에서 신속하게 대응해야만 사고발생을 방지할 수 있고, 사고발생 후에 더 크게 확대되는 것을 방지할 수 있기 때문이다. 안전을 위하여 소비자들로부터 의견을 접수할 수 있는 창구를 가동하는 것도 리스크 관리의 한 가지 방안이 될 수 있다. 리콜을 요구받은 제품은 사내에 게시하고 보존시켜서 종업원들로 하여금 경각심을 고취시키는 것도 중요하다.

- 제조물책임법과 관련한 소송에 효과적으로 대처할 수 있는 조직을 만든다. 전문가로 구성된 전담팀을 가동시키고 선진기업의 안전 시스템을 벤치마킹하는 것이다. 미국의 주요 기업들은 사내에 PL전담팀을 설치하고 안전성 시험을 철저하게 시행하고 있다. 무엇보다도 이러한 소송

은 고객의 기분을 상하게 하면 감정으로 비화되는 경우가 많다. 따라서 최선의 해결책은 소송으로 가지 않고 화해하는 것이 최선의 대책일 것이다.

- 기업의 신뢰회복을 위해서 사고원인이 규명되기 전까지는 해당 제품에 문제가 있다고 보고 대처하여야 한다. 기업의 잘못을 부인하는 방향, 다시 말해 '사용자 실수', '제품에는 문제가 없다', '우연', '다시는 발생할 수 없을 것' 등의 입장을 표명하면 더욱 불리해 진다는 사례가 많다. 특히 동일한 원인에 의한 사고가 중복되어 발생하면 기업에 대한 사회적 신뢰가 회복이 불능한 상태에 직면하여 도산할 수도 있다.

제품결함이 인정된 경우에는 결함이 발생된 원인을 규명하고 사후조치를 공개적으로 진행하고 수습되어 가는 과정을 일반고객들에게 공개하여야 한다. 관련 사고를 은폐할수록 의혹이 증폭된다는 사실을 명심해야 한다.

2. 운송 및 통관 리스크 관리

1) 운송 리스크 관리

석유, 철광석, 석탄, 곡물, 목재 등의 대량화물들은 화물의 형체와 성질이 통일되어 있기 때문에 해당 화물운송에 적합하게 제조된 전용선으로 운송된다. 개별품목인 잡화는 중량, 용적, 포장 등에 통일성이 없기 때문에 출발지나 목적지에 따라 화물을 단위화하여 주로 컨테이너로 운송하고 있다.

항공운송은 긴급을 요하는 상품으로서 계절에 따라 유행하는 상품, 부패상품, 기계부품, 납기지연상품, 샘플상품, 고가의 상품인 반도체나 기계, 광학기기, 정밀기기, 의약품, 화장품, 기계부품 및 반(半)제품 등이다. 이와 같이 수출상품이 고부가가치화됨에 따라 운송산업이 과거의 해운업에서 항공업으로 이전되고 있는 추세이기도 하다.

수출상은 상품을 적당한 시기에 보세구역(bonded area)으로 반입한다. 통관수속은 주로 통관업자에게 의뢰하며, 정부의 수출승인이 필요한 경우에는 관계관청의 승인을 받아야 한다. 특히 세관의 수출허가가 있어야 상품을 선적할 수 있다.

선적서류는 신용장조건에 따라 완벽한 상태에서 은행에 제출되어야 한다. 신용장의 유효기간이 지나면 은행에서 매입이 되지 않기 때문에 신용장의 유효기한을 연장해야 한다.

수입상 측으로 보면 수입관세가 예상보다도 높으면, 수입하여도 이익이 실현되지 않는 경우도 있으므로 주의하여야 한다. 더욱 중요한 것은 대금을 지불한 후에 수입한 상품이 품질이 조악하거나 수량이 부족하다던가, 계약 내용과 다른 상품이 배송된 경우이다. 이러한 경우에는 수출상에 클레임을 제기하여 사태를 해결할 수밖에 없다. 운송 중에 품질이 상하거나 변하게 되어 상품이 손상된 경우에는 선박회사에 손해배상을 청구하여야 하며, 보험회사에 구상을 신청할 수도 있다.

상품시세나 유통경로의 변화에 의해 판매가 부진해지기도 한다. 대금입금이 지연되기도 하고, 수출입국의 정치적, 경제적 변동, 또는 테러 등에 따라 수출입이 저해되는 수도 있다.

거래상대방의 계약불이행, 환율변동, 운송상의 리스크, 상품품질이나 수량, 납기나 포장, 보험 등에 의한 리스크, 시장가격이나 거래조건의 변동에 의한 리스크, 수출입업무를 이행하는 데 따른 여러 가지 예상 외의 무한한 리스크가 존재하고 있다. 이에 따른 정보를 수집하고 철저히 분석함으로써 리스크를 예상하여 적절하게 대응을 하는 것이 필요하다.

선박에는 대량의 상품이 저렴한 가격에 수송되기 때문에 경제적이라 할 수 있다. 항공운송은 운임은 비싸지만 신속하게 목적지에 도달할 수 있다는 장점이 있다. 상품과 거래내용상에 의해 어떠한 운송수단을 이용할 것인가를 판단해야 한다.

CIF 또는 CFR(C&F) 등의 양륙지 조건에서는 수출상이 운송계약을 한다. 그러나 FOB 조건에는 수입상이 계약하는 것이 원칙이지만, 실제로는 수입상을 위하여 수출상이 운송계약을 하는 것이 관행화되어 있다. 따라서 운송계약체결은 수출상이 계약을 이행하기 위한 중요한 업무 중의 하나가 된다.

해외비즈니스에서는 리스크를 사전에 예상하고, 리스크가 발생한 경우에는 어떻게 해결할 것인가 하는 대책을 미리 세워놓아야 할 필요가 있다. 리스크 관리가 잘 되어 있는 경우와 그렇지 않은 경우는 엄청난 차이가 있다. 무엇보다도 사전에 대책을 미리 세워놓아, 만일의 리스크가 발생되는 경우에 수립해놓은 대책으로 처리하는 것이 가장 합리적이다.

2) 해상운송의 절차

수출상은 약정품이 소량인 경우에는 개품운송으로 운송하는 것이 일반적이다. 개품운송은 선박회사 및 해상화물취급업자가 발행한 쉬핑 스케줄을 검토하여 약정품의 출하시기, 계약물품의 선적시기, 신용장거래 조건인 경우에는 유효기간 및 최종선적일, 항로, 선박속도, 선박의 설비조건, 해운동맹(Shipping Conference), 이중운임제 등을 고려하여 적당한 선박을 선정하여 선복(Shipping Space; ship's space)을 예약하고 청약하여야 한다.

구체적으로는 수출상이 선박회사소정의 선복청약서(Application for Space) 및 선복예약서(Booking Note)에 필요사항 2통을 기입하여 1통은 선박회사에 제출하고 1통은 선박회사의 서명확인을 받아 보관하여야 한다.

이 확인서는 화물이 적재되어 손상이 된 경우에 중요한 증거물이 된다. 개품운송계약의 주된 계약사항은 선박명, 적재톤수, 운임률, 선박 내 하역운임부담조건(운임조건), 하역조건(정박기간에 관한 조건) 등이다.

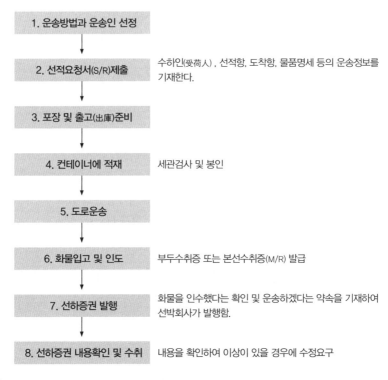

〈도표 4-1〉 해상운송의 절차

수출상은 계약기간 내에 선적하기 위하여 약정품의 수량이나 그 외의 사정을 감안하여 개품운송이나 용선계약 등으로 적절한 운송계약을 체결하여야 한다.

개품운송(Contract of A freight in a General Ship)이란 다수의 하주로부터 위탁받은 개개의 화물을 운송하기 위한 계약이다. 이에 따르면 선박회사가 다수의 하주로부터 화물을 수집하고 이를 혼재하여 운송하는 정기선(Liner)이 이용되고 있다.

용선계약(Contract by Charter Party)이란 선박회사로부터 선박의 전부 또는 일부를 빌리는 것을 내용으로 하는 계약을 말한다. 전체 용선과 일부 용선이 있는데, 전자는 선박 전부를 용선하는 것이고, 후자는 선박의 일부 즉, 선복을 빌리는 것을 말한다. 화물을 대량으로 운송하는 경우에는 부정기선(Tramp Steamer)이 이용된다. 이는 주로 곡물, 철광석, 목재 및 석유 등의 대량화물운송에 이용된다.

3) 통관 리스크 관리

각국의 세관에서는 외국으로부터의 수입품이 자국의 법률에 적법한가를 심사하여 수입을 허용하고 있다. 특히 세관에서 수입통관이 되어야 수입상에 물품이 인도될 수 있다. 세관에서 통관이 지연될 경우 대체로 납기에 따른 리스크가 발생할 수 있다. 이러한 경우에는 수입상에게 미리 통지하거나 신용장조건의 대금결제일 경우에는 재발행을 요청하여 리스크에 대비하여야 한다.

통관은 관세법에 정하여져 있으며, 화물을 수출 및 수입하는 것은 세관의 허가를 받아야 한다. 세관에서는 수출금지품목인가 또는 수출입서류가 완비되었는가, 수출입통관수속이 적법한 절차에 따라 진행되었는

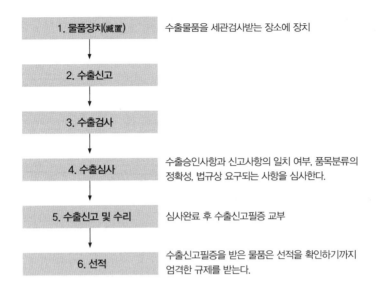

1. 물품장치(藏置)	수출물품을 세관검사받는 장소에 장치
2. 수출신고	
3. 수출검사	
4. 수출심사	수출승인사항과 신고사항의 일치 여부, 품목분류의 정확성, 법규상 요구되는 사항을 심사한다.
5. 수출신고 및 수리	심사완료 후 수출신고필증 교부
6. 선적	수출신고필증을 받은 물품은 선적을 확인하기까지 엄격한 규제를 받는다.

〈도표 4-2〉 수출상품의 통관절차

가를 심사한 뒤에 수출입을 허가하고 있다. 그러므로 통관업무는 수출입 거래에서 최후의 단계에 속하며 수출상은 통관이 순조롭게 진행될 수 있도록 조치를 취해야 한다.

구체적인 통관수속은 신고 → 검사 → 허가의 순서로 이루어진다. 수출입신고는 통관업자가 대리로 하고 있다. 원산지표시가 되어 있지 아니한 상품이 통관금지되어 다시 수출국으로 반송되어 원산지를 표시한 후에 수출하는 경우의 리스크도 있다. 상대국약사법에 허용되지 아니한 약품을 수입하다가 통관이 허용되지 않은 경우도 있으니 주의해야 한다.

이러한 리스크는 무엇보다도 시장에 대한 정보수집과 분석이 제대로 되지 않은 리스크 때문이라 할 수 있다. 따라서 수출계약체결 시에는 상대국 시장의 정보를 정밀하게 수집하고 분석하여 리스크에 대비하여야 한다. 특히 수출거래를 진행하는 데는 돌발적인 리스크가 발생할 가능성이 크다. 따라서 수출상은 사전에 수입국세관에 문의하여 해당 상품수입에 관련한 상세한 정보를 수집하여 분석한 후에 수출하여야만이 리스크를 피할 수 있을 것이다.

수입상이 매매계약상에서 필요한 서류임을 명시하지 않았지만, 수입국 세관을 통과하는 과정에서 특정의 서류를 요구하는 경우도 있다. 그 외에도 포장명세서나 원산지증명서, 검사증명서 등의 서류에 따른 통관서류를 갖추지 않아서 통관이 되지 않는 경우가 많다.

이러한 리스크는 일상적인 업무로서 담당자의 서류점검이 제대로 이루어지지 않았기 때문에 발생한다. 이에 대한 방지책은 담당자 교육을 강화하거나 관계서류를 정확하게 점검하고 확인하는 수밖에 없을 것이다.

▌한중 FTA에 따른 관세 리스크[22]

중국으로 수출되는 국산 자동차 부품 상당수가 관세 인하 혜택을 받지 못해 현대자동차 등 현지 진출 기업들이 자유무역협정(FTA) 효과를 제대로 체감하지 못하고 있는 것으로 나타났다. 발효 100일을 맞이한 한·중 FTA가 정작 일선 현장에서는 공전하고 있는 셈이다.

현대차의 '한·중 FTA 활용 실태 분석'에 따르면 현대·기아차 중국 공장이 수입하는 국산 부품 중 34%는 한·중 세관 당국의 HS코드가 서로 달라 관세 인하 적용이 어려운 것으로 확인됐다.

대기업인 현대차의 부품 협력사에서도 FTA 활용 시스템을 갖추

---

22) 참고: 한중FTA 100일 됐지만 관세혜택 못 받는 현대차 , 서울경제 2016. 3. 27.
'HS코드 달라 관세혜택 못 받아' 사실과 달라, 브리핑룸 2016. 3. 28.

지 못해 원산지 증명에 어려움을 겪는 기업이 많았고, 한·중 FTA와 아태무역협정(APTA)이 부품별로 적용하는 관세가 서로 다른데도 이를 체계적으로 관리하지 못해 손해를 입고 있었다.

현대차는 우선 HS코드 불일치 현상이 심각한 것으로 봤다. 현대·기아차 중국 공장 3곳이 수입하는 국산 부품 5,553개 품목(2015년 12월 말 기준) 중 34%인 1,898개 품목의 HS코드가 일치하지 않았다.

HS코드는 세관 당국이 수출입 품목에 부여하는 일종의 '이름표'로 각국 정부는 이 이름표를 바탕으로 수출입 품목에 관세를 물린다. 세관을 통해 드나드는 물품이 수십만 개에 이르다 보니 세관별로 통일할 수 있는 인식 코드를 매겨 관리하는 것이다.

문제는 같은 물품이라도 HS코드가 다르면 관세 인하 혜택을 받지 못한다는 점이다. 같은 규격, 같은 재료로 만들어진 볼트라고 해도 한·중 양국의 HS코드가 불일치하면 할인 관세 대신 기존 관세가 그대로 적용된다. 중국에 있는 현대·기아차 공장에서 수입하는 국산 부품 세 개 중 하나는 관세 인하 혜택을 보기 어려운 구조였던 셈이다.

올해 중국 시장에서 대대적인 공세를 예고했던 현대차에는 비상이 걸렸다. 관세 인하를 활용한 중국 시장 공략에 차질이 생긴 탓이다. 현대차 구매관리본부는 이에 따라 지난 24일 1·2차 부품 협력사의 실무자 200여 명을 긴급 소집해 FTA 효과 극대화 방안을 집중 교육했다.

현대차 부품 협력사의 한 관계자는 "중소기업에는 시스템도 없고 인력도 부족하다"며 "정부가 체계적으로 추진해서 지원해야 할 일을 기업들에 떠넘기는 셈 아니냐"고 말했다.

정부는 FTA 발효를 전후하여 대중국 수출기업에 대한 설명회, 원산지 관련 컨설팅 강화, '수출입기업지원센터' 운영 등 다양한 지원 방안을 마련하여 시행 중이라고 밝혔다.

4) 상품인도 및 납기에 따른 리스크 관리

수입상은 상품을 인수받지 못하면 중대한 차질이 생긴다. 그러므로 정확한 인도시점에 수입상에게 상품을 인도하는 것이 수출상의 중요한 리스크 관리 중의 하나가 된다. 그러므로 수출상은 파업이나 재해 등의 불가항력 이외에는 인도시기를 지켜야 하는 것이 중요한 계약이행의 포인트가 된다. 인도시기를 지키지 않으면 손해배상의 대상이 되는 것은 물론이다.

인도시기에 대해서는 구체적으로 선적일자를 계약상이나 신용장상에 명시하는 것이 바람직하다. 예를 들면 주문 후 3개월 이내, 또는 6개월 이내 등과 같이 인도시기를 설정하는 경우에는 수출상과 수입상 간에 주문일자의 차이에 따른 분쟁이 발생할 수 있다. 그러므로 주관적인 해석이 가능하지 않게, 명확한 일자를 설정하는 것이 필요할 것이다.

실무상으로 수입상은 되도록 금융비용과 상품회전율을 높이기 위하여 빠른 납기를 원한다. 그래서 수출상은 납기가 촉박하다는 점을 알면서도 무리하게 계약하는 경우가 많다. 일단 수주부터 해놓고 납기에 차질이 생기면 신용장을 변경하면 된다는 생각이기 때문이다. 이때 납기를 지키기 위하여 급히 생산하고 선적절차를 서두르다가 불량품이 생기는 경우가 많다. 그렇기 때문에 수출상은 비용만큼 가격을 낮추더라도 정상적으로 상품을 인도하기까지 납기를 여유 있게 정하고 이를 수입상에게 설득해야 할 것이다.

상품을 분할하여 선적하는 조건에는 1차의 납기가 지연되면 2차도 지연될 경우가 많다. 1차선적이 지연되면 수입상은 이를 악용하여 현지시장이 나빠졌기 때문에 가격을 인하해줄 것을 요구하거나 물품인수를 거절할 가능성도 있으니 주의하여야 한다. 그러므로 1차선적은 확실히 엄수하여야 2차선적부터 납기연장을 요청하여도 큰 리스크가 따르지 않을 것이다.

납기가 지연될 경우에 수입상은 페널티를 요구해올 수 있다. 이때에는 총계약금액의 일정 비율 이상을 초과하지 않는 범위를 한도로 정하고 그에 응하여야 할 것이다. 이미 납기지연을 예상하고 고의로 무리한 납기를 유도한 뒤에 납기지연에 따른 조항을 악용하여 지체상금을 요구하는 수입상도 있으니 주의해야 한다.

부득이한 사유로 지연될 경우에는 수입상에게 이 사실을 바로 통지하고 이에 따른 조치를 취해야 한다. 신용장 조건일 경우에는 수입상으로부터 인도시기를 수정(amend)한 신용장을 발행받아야 한다. 이런 노력으로 대규모로 예상되는 리스크도 어느 정도 경감시킬 수 있을 것이다. 그러나 수입상에게 이러한 사실을 통지하지 않은 상태에서 인도가 지연되면 대금을 지급받을 수 없는 리스크가 발생된다는 점을 분명히 알아야 한다.

신용장조건일 경우에 수출상이 신용장을 통지받지 못하면 수입상은 확실한 주문을 하지 않았다고 볼 수 있다. 그러므로 계약 시에 구체적으로 신용장 발행일자나 상품의 인도시기를 특정 일자로 한정시켜서 기입하도록 하는 것이 필요하다. 계약서나 주문서에는 정확한 인도시기를 설정하지 않으면 '신용장수취 후 90일'(90 days after receiving L/C) 등으로 기재하여 신용장발행이 지연될 경우에 대비할 수 있다. 다시 말해 신용장발행이 지연될 경우 물품구입이나 생산을 할 수 없는 리스크가 있다.

납기관리의 체크리스트

1. 납기는 명확히 표시되어 이해할 수 있는가.
2. 납기를 맞추면 장려금을 지불할 필요가 있는가.
3. 납기를 맞추기 위해 독촉할 사원을 파견할 필요가 있는가.
4. 납기지연의 원인이 되는 징조를 발견할 수 있는가.
5. 지연되는 원인을 파악할 수 있는가.
6. 조달선은 충분한 자재와 부품 및 설비를 구비하고 있는가.
7. 납기관리담당자는 설계, 제작도면, 시공도면, 자재발주, 자재조달에 관한 사항을 완전히 파악하고 있는가.
8. 제조, 기계가공, 용접, 조립, 검사, 포장, 수출검사 등의 스케줄이 완전하고 순조롭게 이루어 지고 있는가.
9. 조달선이나 하청업체의 업무, 납입자재, 업무상황, 납기 등의 정보를 입수하여 체크할 수 있는가.
10. 조달선으로부터 도면과 그 외의 필요서류 제출, 그 승인 및 반환이 확실히 이루어 지고 있는가.
11. 자재수배나 반입이 순조롭게 이루어 지고 있는가.
12. 설비, 기기, 장치 등에 관한 사항은 문제가 없는가.
13. 검사 스케줄이나 검사증명서를 제출하도록 할 필요가 있는가.
14. 출하, 선적, 인도 등의 기일은 확실히 지키고 있는가.
15. 조달선을 방문하거나 또는 연락은 빈번히 이루어지고 있고, 조달선의 상황을 잘 파악할 수 있는가.

5) 보험계약에 따른 리스크 관리

기업은 리스크를 될 수 있는 한 회피하여 제거하거나, 회피 및 제거할 수 없는 리스크는 제3자에 전가하고, 전가할 수 없는 리스크는 어쩔 수 없이 보유할 수밖에 없다. 리스크 전가의 전형적인 것으로 보험을 들 수 있다. 그러나 모든 리스크가 보험으로 전가되는 것은 아니다. 보험가능의 한계가 있어서 투기적 리스크는 물론 순수 리스크에 의한 대수의 법칙이 적용되지 아니한 리스크는 보험에 의해 전가되지 않는다. 최근에는 기업 리스크가 질적으로 복잡해지고 양적으로도 거대화하고 있어서 보험 가능한 리스크는 어떻게 하든지 부보하는 경향이 있다. 그러나 그런 경우에 있어서는 기업의 코스트 부담 능력을 초월하는 보험료를 지출해야 한다. 따라서 리스크 관리의 수단은 무엇이든지 보험으로 가능하다고는 볼 수 없다.

- 각종 리스크 관리에는 보험이용이 일반화되어 있다. 리스크를 비용으로 관리하는 방법이 있지만 리스크 이전이라는 형태는 보험의 구입을 통해서만 실현할 수 있다. 보험에 부보함으로써 당해 리스크 대책의 보험금액 내지 전보한도액까지의 리스크를 보험료로 대치할 수 있다. 이와 관련한 보험료는 리스크 비용에서 손익계산상의 비용으로 처리할 수 있다.

- 보험료는 현금지출을 수반하는 명확한 리스크 관리비용이다. 그러기 위해서는 보험의 목적, 피보험이익, 부보되는 리스크, 보험종목, 보험금액 내지 전보한도액, 보험기간, 공제면책액(deduction), 전보범위에 대해 검토해야 한다.

- 기업을 둘러싼 리스크는 경영환경 변화와 함께 그 종류, 발생빈도, 규모와 손해액이 증대되고 있다. 따라서 리스크를 모두 관리할 수는 없다. 보험회사에서도 보험화할 수 없는 리스크나 상품화가 곤란한 리스크는 인수하지 않는다. 또한 보험가입을 원하는 기업의 요청도 모두 받아들이지 않는다. 그런 경우에 보험회사는 인수거부, 보험금 삭감, 각종 면책조항 삽입, 공제면책액의 설정, 할증보험료의 징수 등을 요구하는 경

우가 많다. 따라서 기업은 보험의 효용, 즉 보험보호율과 보험료율을 충분히 감안하여 판단하여야 할 것이다. 결국 기업은 보험료가 많이 들거나, 특히 기업의 코스트 부담능력을 초과하는 경우에는 다른 방법을 찾아볼 수밖에 없다.

- 수출 리스크 중에서 정상적으로 보험 가능한 리스크는 해상보험이다. 해상운송에 따른 리스크는 순수 리스크로서 이익발생 가능성이 전혀 없는 순수한 손실발생 리스크이다. 이러한 리스크는 '대수의 법칙'이 적용되어서 보험화가 가능하며, 부보율, 보험담보범위 등이 중요한 리스크 관리의 포인트가 된다. 우발적으로 발생하고, 손해와 범위를 한정시킬 수 없다는 것이 특징이다.

- 수출상은 해상운송 중에 있는 상품의 품질이 운송 중에 손상, 변질, 수량 부족 등의 리스크를 부담해야 한다. 해상보험은 상품운송에 관한 일체의 리스크를 커버하므로 보험에 가입하지 않으면 손해를 입어도 보상받을 수 없다. 그러므로 계약당사자는 미리 어떠한 보험에 부보하여야 안전한가를 신중하게 검토하여야 한다.

- 해상보험계약의 성립은 상품을 특정하여 거래금액, 선적항, 목적항, 중량이나 용적, 선명 등의 상세한 사항을 보험회사에 보험청약서에 기재하여 보험료를 지불하고 보험증권을 입수함으로써 계약이 성립된다.

- 보험회사에 대한 고지사항에 차이가 있어도 손해발생 시에 보험금 지급이 거절될 수 있다. 그러므로 거래내용을 정확하고 완전하게 보험회사에 고지하여야 한다. 대량화물을 자주 운송하는 경우에는 개별거래에

각각의 보험계약을 체결하지 않고 포괄보험(open cover)에 들 수 있다. 이 경우에는 보험증권을 대표하는 보험증명서(Insurance Certificate)가 발행된다.

보험계약 시에 선박명이나 보험금액을 확정할 수 없는 때는 미확정된 보험으로 계약할 수 있다. 이 경우에는 확정시점에 보험회사에 통지하여 확정보험으로 바꾸어야 한다. 만일에 이를 방치한 후에 사고가 발생하면 보험금은 지급되지 않기 때문에 주의하여야 한다.

‒ 무역거래는 수입한 상품을 재판매할 때에 큰 이익을 얻을 수 있다. 그러나 보험계약에는 거래금액의 10% 할증된 금액으로 표시하기 때문에 상품이 도착하지 않거나 수량감소 등에 의해 손해가 발생한 경우에는 예정된 이익을 얻을 수 없다는 점을 알고 있어야 한다.

‒ 해상보험에는 여러 가지 종류가 있어서 상품의 내용이나 운송방법에 따라 어떠한 보험에 들어야 하는지 적절한 선택을 해야 한다. 철광석 같은 광물은 기계류 등에 비해 보험료가 적다. 보험료도 전쟁 등의 위기 시에는 고액의 보험료를 지불해야 한다.

기본적인 보험조건은 전손담보, 분손부담보, 분손담보의 3가지 조건이 있다. 보험용어로서의 담보는 보험자가 리스크를 인수하는 것(to bear the risk)을 의미하며, 인수하였던 리스크가 발생하여 손해를 입었을 경우에 '손해를 전보한다.'(to compensate for loss or damage)는 것으로 표현할 수 있다. 현행 보험증권에는 전쟁 리스크(War Risks) 및 파업 리스크(Strike Risks)를 담보하기 때문에 계약당사자는 어디까지의 리스크를 부보하는가를 결정하여야 한다.

‒ 전리스크 담보조건은 별도로 하고, 단독해손부담보조건 등에는 해난, 불착, 파손, 유손, 누손, 자연발화 등의 리스크는 담보하지 않기 때문에 당사자들은 부가 리스크(Extraneous Risk)로서 부보할 것인가를 결정한다. 영문화물해상보험증권의 본문약관(duration of risk clause)에는 보험자의 담보책임을 "화물이 선적항에서 본선에 선적되는 시점에 시작하여, 하역(荷役)항에서 완전히 양륙될 때에 끝이 난다"하여 보험기간을 정하였다. 그러나 피보험자가 최종목적지까지 보험기간을 연장할 것을 원하면 지체 없이 보험자에게 통지하여 추가보험료를 지불하고 연장할 수 있다.

제5장

대금결제 리스크 관리

▌농협, 4억 5천만 원 날려[23)]

농협은 수출신용장과 선적서류의 표기가 다르다는 이유로 4억 5천만 원을 잃게 되었다. 이는 농협이 모음 'ㅓ'를 표기하는 로마자인 'u'와 'eo'의 차이와 중국 지명의 중국어 발음과 한자 발음 차이를 유심히 보지 않은 등의 실수로 발생하게 되었다.

재판부는 판결문에서 "수출 신용장에는 수익자 명칭과 수익자 주소의 번지, 신용장 도착지가 각각 'CHUN' '1450-14' 'XINGANG'으로 돼 있으나 상업송장과 보험증권 등의 서류에는 'CHEON' '1450-1' 'XINJIANG'으로 기재되어 있고 신용장에 제품포장상태(PACKING) 표시도 없기 때문에 신용장과 첨부된 각종 선적서류들이 일치한 것으로 볼 수 없다"며 "보증금을 지급하지 않아도 된다"고 밝혔다.

재판부는 "한글 모음 'ㅓ'를 표기할 때 'u'와 'eo'를 혼용하는 것이

---

23) 참고: 농협, 4억 5,000만 원 날려, 서울경제, 2005. 1. 4.

한국의 영문 표기 실정일지라도 이는 한국에서의 문제일 뿐"이라며 "신용장의 개설 의뢰인과 개설 은행이 중국 국적이라는 점을 감안하면 이 같은 사정이 서류의 일치 여부 판단에 고려되지는 않는다"고 밝혔다.

▌대법 "신용장 첨부서류 약간 달라도 유효"[24]

신용장 첨부서류가 신용장 조건과 경미한 차이가 있다면 효력을 인정해야 한다는 대법원의 판결이 나왔다.

신한은행은 P사의 의뢰를 받아 2003년 9월 신한은행을 지급은행, SC은행을 매입은행, T사를 수익자로 표기해 미화 80만 달러짜리 신용장 9장을 개설했다.

신한은행은 P사에 유류를 수출한 T사가 차례로 신용장대금을 청구하자 290만 달러를 지급하고 나서 일부 보내온 서류가 신용장의 조건과 불일치함을 발견, 나머지 신용장대금 606만 달러에 대한 지급을 거절했다.

신용장에는 'gasoil origin Taiwan or Japan'(경유 원산지 대만 또는 일본)이라고 적었는데, T사가 제출한 반출지시서에는 'Korean gasoil'(한국산 경유)이라고 적혀 있다는 등의 이유에서다. 신한은행은 SC은행을 상대로 이미 지급한 미화 290만 달러를 반환하고, 나머지 606만 달러의 신용장대금을 지급할 채무가 없음을 확인해 달라는 소송을 냈다.

1심 재판부는 "신용장과 반출지시서의 상품명세가 일치하지 않아 신용장 대금의 지급을 거절할 수 있다"며 원고 승소 판결했다.

---

24) 참고: 대법 "신용장 첨부서류 약간 달라도 유효", 서울 연합뉴스, 2009. 11. 13.

그러나 항소심은 "반출지시서에 적힌 'Korean gasoil'은 한국이 원산지인 경유로는 볼 수 없고 원산지 표시가 안 된 것으로 봐야 한다"며 "원산지 증명서류를 제출서류에 포함하지 않았기에 원산지표시를 신용장의 조건으로 합의했다고 볼 수 없다"며 원고패소 판결했다.

대법원도 "신용장 첨부서류가 신용장 조건과 문언대로 엄격하게 합치해야 한다고 해서 자구 하나도 틀리지 않게 완전히 일치해야 한다는 뜻은 아니다"라며 "정유업계에서는 'korean gasoil'이라는 표시가 한국의 품질기준에 맞춰 정제했다는 의미로 통용되고 있다"고 판단했다.

국내거래에는 거래선이 대금을 지불하지 않는 경우에 법률 및 경제적인 여러 가지 제재조치를 취할 수 있지만, 무역거래에는 국내에서보다 더욱 복잡하고 힘든 절차가 진행될 수 있다. 특히 나라에 따라 법제도가 다르기 때문에 강제집행이나 민사상의 채권보전을 간단하게 실행할 수 없는 경우가 많다. 그에 따른 변호사선임비용도 만만치 않을 것이다.

현실적으로 외국에 있는 거래선의 경영상황이나 재무상태를 파악하기도 쉽지 않다. 그래서 거래선이 도산하여도 그 사실을 즉시에 입수하기가 어렵다. 그렇기 때문에 무역거래에서는 불량채권을 발생시키지 않을 최선의 방법이나 수단을 선택하는 수밖에 없다.

무역대금의 결제수단은 ① 거래당사자 간의 은행구좌를 이용하여 현금을 송금하는 방법, ② 환어음을 은행에 제출하여 결제하는 방법, ③ 은행이 지불을 확약한 신용장에 의한 방법 등의 3가지로 구분할 수 있다. 이 장에서는 신용장에 의한 방법과 현금송금에 의한 방법 및 D/A, D/P 조건의 방법으로 구분하여 설명한다.

1. 신용장

1) 신용장의 기능

무역거래에서 수출상 측은 상품을 수입상에게 운송하였지만 대금을 지급받지 못할 리스크가 있고, 수입상 측은 대금을 지급하였지만 계약에 적합한 상품을 인수받지 못할 리스크가 가장 크다고 할 수 있다. 이러한 리스크에 대해 국제적으로 신용할 수 있는 환거래은행이 개입하여 수출상에게는 대금지급을 보장하고, 수입상에게는 계약에 적합한 물품을 인수받을 수 있게 해주기 위하여 고안된 문서가 바로 신용장이다. 이 신용장제도는 컨테이너선의 등장과 함께 국제무역이 더욱 활성화될 수 있었던 계기가 되었다. 신용장의 기능은 다음 2가지로 구분할 수 있다.

- 수출상은 신용장 조건에 따라 수입상과 계약한 상품을 선적하여 대금을 회수할 수 있다. 구체적으로는 수출상은 상품을 선적했다는 사실을 증명하는 선하증권이나, 항공화물운송장을 운송회사로부터 발급받아 신용장상에 명시되어 있는 네고(대금결제)에 필요한 서류를 갖추어 환거래은행에 제출하여 수출한 물품의 대금을 지급받을 수 있는 것이다. 물론 대금을 지급한 수출상거래은행인 네고은행은 이를 다시 수입상 측의 거래은행이 발행한 신용장발행은행에 보내어 대금을 회수하며, 수입상거래은행인 신용장발행은행은 수입상에게 수출상이 발행한 환어음에 대한 대금을 결제하게 하여 신용장대금을 회수한다. 수입상은 거래은행에 수입대금을 지불한 후에 인수한 네고서류 중에서 선하증권(또는 항공화물운송장)을 수취하여 운송회사로부터 물품을 인수한다. 간단하게 말하면 신용장은 수출상에게 수출대금의 지불을 보증하는 서류이다.

- 신용장은 수출상 측으로 보면, 수입상이 대금을 지불하지 않을 리스크를 피할 수 있고, 약정품을 선적한 후 바로 대금을 회수할 수 있는 이점이 있다. 따라서 선적과 동시에 수출대금을 회수할 수 있기 때문에 자금흐름이 경직될 리스크를 피할 수 있으며, 계약물품도 저렴하게 조달 가능한 장점이 있다. 신용장은 매매당사자에게 서로 이익을 주는 것이며, 수출상의 이익이 더욱 크기 때문에 수익자(beneficiary)가 된다.

대부분의 신용장은 다음과 같은 내용을 포함한다.

① 계약 및 선적조건(The terms of contract and shipment('EXW', 'FOB', 'CIF')

② 수입상상호와 주소(The name and address of the importer)

③ 분할선적 여부(Whether the credit is available for one or several part shipment)

④ 총금액과 화폐(The amount of the credit, in sterling or a foreign currency)

⑤ 만기일(The expiry date)

⑥ 상세한 물품명세(A brief description of the goods covered by the credit)

⑦ 수출상 상호와 주소(The name and address of the exporter)

⑧ 수출상이 대금을 지급받기 위해서 필요한 서류 및 지시사항(Precise instruction as to the documents against which payment is to be made)

⑨ 신용장 형식(The type of credit(revocable or irrevocable))

⑩ 선적지시사항(Shipping details)

2) 신용장조건에서의 리스크 관리

(1) 신용장통일규칙

신용장은 계약이나 거래를 표준화하여 매매계약당사자들의 잠재적인 리스크를 한정시키고 억제하여 국제거래를 안전하고 원활하게 수행하는 역할을 한다. 이 신용장은 신용장통일규칙의 규정에 따라야 한다. 신용장통일규칙은 매매계약당사자 간의 분쟁과 리스크를 방지하기 위하여 국제적인 민간기구(ICC)에 의해 형성된 자주적 규범이다. 이는 당사자 자치의 원칙에 따라 거래당사자들의 자유로운 계약에 대해서 이를 제한하는 성격을 가진다고 볼 수 있다.

예를 들어 신용장통일규칙에 위반되는 문항이나 조항을 삽입하는 것은 무효이다. 특히 자사의 리스크를 제한하기 위하여 신용장통일규칙이 적용되지 않은 문구나 조항을 삽입하여도 인정 및 효력을 발생할 수 없게 되는 것이다. 따라서 신용장통일규칙은 국제적인 민간기구에 의하여 거래당사자들의 권리와 의무에 따른 리스크를 각기 제한하기 위하여 규정된 것으로 볼 수 있다.

신용장에 따른 리스크는 일반적인 리스크 관리에서 중요한 요소인 관리의 결여로부터 비롯된다고 볼 수 있다. 이는 일상적이고 반복적인 업무로서의 서류관리가 철저히 이루어지지 못하였기 때문에 발생되는 리스크로 볼 수 있기 때문이다. 이는 담당자의 실수나 무지에서 비롯된 인적 리스크에 속한다. 담당자를 효과적으로 통제하지 못하였거나 신용장상의 내용을 충분히 파악하지 못하였기 때문에 리스크가 발생되는 경우가 많은 것이다. 이러한 리스크는 신용장 관련 서류를 주도면밀하게 점검하고 체크하는 등의 내부관리를 강화하여 어느 정도 방지할 수 있을 것이다.

(2) 신용장의 확인

수입상 측에서 신용장을 개설하여 이를 거래은행을 통하여 수출상이 접수하면 신용장의 내용과 매매계약의 내용이 일치한가를 우선 확인하여야 한다. 다음으로 발행된 신용장 자체에 모순되는 내용이 없는가를 정확하게 조사해야 한다. 왜냐하면 수출상은 매매계약의 내용에 따라 계약을 이행하여도 신용장조건에 위배되는 경우에는 대금지급을 거절당할 수 있는 리스크가 있기 때문이다.

신용장은 그 성질상 매매계약 또는 그와 관련한 계약과는 별개의 거래이기 때문이며, 은행 측은 당사자의 계약 내용과는 무관하게 업무를 처리한다. 신용장거래에서 모든 관계당사자는 해당 서류상으로만 거래하는 것이며, 그 서류에 관계한 물품이나 서비스 등을 취급하는 것이 아니기 때문이다(신용장통일규칙 제3조 a항 및 제4조)

(3) 신용장 접수 이후 수출상이 체크해야 할 주요 포인트

- 신용장 내용과 매매계약의 내용이 합치되고 있는가.
- 신용장 자체의 모순이 있는가.
- 발행은행은 신뢰할 수 있는가.
- 서명은 틀림없는가.
- 취소불능신용장(Irrevocable Credit)인가.
- 확인신용장(Confirmed Credit)인가.
- 신용장금액이 계약금액과 일치하는가.
- 과부족허용조건이 있는가.
- 분할선적(partial) 및 환적(transshipment)이 허용 또는 금지인가.
- 선적기한 및 신용장기한이 계약을 이행할 수 있을 만큼 충분한가.
- 입수가 불가능한 서류를 요구하고 있지는 않는가.

- 환어음의 매입은행이 지정되어 있는가.
- 지불을 확약하는 문구가 있는가.
- 신용장통일규칙을 적용하는 문구가 있는가.

이와 같이 수출상은 신용장에 의해 약정품을 조달하며 필요에 따라 수출금융을 이용할 수 있으며, 외환 리스크 대책이나 수출보험계약의 체결 및 신용장 접수·점검 등의 업무를 수행할 수 있다. 특히 물품을 수입상에게 정확하게 인도하기 위하여 선적준비, 운송계약체결, 필요에 따라 해상보험계약체결이나 수출허가·승인의 취득, 수출통관, 선적 등의 업무를 수행해야 하고 선하증권 등의 서류를 입수하여야 한다.

(4) 은행이 대금지급을 거절할 경우

은행이 대금지급을 거부하는 경우가 있다. 네고은행 측으로서는 수출상에게 대금을 지급한 뒤에 서류상의 하자로 해서 신용장발행은행으로부터 대금을 회수할 수 없는 리스크가 있기 때문이다. 물론 네고은행 측도 이에 대비하여 미리 수출상과 환거래계약을 체결하여 담보나 예금, 적금 등을 수출상에게 요구하여 대비하고 있다. 그러나 신용장의 제조건에 일치하지 않으면 대금을 지급하지 않거나 서류를 보완하도록 요구하는 것이 관행이다.

이러한 경우에 수출상은 서류를 수정하여 다시 제출한다. 그러나 계약관계 또는 거래과정에서의 문제가 있는 경우에는 수출상은 신용장통일규칙에 의거하여 지급거절에 따른 정당성을 검토하여 대응하여야 한다. 이와 동시에 수입상에게도 물품대금을 청구하거나 각종의 법적 조치를 취하기도 한다.

수입상이 신용장발행은행과 공모하여 선적서류의 하자를 이유로 화물인수를 거부하는 경우도 있다. 이렇게 되면 헐값에 덤핑 처분해야 하는 결과가 발생된다. 특히 주의하여야 할 것은 신용장발행은행이 수입상으로부터 대금을 결제받기 전에 선하증권 등의 선적서류를 수입상에게 넘겨주는 실무상의 관행이 있는 경우이다. 물론 수입상의 신용이 양호한 경우이지만 수출상의 입장에서는 리스크가 크기 때문에 각별히 주의해야 한다.

2. 무신용장조건에서의 리스크 관리

매매당사자 간의 계약에 의하여 수출상이 상품을 선적한 후 관련 서류를 첨부한 하환어음을 수입상에게 제시하면 수입업자가 그 어음에 대해 지급하거나 인수하여 결제하는 방법이다. D/A, D/P조건으로 구분할 수 있다.

1) D/A(Documents Against Acceptance)

수출상이 상품을 선적하고 관계 서류를 첨부하여 수입상을 지급인으로 한 기한부환어음(documentary usance bill)을 발행하여 자신의 거래은행에 추심을 의뢰한다. 수출상거래은행은 수입상의 거래은행에 추심을 의뢰한다. 수입상거래은행은 수입상에게 어음을 인수받게 하고 서류를 인도한 다음 어음의 만기일까지 대금을 지급받아 추심을 의뢰한 수출상거래은행에 송금하는 결제방식이다. 그러나 수입상이 물품을 인수한 후 대금지급 기일이 되어도 결제를 하지 않는 리스크가 있다.

2) D/P(Documents against Payment)

수출상이 상품을 선적하고 관계 서류가 첨부된 환어음(documentary sight bill)을 수입상을 지급인으로 하여 발행한 후에 자신의 거래은행에 추심을 의뢰한다.

수출상거래은행은 이를 수입상거래은행에 보내 추심을 의뢰하게 된다. 수입상거래은행은 수입상으로부터 대금을 지급받고 선적관계서류를 인도하고 이를 수출상거래은행에 송금하는 결제 방식이다. 다시 말해 D/P 조건은 수입상이 대금을 수입상 측의 은행에 지불하고, 선적서류를 수령할 수 있는 조건이다.

지불되기 전까지 화물은 수출상의 소유가 된다. 그러므로 수입상이 수입국의 은행에서 대금지불이 이루어지지 않으면 화물에 대한 권리를 방치하게 된다.

이런 경우에 수출상은 다른 수입상을 찾아서 화물을 전매하거나, 최악의 경우에는 화물을 다시 선적한 수출항까지 보내야 하는 문제가 생긴다. D/P조건은 상품을 보냈지만 대금지불이 보장되지 아니하는 리스크가 있다.

물론 수입상 지역의 은행은 관계자에게 통지만 할 뿐 책임은 전혀 없다. 따라서 대금지급이 이루어지지 않는 책임은 전적으로 수출상에 있다.

신용장조건이 아닌 국제거래는 그 대금 회수에 대하여 은행의 지급확약이 없으므로 리스크가 따르기 마련이다. 그렇다고 수출상이 신용장 베이스를 고집한다면 거래가 단절될지도 모른다. 따라서 계약서 베이스로 거래하는 매도인은 우선 매수인의 신용 상태를 철저하게 체크하고, 실제 거래 시에는 수출보험제도를 활용할 필요도 있으나 신용력이 약한 중소기업은 이용하기가 어렵다.

제6장

무역 클레임 및
국제분쟁 리스크 관리

▌중-EU 무역분쟁 격화[25]

2011년 14일 유럽연합(EU)이 중국산 코팅지(coated fine paper)에 대해 반덤핑·반보조금 관세를 동시에 부과하는 '이중규제' 조치를 발동키로 결정하였다. 잡지나 팸플릿 등에 쓰이는 중국산 코팅지에 최고 12%의 반보조금 관세와 35.1%의 반덤핑 관세 부과한다.

이에 중국 정부는 유럽산 감자전분에 대한 이중규제로 반격하여, 2011년 4월 19일부터 유럽산 감자전분에 대해 12.6~56.7%의 반덤핑 관세를 부과했고, 5월 16일 반보조금 예비판정을 내려 잠정적으로 7.70~11.19%의 보증금 부과하고 있다.

중국과 EU가 상대국에 반덤핑·반보조금 이중규제 조치를 시행한 것은 이번이 처음으로 중국 정부는 EU의 이중규제조치는 'WTO 기본 원칙에 어긋나는 것'으로 '제지업계의 이익을 보호하기 위해 법적

---

25) 참고: KOTRA 해외시장 뉴스, 통상·규제, 중-EU 무역분쟁 격화, 2011. 5. 18., 김령, 중국 베이징 무역관.

인 조치를 취할 것이라며 강력 반발하였다.

종전 중-EU 간 무역분쟁은 반덤핑 분야에 한했지만 2010년부터 EU는 중국 수입품에 대한 규제를 반보조금, 반우회 덤핑 등으로 확대하기 시작하였다. 규제대상도 방직품, 경공업 제품 등 저부가가치 상품에서 전기기계, 의료보건, 화공, 마이크로 전자 등 고부가가치 제품으로 범위가 넓어지고 있다. EU 통상담당 온 Karel de Gucht 집행위원은 중국을 일반특혜관세제도(GSP) 수혜대상국에서 제외해 중국 저가제품이 유럽 시장에 유입되는 것을 막아야 한다고 주장하고 있다.

〈2010-11년 중-EU 무역분쟁 사례〉

對 EU 규제		對 중국 규제
2010. 5. 9. 클로로프렌 고무 반덤핑 관세 연장 부과 판정		2010. 3. 10. 푸르푸릴 알코올 반덤핑 최종판정
2010. 6. 9. X방사선 안전검사 설비 반덤핑 예비판정		2010. 6. 16. 보안검색용 스캐너 반덤핑 최종판정
2010. 6. 29. 철강제 스크루 및 와셔 반덤핑 최종판정		2010. 6. 16. 몰르브데늄 선 반덤핑 최종판정
2011. 1. 24. 6-핵산락탐 반덤핑 예비판정		2010. 9. 29. 폴리에스테르 강력사 반덤핑 최종판정
2011. 5. 16. 감자전분 반덤핑 예비판정	2010년 ↓ 2011년	2010. 10. 28. 글루콘산과 그 염 및 에스테르 반덤핑 최종판정
		2010. 10. 28. 알루미늄로드를 반덤핑 최종판정
		2010. 11. 15. 철강제 연선·로프 케이블 반우회 덤핑 최종판정
		2011. 2. 16. 유리섬유 직물 반덤핑 예비판정
		2011. 2. 24. 2-푸르알데히드 반덤핑 관세 연장 부과 판정
		2011. 3. 15. 유리섬유 반덤핑 최종판정
		2011. 5. 14. 코팅지 반덤핑·반보조 관세 부과

중국 측은 중국 제품은 오직 제품의 장점 때문에 유럽시장 진출에 성공한 것으로 덤핑이나 보조금 때문이 아니라고 주장하며 강력 반발하였다. 그러나 최근 중-EU 간 분쟁이 진행 중인 품목의 교역규모는 전체의 1~3%가량에 불과하고 무역전쟁이라고 할 만한 규모가 아니라며 신중한 입장 견지하고 있다.

중국 상무부 야오지엔(姚堅) 대변인은 EU의 중국산 코팅지에 대한 반덤핑·반보조금 관세 부과는 중국 기업들의 이익에 상당한 타격을 입히게 될 것이라고 전하고 있다. 중국의 국내 제지 시장은 포화 상태로 수출을 통해 과잉생산을 소화하고 있는 실정에서 이번 규제로 타격이 클 것이라는 전망이다. 2009년 코팅지 생산량은 전년 대비 8.7% 증가한 500만t이며, 수출량은 132만t으로 전체 생산의 26.4% 차지하고 있다.

반면, EU산 감자전분에 대한 규제조치로 해당 기업들은 새로운 성장기회를 맞을 전망이다. 유럽 정부가 농가에 보조금을 지급해 왔기 때문에 EU산 제품이 중국산 대비 가격경쟁력이 높았으나 이번 규제로 중국 기업들의 시장점유율이 높아질 것으로 예상되고 있다. 감자전분위원회 저우칭펑(周慶鋒) 회장은 '중국은 감자 생산 세계 1위국이며 감자전분 산업은 3북(동북, 화북, 서북) 및 서남 지역의 지주산업인 상황에서 이번 규제로 긍정적인 영향이 클 것'이라고 전하고 있다.

클레임이란 단어는 법률적으로 청구, 청구권, 요구, 주장 및 소송상의 청구 등을 의미하고 있다. 수출업계에서는 손해배상금 지불을 요구받는 것으로 보고 있으나 손해에 따른 고충이나 불평불만 등으로 해석하기도 한다.

무역 클레임은 상대방이 계약조건을 위반하여 발생하는 경우가 대부분이다. 그러나 시장 상황이 악화되어 수입상이 수출상에게 가격을 인하해달라거나 인수를 거부하는 등의 고의적으로 제기하는 마켓 클레임도 적지 않다. 운송 중에 발생하는 손해는 하주(荷主)가 선박회사를 상대로 한 운송 클레임과, 보험회사를 상대로 손해보상을 청구하는 보험 클레임도 발생한다.

일반적으로는 클레임을 방지하기 위하여 매매당사자 간의 매매계약에 클레임 조항을 두는 경우가 많다. 여기에는 클레임을 제기하는 기간과 제기방법, 관련 증빙서류에 관해 명기하고 있다.

1. 무역 클레임 리스크 관리

1) 무역 클레임 발생의 직접적 원인

무역 클레임 발생의 직접적 원인을 다음 3가지로 나눌 수 있다.

- 계약체결 과정에 원인이 있는 경우이다. 계약성립의 가장 중요한 요건인 청약과 승낙에 따른 계약의 유효성에 관하여 클레임이 발생하기 쉽다. 계약이 성립할 때에 최종 승낙을 어떻게 확인하느냐에 따라 계약 내용이 달라질 수 있기 때문이다. 청약과 대응청약이 반복되는 동안 의사표시의 내용에 착오나 사기 또는 강박이 있다고 주장할 경우에 계약의 유효성에 문제가 생길 수 있다.

- 계약 내용에 원인이 있는 경우이다. 계약체결 시에 품질의 기준과 기준시점 명시, 수량의 과부족 용인약관, 포장방법, 가격의 산출기준, 선

적시기, 적하보험의 담보조건, 신용장조건의 대금결제에서 은행수수료 부담책임자, 검사시기, 불가항력조항, 클레임 조항, 중재조항 등에 관하여 명백하게 합의하여야 할 필요가 있다.

  - 계약의 이행에 원인이 있는 경우는 다음과 같다.
  ① 지연선적(delayed shipment)
  ② 품질 클레임(claim on quality)
  ③ 수량 클레임(claim on quantity)
  ④ 포장 클레임(claim on package)
  ⑤ 대금을 지급하지 않는 클레임(claim on non-payment)
  ⑥ 신용장을 개설하지 않는 클레임(claim L/C being not opened)

2) 무역 클레임 발생의 간접적 원인

무역 클레임은 다음과 같은 간접적 원인에 의해 발생될 수 있다.
  - 언어가 다르기 때문에 계약 해석에 관련한 의사소통에 문제가 있는 경우이다.
  - 상관습과 법률이 다르기 때문에 발생된다. 매매, 운송, 보험, 결제 및 중재 등에 관한 국제적인 관습과 각국의 법규 중에서 잘못 적용하여 발생되는 문제점이 있다.
  - e-메일이나 인터넷에 의한 전자문서를 사용하는 경우에 전달 과정 상의 오류나 수·발신(發信) 시기에 분쟁이 발생할 가능이 있다.
  - 신용조사를 정확하게 시행하지 않아서 상대방의 대금결제 능력이나 도덕성의 결여 등에 의한 문제가 발생될 수 있다.
  - CIF 조건에서는 보험계약자는 수출상이지만, 리스크 부담하는 시

점은 다르기 때문에 보험 분쟁이 생길 수 있다. 특히 수출상이 포장을 불충분하게 하거나 화물 고유에 하자가 있는 경우 등은 보험에서 담보되지 않기 때문에 사전에 유의하여 대책을 세워야 한다.

– 일부 국가가 사용하는 도량형이 국제적인 표준과 다른 점에 유의하여야 한다.

– 상대방 국가의 법규를 잘 알지 못하여 문제되는 경우도 많다. 예를 들어 계약에서 UN통일매매법을 준거법으로 채택하더라도 소비자보호법, 독점금지법, 식품위생법 등은 국내법이 적용되므로 클레임을 유발하는 간접적 원인이 될 수 있다.

3) 무역 클레임의 종류

무역 클레임의 종류는 발생원인, 클레임의 성질, 제기당사자 등에 따라 다음과 같이 분류할 수 있다.

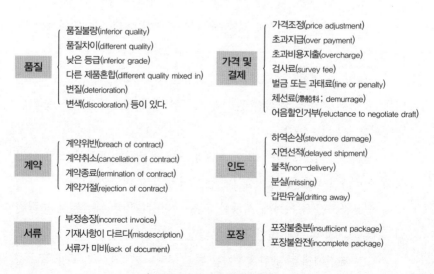

품질
품질불량(inferior quality)
품질차이(different quality)
낮은 등급(inferior grade)
다른 제품혼합(different quality mixed in)
변질(deterioration)
변색(discoloration) 등이 있다.

가격 및 결제
가격조정(price adjustment)
초과지급(over payment)
초과비용지출(overcharge)
검사료(survey fee)
벌금 또는 과태료(fine or penalty)
체선료(滯船料 ; demurrage)
어음할인거부(reluctance to negotiate draft)

계약
계약위반(breach of contract)
계약취소(cancellation of contract)
계약종료(termination of contract)
계약거절(rejection of contract)

인도
하역손상(stevedore damage)
지연선적(delayed shipment)
불착(non–delivery)
분실(missing)
갑판유실(drifting away)

서류
부정송장(incorrect invoice)
기재사항이 다르다(misdescription)
서류가 미비(lack of document)

포장
포장불충분(insufficient package)
포장불완전(incomplete package)

〈도표 6-1〉 무역 클레임의 종류

4) 클레임의 성질에 따른 분류

(1) 일반 클레임

무역거래를 수행하는 과정에서 발생하는 일반적 클레임으로서 매매 당사자 일방의 과실이나 태만으로 발생하거나 당사자 이외의 제3자에 의하여 야기된다.

(2) 시황에 따른 클레임

계약이 성립되었으나 물품의 시세가 하락하여 손해를 입을 것으로 예상될 때 경미한 과실 등을 이유로 제기하는 클레임을 말한다. 이러한 경우 대부분이 가격을 인하해달라는 요구나 인수거부 등의 형태로 제기된다. 이는 정당한 클레임인지 판단하기 어려운 경우가 있다. 또한 무신용장조건의 경우 어음지급을 거부하겠다고 위협할 가능성이 있기 때문에 거래 전에 수입상의 신용을 조사하여 도덕성 여부를 잘 파악하여야 한다.

(3) 계획적인 클레임

수입상이 교묘한 사기술로 수출상이 계약이행에 지장을 일으키게 한 뒤에 제기하는 클레임이다. 대부분의 클레임은 선의 또는 신의성실의 원칙에 따라 주의를 기울이면 사전에 방지할 수 있는 '피할 수 있는 클레임'(avoidable claim)이다. 그렇지만 실제로 클레임은 주의부족에서 발생하는 경우가 많다. 예를 들면, 거래처의 선정과 신용조사에서 충분한 주의를 기울이지 못하였거나, 상담과 계약절차에 있어서 주의를 하지 않을 경우에 그 원인이 된다. 계약을 이행하는 과정에서도 주의를 다하지 못하면 클레임이 발생된다.

(4) 불가항력에 의한 클레임

수출상이 계약물품을 보관하고 있던 창고가 화재로 소실되거나 대설로 도로가 봉쇄되어 물품을 운송하지 못하는 경우가 있다. 계약물품이 해상운송 중에 태풍으로 침몰하거나, 해적을 만나 물품을 강탈당하는 경우도 있을 것이다. 그 외에도 수입상이 수출대금을 지불하기 위하여 송금하려 했지만 은행이 도산하거나 수입상이 소재하고 있는 나라가 외환위기로 해외송금을 정지시키는 경우도 있다. 이와 같이 계약당사자의 의지와 관계없이 발생되는 불가항력으로 계약이행에 큰 차질이 생기는 경우에 이행책임은 누구에게 있는가. 나아가 이에 따른 손해는 어떻게 할 것인가에 따라 당사자 간의 이행책임의 소재에 따른 분쟁이 발생될 수 있다.

5) 클레임의 유형

클레임을 제기하는 측에서 요구하는 바는 다음 3가지 유형으로 나눌 수 있다.

(1) 지급거절

송금결제나 신용장조건에서는 선적하기 전이나, 선적하는 동시에 대금을 결제받을 수 있기 때문에 지급거절이 일어나지 않는다. 그러나 D/A나 D/P 계약서 베이스의 경우 수입상은 대금지급을 거절하거나 서류인수를 거절할 수 있다.

(2) 손해배상액의 청구

수입상은 물품을 수령한 후에 물품의 품질이나 수량이 계약과 일치하지 않을 경우 수출상을 상대로 손해배상을 청구한다.

(3) 대금감액 청구

일반적인 형태로 도착물품의 품질, 포장, 하인, 상품 등이 계약 내용과 일치하지 않거나 계약과 다른 물품이 운송된 경우다. 수입상은 수출상에게 물품을 계약가격보다 싼 가격으로 인수하겠다고 요구하는 것을 말한다. 대금감액의 방법에는 대금잔액으로부터의 감액이나 다음 계약분 또는 선적분에 대한 감액 등의 방법이 있다.

(4) 금전 이외의 청구

도착한 상품의 품질상 하자가 있거나 그 품질이 계약 내용과 다를 경우 수입상은 물품인수를 거절할 수 있다. 매매계약서상 인수거절에 관한 약정이 있는 경우 수입상은 물품의 내용이 인수를 거절할 만한 요건이 되면 거절할 수 있다. 매매계약서상 인수거절에 관한 약정이 없는 경우에도 물품이 계약 내용과 다를 경우, 예를 들어 1급품을 계약했지만 실제로는 2급품을 공급하거나 면책되는 비율 이상의 다른 물품을 혼입하거나, 치수나 상품의 계약과 불일치하는 경우에도 수입상은 준거법에 따라 인수거절권을 행사할 수 있다. 이러한 경우에 수출상이 송금이나 신용장 조건으로 미리 대금을 수령하였을 경우에는 이를 반환하여야 한다. 계약대로 이행할 것을 청구하는 것도 넓은 의미의 클레임에 속한다. 수출상 또는 수입상이 상대방에게 계약의 정당한 이행을 청구하는 것은 당연하다고 할 수 있으나 상대방이 이행하지 않는 경우에는 중재나 소송을 통하여 강제적으로 이행을 강요하는 경우도 있다.

수출상이 수입상에게 이행을 청구하는 대표적인 케이스는 신용장 개설이다. 신용장의 개설이야말로 수출상의 생산개시, 선적준비가 이행되어야 하는 조건이기 때문이다. 수입상이 신용장을 개설하지 않으면 수출상은 손해배상을 청구할 수 있다.

6) 클레임 제기에 따른 리스크 관리

클레임이 발생되면 가해자는 손해를 배상하여야 하기 때문에 경제적으로나 시간적으로나 피해를 입게 된다. 따라서 클레임이 발생한 후 그 해결방안을 강구하는 것도 중요하지만 클레임의 발생을 예방하는 대책을 강구하는 것도 중요하다. 클레임의 예방대책을 살펴보기로 한다.

(1) 신의성실의 원칙 고수

신의성실의 원칙은 원래 윤리적·도덕적 규범이었으나 공·사법의 모든 영역에 있어서 지켜야 할 기본원리이며, 국제무역거래에 있어서도 준수할 최고의 규범이다.

(2) 철저한 신용조사

상대방에 대한 경제적 평가, 특히 지급능력을 조사하는 것을 말한다. 물론 이 용어에는 인격적·도덕적 의미도 포함되어 있다. 따라서 상대방과 거래를 시작할 때나 또는 거래개시 후 일정 기간에 상대방의 신용 상태를 정기적으로 조사하여야 한다.

- 신용조사의 방법
자기의 거래은행이나 국내·외 신용조사기관에 의뢰하여 상대방의 신용조사를 할 수 있다. 특히 인터넷을 이용하여 조회할 수 있다. 신용조사의 결과 상대방의 신용에 확신이 없을 경우 이를 보완하는 방법으로 보증금제도와 신용장제도를 활용할 수 있다. 이러한 보증제도는 국제입찰에서 많이 이용되고 있으며 보증신용장(standby L/C)이 주로 이용되고 있다.

(3) 계약서상의 클레임 조건 명시

매매계약서상에 클레임의 제기기간, 제기방법, 증빙서류 및 비용부담자 등을 명기하여야 하며, 클레임을 중재로 해결하고자 할 경우 중재조항을 삽입하여야 한다. 여기에는 중재지, 중재기관 및 준거법 등을 명기하여야 한다. 또한 클레임을 제기하기 위한 정당성 확보를 위한 검사조항이 명시되어야 한다. 검사조항에는 검사시기, 검사방법, 검사증빙서류 등에 관한 내용이 포함되어야 한다.

다음으로 제조업자 선정에 유의해야 한다. 수출상이 직접 생산하지 않고 동일국 내의 제조업자로부터 구입하여 수출할 경우 제조업자를 잘못 선정하면 품질이 좋지 않을 경우도 있다. 따라서 제조업자 선정 시 신중하여야 하며 제조업자와 정확한 납품계약을 체결하여 품질 때문에 수입상으로부터 제기되는 클레임은 제조업자에게 그 책임을 전가할 수 있도록 하여야 한다.

7) 클레임의 경감대책

클레임 리스크를 경감시키는 방법은 수출상의 계약책임의 범위를 구체적으로 다음과 같이 계약서에 명시하는 것이 필요하다.

- 사용목적에 부적합하지 않은 한 약간의 흠은 품질보증위반이 아니다.
- 품질보증 클레임은 '선적 후 2개월' 또는 '하역 후 1개월' 등으로 지정

한다.

- 품질보증위반에 대한 구제조치는 수출상이 선택하는 것보다 물품교환이나 대금감액으로 한정시킨다.
- 분쟁은 중재에 의해 해결하고 피신청인이 있는 나라의 중재원에서 해결하도록 한다.

납기지연에 관한 클레임은 불가항력에 의한 면책조항을, 수량 클레임은 수령한 물품의 수량이 계약에서 정한 5%의 범위에서 증감하는 것도 허용하는 특약을 계약서에 명기하면 클레임이 감소될 것이다. 한편 수출상이 제조하지 않고 하청하거나 구매하여 수출하는 경우에는 제조업자나 구매업체에 기술, 품질, 성능상의 문제가 발생하면 해당 업체에 그 책임을 전가시키도록 계약서에 필히 명기하여야 한다.

클레임에 대응하는 것은 직접적인 이익이 되지는 않지만 그동안의 수익을 유지하거나 손실을 경감시키기 위해서 중요한 일이다. 따라서 거래선의 클레임을 지연시키거나 방치할 경우에는 소송을 당하거나 더욱 큰 분쟁에 휘말릴 가능성도 크다. 그래서 클레임의 원인을 조사하여 수출상의 책임이 클 때는 거래선에 대해 계약에 따른 품질보증책임을 신속하게 이행하는 것이 필요하다. 물론 수출상의 책임이 없다는 결론이 나면 그 이유를 논리적으로 설명하여 클레임을 거부할 수 있다. 이와같이 대응함으로써 무역거래에서의 클레임에 따른 손실을 최소화시킬 수 있다.

2. 국제거래 분쟁의 해결

1) 민사소송

무역거래상의 대부분의 분쟁은 당사자 간의 교섭에 의해 화해로 해결되는 경우가 많다. 그러나 당사자의 이해가 끝까지 대립하는 경우에는 한계가 있다. 이러한 때에 사용되고 있는 수단이 민사소송과 중재이다.

- 민사소송은 법원이라는 공적인 기관이 민사에 따른 분쟁을 강제적으로 해결하는 제도이고, 강행적인 분쟁해결의 방법이라 할 수 있다. 그런데 현재의 국제사회에서는 민사분쟁을 일반적으로 해결하기 위한 국제적인 재판기관은 없다. 따라서 국제거래에 관한 민사소송도 어느 국가의 국내 법원에서 행해지지 않으면 안 된다. 그러나 국제적 재판관할권이나 외국 판결의 승인·집행 등에 관한 각국의 법제가 다르기 때문에 당사자가 어느 국가에서 재판을 바라더라도 그 국가의 법원은 당연히 그 관할을 인정한다고는 할 수 없다. 또한 어느 국가의 법원에서 급부판결을 얻더라도 그 판결에 기초하여 다른 국가에서 당연히 강제로 집행할 수는 없는 것이 현실이다.

- 민사소송은 무엇보다도 소송절차 및 언어가 달라서 외국에서 재판하기에는 현실적으로 곤란한 점이 많다. 물론 이러한 어려움을 제거하기 위한 노력이 국제적으로 이루어지고 있기는 하다. 예를 들어 국제적 재판관할권이나 외국 판결의 승인·집행 등에 관하여도 각국 법을 통일·조정하기 위하여 2국 간이나 또는 다수국 간 조약이 작성되고 있다. 그러나 이들의 조약은 특정한 사항인 해사에 관한 조약이나 국제항공운송에 관한 조약에서 국제적 재판관할권에 관한 규정을 두는 경우가 많다.

이와 같이 민사소송에 의한 분쟁의 해결에는 여러 문제가 있기 때문에, 국제거래에는 소송에 의해 분쟁을 해결하기보다도 오히려 재판 외의 분쟁해결절차인 국제상사중재를 이용하는 경우가 많다.

2) 국제민사소송

국제거래에는 일반적으로 소송보다도 중재에 의해 분쟁을 해결하는 예가 많다. 그러나 중재는 당사자의 합의를 기초로 하기 때문에, 합의가 되지 않으면 중재도 불가능하다. 이에 대하여 소송에 의한 분쟁해결은 상대방의 동의의 여하에 관계없이 이용할 수가 있다는 점에 특징이 있다.

국제거래에서 생기는 분쟁을 소송으로 해결하기 위해서는 일정한 국가의 법원에 소송을 제기하여야 한다. 이 경우 다음과 같은 문제가 있다.

- 소송이 제기된 국가의 법원은 당해 사건에 관하여 재판을 행하는 관할권을 가지고 있는가. 이른바 국제적 재판 관할권의 문제이다.

- 소송절차에 관하여는 소송이 진행되는 법정지의 절차법에 따르는 것이 원칙이지만 소송의 당사자가 외국인·외국 법인인 경우에는 당사자능력, 소송능력, 당사자적격 등에 관하여 국내 사건과는 다른 문제가 생긴다. 또한 섭외사건의 진행 및 심리를 위하여 송달이나 증거수집 등에 관하여 국제적인 사법공조를 필요로 하는 경우가 있다.

- 외국에서 내려진 판결에 대하여 국내에 있어서 어떠한 효력을 인정할 수 있는가도 문제가 된다. 이것은 외국 판결의 승인·집행에 관한 문제이다.

- 외국 법원에서 계속 진행 중인 사건에 관하여, 국내에서 그와 같은 소송이 제기된 경우, 소송의 경합을 인정할 것인가가 문제된다. 이는 소

위 국제적 소송경합의 문제이다.

3) 국제적 재판관할권

어느 국가의 법원에서 재판을 할 것인가 하는 문제가 국제적 재판관할권이다. 특정 국가의 측면에서는 자국과 어떠한 관계가 있는 사건에 관하여 재판을 수행할 권한을 가지는가 하는 문제이다.

재판제도 및 소송절차는 나라에 따라서 다르고, 언어가 다르기 때문에 재판을 행하는 국가는 중요한 문제가 된다. 국제사법도 각국마다 다르기 때문에, 국가별로 당해 사건에 적용되는 법이 다르고 또 판결에 차이가 있을 가능성도 있다.

국내사건에서는 당사자가 소송을 제기한 법원이 관할하게 된다. 그러나 국제적 재판관할권의 문제는 당사자에게는 중요한 의미를 가지기 때문에, 국제민사소송에는 치열한 논쟁이 되는 경우가 많다. 국제거래에 관한 소송에서 주로 문제되는 개별적인 관할은 다음 원칙에 의해 결정된다고 할 수 있다.

– 피고의 주소지이다. 자기의 권리를 주장하기 위하여 적극적으로 소송을 제기하는 원고에 대하여, 소극적 입장에 있는 피고가 방어할 수 있도록 하는 편의는 관할권의 결정에 있어서도 고려해야 하기 때문이다. 따라서 이 경우의 주소는 주로 피고가 방어하기 위한 편의의 관점에서 결정되어야 하는 것이다.

– 의무이행지이다. 채무자에 따라서 의무이행지의 예측이 가능하고 그 장소에서 급부(給付)를 실현하는 것이 본래의 계약의 취지에도 부합하기 때문이다. 이 경우의 의무이행지는 계약준거법에는 없으나 각국의

국제민사소송법상의 이념에 따라 결정되어야 한다고 해석한다.

- 재산소재지이다. 원고의 청구가 당해 국가에 소재하는 특정 물건 또는 권리를 목적으로 하는 때에는 그 재산의 소재를 이유로 하여 당해 국가의 법원에 국제적 재판관할권을 인정하는 것이 가능하다.

- 불법행위지이다. 불법행위에 관한 소송에는 증거수집의 편의, 피해자의 보호 등의 관점에서 불법행위 지역의 국가 관할이 인정되고 있다. 제조물책임에 관한 판례는 이것을 불법행위의 일종으로 해석하여 가해 행위지 혹은 손해발생지의 어느 것이 국내에 있는 경우에는 국내의 관할을 긍정하고 있다.

- 국제거래에서는 분쟁의 발생에 대비하여 계약 중에 재판관할의 합의를 정할 수 있다. 이와 같이 당사자가 재판관할을 합의한 경우에는 외국의 전속관할에 속하는 것이 아닌 한, 국내 법원에서 국제적 재판관할권이 인정된다.

제3부

무역 경영상의 리스크 관리

제7장

국가 리스크

▌한국의 수출 포트폴리오 이대로 괜찮은가?[26)]

한국의 수출은 세계 순위 7위이나, 수출구조가 소수품목 및 시장에 집중화되어 있다는 것이 문제점으로 지적된다. 이와 관련 한국 수출이 안정적 성장을 지속하기 위해서는 수출품목 및 수출시장을 다변화해야 한다는 주장이 제기되고 있다. 이러한 당위성에도 불구하고 수출 집중화와 수출성장 및 리스크에 대한 심층적인 연구는 미흡한 상황이다.

한국의 5대 수출품목의 전체 수출에서의 비중은 41%로서 일본 (30%), 중국(26%), 독일(24%), 미국(23%) 등에 비해 집중도가 매우 높다. 수출시장집중도(HHI 기준)는 2011년 기준 0.241로서 매우 집중도가 높은 상황이다. 이는 네덜란드(0.256)보다는 낮으나, 일본 (0.238)이나 독일(0.150)에 비해 높다.

---

26) 제헌정(2013), IIT Trade Focus, 한국무역협회 국제무역연구원.

┃ 삼성SDI·LG화학, 배터리 인증 우려[27]

중국 정부가 한국의 고고도 미사일 방어체계(THAAD·사드) 배치 철회를 요구하기 위해 한국으로의 무역·투자·인수합병 등을 제한 또는 연기하는 것을 고려하고 있다고 블룸버그 통신이 12일(현지시간) 보도했다.

소식통에 따르면 중국 정부는 한국의 재화와 서비스 수입을 제한하고 한국으로 투자나 인수를 일부 유예하는 방안을 고려하고 있다.

또 삼성 SDI와 LG화학 등 한국 제조사가 만드는 전기차 배터리를 모범규준 인증 명단에서 제외하는 방안을 염두에 두고 있다.

1. 국가 리스크(Country Risk)의 개념과 유형

1) 국가 리스크의 개념[28]

국가별 리스크의 수준도 비교 가능하고, 이런 리스크를 평가하는 방식과 기관도 다양하다. 이하에서 좀 더 자세히 살펴보겠지만, 국가의 리스크 수준은 해당 국가의 측정 가능한 불안정성(measurable uncertainty 또는 risk)을 평가하는 것으로 1980년대 초반 구미의 대형은행들에게 대규모 부채를 지닌 중남미 국가들이 원리금 지급 불가를 선언하여 여러 금융기관들이 어려움에 처한 것은 물론 주요 선진국의 금융 시스템을 마비시킨 바 있다. 일반적인 민간금융거래와 달리 국가를 상대로 한 이런 국제금

---

27) 김경윤(2016), 연합뉴스.

28) 정홍주(2000), 국가 리스크 : 개념과 연구방향, 무역상무연구, 제13권 제2집, pp.5-26 참조.

융거래는 국가신용을 바탕으로 담보 없이 이루어져 유사시 대금회수가 불가능한 경우가 많다.[29]

국가 리스크에서 '국가'는 손실 또는 사건 자체를 가리키는 것은 아니고 리스크가 발생하는 공간을 지칭하는 것으로 '시스템 리스크 (시스템에서 발생하는 리스크 또는 시스템의 작동불량으로 발생하는 리스크'와 용법이 비슷하다. 즉, 국가 리스크는 국가의 (상황 또는 행위의) 불확실성 또는 변동성이 여러 가지 사건과 결과를 낳을 수 있다는 뜻이다. 흔히 China Risk, 동북아 리스크, Eurozone 리스크 등의 표현에서 드러나듯이 특정 나라나 지역의 불안정성을 지칭한다.

국가 리스크가 리스크 관리의 이론적, 실무적 측면에서 의미를 갖기 위해서는 국가 리스크가 존재, 식별, 측정 등이 가능해야 하고(필요조건), 회피, 통제, 분산될 가능성도(충분조건) 존재해야 한다. 만약 전자가 없다면 후자는 당연히 없겠지만, 후자가 없는 경우에는 이론적으로 따질 이유가 없다. 즉, 국가 리스크를 조절할 여지가 전혀 없고 받아들일 수밖에 없다면, 그런 리스크에 대해 고심할 이유가 전혀 없기 때문이다.[30]

그런 관점에서 국가 리스크는 동 리스크에 노출된 기업, 개인 또는 금융기관에게 의미를 갖고, 또한 대안(대체가능성)이 있는 여러 국가의 존재와 선택가능성을 전제로 한다.[31] 따라서 어느 국내에 존재하며 내국거래

---

29) Eaton, Jonathan, Mark Gersovitz, Joseph E. Stiglitz(1986), The Pure Theory of Country Risk, European Economic REview 30, pp.391-435.

30) 마치 정보가 중요한 이유는 그 정보에 의해 행동을 바꿀 수 있는 여지가 있기 때문이듯이, 만약 행동 변화가 불가능한 상태라면 그런 정보의 가치는 0일뿐이다.

31) "리스크라는 단어는 '뱃심좋게 도전하다(to dare)라는 의미를 지닌 초기 이탈리아어 risicare에서 유래된 것이다. 이런 의미에서 본다면 리스크는 운명이 아니라 선택인 셈이다." 피터 번스타인지음/안진환 · 김성우 옮김(1997), 리스크:리스크 관리의 놀라운 이야기, 한국경제신문사 27쪽 참조.

만 실행하며 해당 국가의 상황과 행위에 완전히 수동적으로 노출되어 있는 (대안 없는) 순수 내국기업의 경우에 국가위험의 논의는 무의미하다. 따라서 국가 리스크는 본질적으로 국경 간 거래 또는 국제활동을 하는 기업이나 개인 또는 금융기관에게만 직접적인 의미가 있는 용어라고 할 수 있다.[32]

국가 리스크는 그 성격상 순수 리스크(Pure Risk)보다 투기적 리스크(Speculative Risk), 정태적 리스크(Static Risk)보다 동태적 리스크(Dynamic Risk), 개별 리스크(Particular Risk)보다 근원적 리스크(Fundamental Risk)에 보다 가깝다.[33]

2) 국가 리스크의 유형

국가 리스크의 분류는 발생원인과 영향대상으로 대별할 수 있다. 국가 리스크는 발생원인을 기준으로 정치 리스크(Political Risk), 경제 리스크(Economic Risk), 금융 리스크(Financial Risk) 등 세 가지로 나눌 수 있다. 정치 리스크는 정치불안(정치체제의 급격한 변화:전쟁, 혁명, 내란 등)을, 경제 리스크는 경제정책불안(외환통제, local contents, 원산지규정)을, 금융 리스크는 환율 및 외화자산의 불안정성을 뜻한다. 즉, 국가 리스크는 외국의 정치, 경제, 금융 부문의 불안정으로 인해 기업이나 금융기관이 손실을 입을 가능성으로 구분할 수 있다.

한편, 국가 리스크는 노출된 대상에 따라 다르게 규정될 수도 있다. 예

---

32) 한편 우리나라의 국가 리스크는 외국 투자자들의 평가를 통해 내국인에게 간접적인 영향을 줄 수 있다.

33) 구체적인 내용에 대해서는 Vaughan, E. and Vaughan, T(1996), Fundamentals of Risk and Insurance, Seventh Edition, John Wiley and Sons, pp.12~13 참조.

컨대 ① 실물 및 자본을 반영구적으로 외국에 투자하는 국제기업, ② 장기 플랜트 수출을 하며 중장기적 대금결제를 받는 플랜트 업체, ③ 단기 자금을 외국에 대출한 금융기관, ④ 그리고 상품을 수출입하며 외화로 대금결제를 하는 무역업자 간에는 노출된 리스크의 질적 차이가 있다. 장기투자성인 ①과 ②의 경우에는 정치 또는 정책적 불안정으로 인한 정치 리스크가 크다면 단기금융성의 ③과 ④는 신용 리스크가 상대적으로 중요하다고 하겠다. 이런 이유에서 은행에서의 국가 리스크는 국가신용도(Country Creditworthiness)를 가리키는 용어로 사용된다.

2. 국가 리스크의 식별

1) 국가 리스크의 식별방법

국가 리스크의 식별방법은 일반적인 리스크의 식별방법과 유사하며 다음과 같다.

- 여러 관계자들을 대상으로 한 미래지향적 설문조사(Survey)
- 과거자료나 기록을 살펴보기
- 업무흐름도를 이용한 구조 파악
- 물리적 구조 조사
- 소집단 전문가 토의(Focused Group Interview)

예를 들어 중국을 대상국가로 국가 리스크를 조사한다고 해보자.
첫 번째 방법은 중국과 거래관계나 외교활동을 하는 등 관련이 있는

자들을 대상으로 내년도 국가(리스크)전망을 해보는 것으로 여러 항목에 걸쳐서 설문지조사나 면접을 하는 방법이다. 이는 고도의 전문가들을 대상으로 하는 것은 아니고, 일반인들에게도 적용 가능한 방법으로 소위 집단지성(Group Intelligence)을 활용하는 방법으로 여러 사람의 다양한 의견을 반영하여 평가하는 장점이 있는 반면, 과연 여러 사람의 평균적 평가가 정확한지 불확실하다.

두 번째 방법은 중국에서 과거 발생한 각종 사건과 사고를 돌이켜 살펴보고, 이를 통해 가능한 미래의 사건과 사고에 대해 전망해 보는 방법이다. 역사는 반복한다는 말이 있듯이, 과거의 경험을 통해 미래 발발 가능한 상황과 사건을 전망해 보는 것이다. 한편 과거와 유사한 미래가 예상되는 경우에는 바람직하나, 만약 다른 양상으로 미래가 전개되는 경우에는 이런 방식에 의존한 국가 리스크의 식별은 제한적이라는 문제점이 있다.

세 번째 업무흐름을 통해 구조를 파악하는 방법으로 국가 리스크의 경우에는 국가정책의 의사결정과정이나 국가 리스크의 원인이 되는 여러 기관들에 대한 복잡한 구조 파악이 용이하지 않은 측면이 있다. 한편 조직별 권한과 의사결정구조가 명확하고, 진행 상태의 파악이 가능하다면, 이런 방식으로 국가 리스크를 파악하는 것은 오히려 쉬울 수 있다.

네 번째 물리적 구조로 파악하는 방식은 국가 리스크 파악에는 적용하기 곤란할 수 있는데, 원칙적으로 본 방법은 비행기의 추락 리스크나 공장 화재 리스크 등의 물리 구조에서 리스크가 발생하는 경우에 사용이 가능하다. 공학적 분석을 통해 리스크가 현실화되는 확률을 평가하는 방법으로 시스템의 오작동 등에 사용하는 방법이다.

다섯 번째 소집단 전문가 토의는 5명 내외의 소수 전문가들이 자유롭게 토의하도록 하여 그 결과를 정리하는 방법이다. 일명 델파이법

(Delphi)이라고 하는 이 방식은 고도의 전문가들의 의견을 취합하여 미래에 대한 전망을 하는 방법이다.

2) 국가 리스크의 사례

20세기 후반 국가 리스크라고 하면 주로 국유화나 강제수용 등 특정한 사건을 지칭하는 단어였으나, 오늘날은 금융위기와 테러도 포함되고 정부의 미묘한 정책 변화를 지칭하기도 한다. 즉, 1980년대 미국과 소련 간의 체제전쟁의 가운데, 공산권 국가들과 중남미 개도국에서의 국유화 조치는 유럽과 미국 등 서방세계 투자자들에게 가장 심각한 리스크였다. 한편 오늘날 글로벌 경제체제하에서 가장 일반적인 국가 리스크는 정부 당국의 정책 변화이다. 이는 기업이나 거래에 국유화 조치와 같이 급격한 영향이 아니라 점진적 영향을 주는 한편 영향의 정도는 적지 않다.

예를 들어 상품의 수출입에 있어서 국가 리스크는 갑작스런 비관세장벽의 구축(통관제한, 긴급수입제한 등), 관세의 부과 또는 인상(반덤핑관세, 상계관계 포함), 송금제한 등의 정부의 조치가 있을 수 있다. 2015년 전후하여 국가별로 보호무역주의가 강화되는 가운데 이런 형태의 국가 리스크는 과거에 비해 주목받고 있는 형편이다.

한편 (단기)금융거래와 (장기)자본거래의 경우 국가 리스크 중 정치 리스크는 후자에 더 중요한 역할을 하고, 경제 및 금융 리스크는 전자에 더 많은 영향을 준다. 물론 나머지 리스크들이 완전히 배제되는 것은 아니나 상대적으로 크기와 중요성이 낮다는 것이다.

오늘날 수출입 등 단기(반복)성 거래와 더불어 직접투자와 간접투자도 활발하게 이루어지고 있다. 투자의 경우 직접투자의 규모도 증가 중이나, 자본자유화와 정보화 추세에 의해 폭발적으로 확대되고 있는 것은 직접투자보다 간접투자이다. 이에 따라 국가 리스크 중 정치 리스크에 비해서 경제 리스크나 금융 리스크의 상대적 중요성이 날로 높아지는 실정이다. 그 결과 국가 리스크의 분석이 정치 리스크에서 금융 리스크를 중심으로 방향전환이 이루어지고 있고 과거에 비해 빈번하게 발생하는 글로벌 금융위기도 이런 추세에 일조하고 있다.

3. 국가 리스크의 분석

1) 국가 리스크의 분석방법

(1) 정치 리스크

1990년대 이전에는 정치 리스크는 외국 정부의 국유화, 송금중단, 규제신설 등 급격한 행정조치를 의미하였다. 이는 주로 개도국 정부가 자국의 경제안정과 자족성(self sufficiency)을 추구하기 위함이었고, 이런 상황에서 관세나 비관세장벽을 뚫고 거래하려는 외국 기업들은 해당국 정부에 뇌물과 로비를 흔히 한 바 있다. 한편 오늘날 자유시장경제체제가 유행하면서 이런 강도 높은 정치 리스크는 상당 부분 사라졌다.

1990년대 이후 정치 리스크 또는 정책 리스크는 외국 정부가 정책이나 규정을 상당히 수정하여 투자활동이나 무역거래에 부정적인 영향을 주는 것을 뜻한다. 더 넓게는 전쟁, 테러, 기존에 체결한 협정의 준수를 거부하거나 정치적 폭력을 행사하는 경우까지 포함한다.[34] 예를 들어 수

---

34) Valeris, Simona, Mioara Chirita, Daniela Ancuta Sarpe (2010) Country risk analysis: Political and Economic Factors, Recent researches in Applied Economics.

출대상 국가에서 새로운 정부가 들어서서 보호주의 무역정책(관세인상 등)을 채택하는 경우에 해당한다. 정부가 기업이나 시장에 대한 영향력이 강할수록, 정치 리스크는 높게 되며, 기업이 정부를 상대로 로비를 하거나 뇌물을 제공할 여지가 많아지는 바, 개도국의 경우에 민주주의 발전수준이 낮고, 정부의 역할이 큰 가운데 이런 개연성이 높다.

정치 리스크의 핵심은 국내 정치와 국제관계이다. 이 범주에는 내외부의 잠재적 갈등, 강제수용 리스크, 전통적 정치 분석 등을 의미한다. 정치지도자들은 정책, 목표, 실행전략 등을 구성하는 임무를 수행하는 바, 이들이 민주 절차에 의해 정책결정을 하는 경우 정책관리의 성과는 매우 높아지는 등 정치지도자의 역량에 많은 영향을 줄 수 있다. 정치지도자의 역량에 영향을 주는 변수는 여러 가지이나, 정치 리스크의 결정요인으로서 통계적 근거가 있다고 알려진 변수들은 많지 않다. 워낙 정치 리스크의 결정요인이 복잡다기하기 때문이다.

사실 국제거래의 형태 중 직접투자나 간접투자 등 자본거래에 비해서 상품거래 즉 수출입이 현지국의 정치 리스크에 노출되는 크기는 상대적으로 작다. 왜냐하면, 수출입을 통해 조달되는 상품은 현지국가에서 꼭 필요한 경우가 많아서, 이 흐름에 지장을 주는 경우 현지국가에서도 불편을 겪게 되기 때문이다. 그럼에도 불구하고 거래상대방의 신용분석과 아울러 정치 리스크도 수출입업자에게 중요한 관심사항이 아닐 수 없다. 예를 들어 현지국의 소비재나 자본재에 대한 세율의 변화는 수출상품의 경쟁력과 수요구조에 중대한 영향을 미치기 때문이다.[35]

정치 리스크의 분석방법은 정치학적 접근에서부터 실증적 예측기법(계량적이나 주관적인)까지 분석기법은 다양하다. 정치 리스크는 정치불안

---

35) Ribeiro, Renato Donatello (2002), Country Risk Analysis, GWU-IBI-Minerva progrm.

(정치체제의 급격한 변화:전쟁, 혁명, 내란), 정책불안(외환통제, local contents, 원산지규정), 환율불안, 전략불안(MNE 내부적, 포트폴리오 수정)을 중심으로 하고 더 나아가 자연재해 등 우연한 사고에 대해서도 분석하기까지 한다.

일반적으로 정치 리스크의 분석방법은 거시적 접근방법과 미시적 접근방법으로 크게 나누어 볼 수 있다. 전자는 개별기업의 특성과 리스크에 대한 고려는 배제한 채 일반적인 거시환경을 중심으로 국가 리스크(특히 기업의 국유화 리스크)를 심도 있게 분석한다는 데 특성이 있다.

근자에 들어와 국유화 리스크가 감소하고 정치 리스크의 성격이 정책 리스크로 변모하면서 국제기업과 피투자국 정부 간의 상대적 협상력 변화에 초점을 맞춘 국가 리스크 분석모형도 개발되었다. 예를 들어 Vernon과 Ting 등은 기술 및 관리체제 그리고 산업정책 구조 간의 추세분석을 통해 협상력이 변화하고 구체적으로 산업특성, 경쟁기업, 시장점유율, 산업우선순위, 기술혁신, 수출실적, 유사 다국적기업의 수, 기술 획득의 용이성, 기업 이미지, 진입규정 준수 수준 등이 정부와 기업 간 협상력을 결정하고 이에 따라 국가 리스크는 기업별로 변화한다고 한다.

(2) 경제 리스크[36]

경제 리스크는 경제불안, 국제경쟁력, 산업구조, 환율변동[37] 등과 관련된 리스크이다.

경제불안은 은행 부문이 취약한 경우에 등장하며 외환위기와도 연관된다. 은행은 단기로 조달한 자금을 장기로 대출하는 사업구조라서 본질

---

36) http://iveybusinessjournal.com/publication/analyzing-and-managing-country-risks/

37) 환율은 이하 금융 리스크로 분류할 수도 있다.

적으로 불안정하다. 경제불안으로 어느 국가의 부동산 등 고정자산이나 주식 등 금융자산의 가격이 급락하는 경우, 은행의 순자산가치가 감소하는 가운데, 예금자들은 일시에 예금을 상환하여 은행부도 즉, 금융위기로 이어지고, 그 나라 통화가치가 하락하여 외환위기로 파급될 수 있다.

산업 리스크는 경쟁력, 대체가능성, 공급자와 소비자의 역량, 신규진입 리스크 등 산업의 국내 상황을 의미한다. 산업은 다른 산업들과 전후방 연쇄효과를 갖는 경우가 많아서, 특정 산업의 불안은 다른 사업에도 지장을 줄 수 있다. 예를 들어 전력 공급에 심하게 의존하는 산업의 경우에는 해당 국가의 전력산출량에 기업의 성과가 연동되기도 한다.

경쟁력 리스크는 투자결정에 주로 참고가 된다. 예를 들면, 중남미 국가들의 경우 경쟁력 수준은 매우 낮은 편으로, 노동집약적인 수출업은, 낮은 임금에도 불구하고, 지구상 다른 지역으로 이동해야 경쟁력을 확보할 수 있다.

또한 국내 지역 간(Intra Country) 리스크 차이에 대해서도 관심을 가져야 한다. 각국은 높은 수준의 경쟁력을 갖추고 고성장하는 지역이 부문을 가지고 있다. 특히 국경 부근 지역의 경우 양국 또는 상대국의 무역과 투자에 상당한 기여를 하는 바, 예를 들면 멕시코의 Monterrey는 (멕시코 경제보다는) 미국 경제에 가까울 정도이다.

(3) 금융 리스크(신용 리스크)

국가신용 리스크(또는 국가신용도)는 '어느 특정 국가에의 대출 또는 투자 시 손실의 가능성에 노출된 상태의 정도'라고 정의할 수 있다.[38] 이는

---

38) 신유정(1999), 국가신용도 결정요인에 관한 소고- 국제신용평가기관의 평가방법에 대한 분석을 중심으로.

차관도입이나 채권발행과 관련 가산금리를 결정하는 기준으로 사용되고 있다. 그러므로 국가신용 리스크는 국가의 신용거래와 관련하여 발생하는 채권미회수위험을 평가한 것이라고 하겠다. 이와 관련된 연구동향으로 첫째 일반적인 신용 리스크 평가 및 관리 연구와 둘째 국가의 신용 리스크 평가와 관련된 것으로 나누어본다.

첫째 일반적인 신용 리스크의 관리에 대한 연구는 과거 20년간 눈부시게 발전해 온바, 이는 기업의 도산 수의 범세계적 증가추세, 초대형 금융중개기관의 등장, 대출마진의 급격한 축소, 실물자산 및 담보자산 가치의 감소, 도산위험이 내재된 파생상품의 급성장 등이 주요인으로 작용했다.[39] 이런 환경 변화에 대응하여 학계와 업계에서는 개별 신용에 대한 새로운 신용평점 시스템이나 조기경보 시스템을 도입하는 한편 포트폴리오의 리스크를 평가하고 신용 리스크의 경제적 가격을 산출하고 부외거래에 대한 신용 리스크를 평가하는 다양한 방법의 시도가 진행되었다.[40]

신용 리스크에 대한 금융기관의 초기 대응 형식은 리스크에 대한 주관적 평가 또는 전문가 시스템(Expert System)이었다. 소위 4C라고 불리는 대부자의 평판(Character), 자본(Capital), 능력(Capacity), 담보(Collateral) 등을 주관적으로 평가하여 신용공여 여부와 수준을 결정해왔

39) Altman, Edward I. and Anthony Saunders (1998), "Credit Risk Management: Developments over the last 20 years," Journal of Banking and Finance 21, pp.1721~1742 참조.

40) Altman E.I., Haldeman R. and Narayanan P., (1977), "Zeta analysis:A New Model to identify bankrupcy risks of corporations," Journal of Banking and Finance pp.29~54; West, R.C., (1985), "A Factor-analytic approach to bank condition," Journal of Banking and Finance, pp.253~266;Smith, L.D. and Lawrence, E. (1995), "Forcasting Losses on a Liquidating Long-Term Loan Portfolio," Journal of Banking and Finance, pp.959~985. 등 참조.

다. 이런 주관적인 평가방법은 계량적 분석기법을 활용하여 점차 개선되어 왔는데 예컨대 다변량 회계정보 분석기법(선형확률모형, 로짓 모형, 프로빗 모형, 판별분석모형 등)을 활용하여 주요 회계변수를 결합하여 가중치를 부여하여 총합이 일정 수준을 넘는가 여부에 따른 신용공여결정을 수행한 바 있다.

그러나 이런 다변량 회계정보 분석기법에 대해서 장부가치에 대한 지나친 의존성, 설명변수 간 선형관계의 가정성, 이론적 바탕의 결여 등의 문제점이 지적되어, 추가적으로 비선형 옵션가격결정모형[41], 보험수리적모형[42], 신경망모형[43] 등이 개발되었다. 이런 새로운 기법들은 기존 방법들에 대한 문제점은 개선하는 한편 사용되는 자료의 가용성, 이론적 토대와 근거 등의 새로운 문제점이 제기되기도 하였다.

둘째, 국가신용 리스크에 대한 연구는 크게 세 가지 방향에서 이루어져 왔다. 첫째는 실제로 통화위기 및 외환위기가 발생한 국가들을 대상으로 동 위기가 발생한 배경이 되는 요인변수들을 확인하는 방향의 연구이고 둘째는 Institutional Investor, Standard & Poor's 등 국제전문신용평가기관이 제공하는 국가별 신용평가등급을 종속변수로 삼고 이에 대한 주요 설명변수를 찾는 방향의 연구이다. 그러므로 전자는 보다 적극적이고 구체적으로 국가신용 리스크를 분석하는 기법이라면 후자는 수동적이고 일반적인 방법으로 동 리스크를 분석하는 접근이라고 하겠

---

41) Hull, J. and White, A (1995), "The impact of default risk on the prices of options and other derivastive securities," Journal of Banking and Finance, pp.299~322.

42) Asquith, P and Mullins Jr., D.W. and Wolff, E.D. (1989), "Original Issue high Yield Bonds:Aging Analysis of Defaults, Exchange and Calls," Journal of Finance, pp.923~953.

43) Trippi, R. and Turban E. (1996), Neural Networks in Finance and Investing, Revised Eidtion, Irwin, Homewood, IL.

다. 셋째는 국가신용도의 변화를 독립변수로 하여 경제 및 금융 부문에 미치는 영향을 분석한 연구이다.

먼저 첫번째 접근에 해당하는 것으로 먼저 Frankel & Rose(1996)의 연구를 들 수 있다. 그들은 1971년부터 1992년 사이에 통화위기가 발생한 100여 개 개발도상국을 분석하여 경제성장률의 둔화, 통화증가율의 상승, 국제금리의 상승, 외국인 투자비중의 저조 등이 통화위기의 주요 원인임을 밝혔다. Kaminsky, Linzondo, Reinhart(1998)는 통화위기 원인에 관한 28개의 기존 실증연구를 정리하여 통계적 유의성을 지닌 것으로 나타난 43개의 변수에 대해 종합적인 유의도를 평가한 바 있다. 그 결과 3개 이상의 실증연구에서 변수로 사용되었고, 그 결과 50% 이상의 연구에서 통계적 유의성을 보인 것은 대외지급준비금 자산, 실질환율, 신용증가, 물가상승률, 공공부문에 대한 신용, M2 / 대외지급준비금 자산, 무역수지, 수출, 교역조건, 통화량증가, 실질GDP성장, 재정적자, 고용증가 등 13개의 변수인 것으로 드러났다. 최근 손관설(2010)은 미국발 금융위기의 특성과 국제적 파급효과를 분석하여 재정적자와 외환보유고가 금융위기에 큰 기여를 하는 것을 확인했다.

두 번째 접근에 해당하는 연구로는 Feder & Uly(1985), Brewer & Rivoli (1990), Cosset & Roy(1991) 등으로 부채 / GDP, 1인당 GNP 등 경제변수와 정권교체의 빈도 등이 전문기관의 국가신용도 결정에 유의하게 영향을 주는 것으로 드러났다. 한편 Canto & Packer(1997)는 신용평가등급에 있어서 평가기관 간 상당한 차이가 있고 이이 따라 등급 활용에 있어서 투자자나 감독기관이 유의해야 함을 설파하였다.[44]

---

44) Canto, R. and Packer, F. (1997), "Differences of Opinion and Selection Bias in the Credit Rating Industry," Journal of Banking and Finance, pp.1395~1417.

세 번째 연구로는 국가신용등급이 주식시장의 수익률에 대한 예측력 또는 영향력을 분석한 Erb, Harvey, Viskanta(1996),[45] 정치 리스크에 의한 투자자들과 유가증권의 반응을 분석한 Hill(1998),[46] Perotti & Cheridan(1999),[47] Diamonte, Liew and Stevens(1996),[48] Mei(1999)[49] 등이 있다. 이들은 일반 투자자 측면에서 정치 리스크의 의미를 분석했다는 점에서 국제기업의 장기 직접투자에 대한 국가 리스크의 의미와는 다른 것을 분석했다고 하겠다.

한편 금융 및 자본시장의 국제화와 아시아의 금융위기를 경험하면서 제고되는 미국 중심의 국제적 신용평가기관의 역할과 영향력에 대응하여 일본의 국제금융센터(Japan Center for International Finance)는 신용평가기관을 역평가한 바 있다.[50] 동 연구에 따르면 Moodys와 S&P 등 신용평가기관의 영향력은 지나치게 높은 한편 등급산출의 근거가 불분명하고 신용평가기관 간 경쟁은 그다지 없는 것으로 일본 기업들이 평가하는 것으로 나타났다.

또한 아시아 금융위기 진행 과정에서 국경 간 자금이동의 불안정성에

---

45) Erb, Claude B., Campbell R. Harvey, and Tadas E. Viskanta (1996), Political Risk, Economic Risk and Financial Risk, Unpublished Working Paper.

46) Hill Claire A. (1998), "How Investors react to Political risk," Duke Journal of Comparative and International Law, Vol. 8 p.283 참조.

47) Perotti, Enrico and Joseph A. Cheridan (1999), "Option Pricing and Foreign Investment under Political Risk," unpublished working paper 참조.

48) Diamonte, Robin, John M. Liew and Ross L. Stevens (1996), "Political Risk in Emerging and Developed Markets," Financial analysts Journal, May/June.

49) Mei, Jianping (1999), "Political Risk, Financial Crisis, and Market Volatility," Unpublished Working paper.

50) JCIF (1999), Characteristics and Appraisal of Major Rating Companies-Focusing on Ratings in Japan and Asia 참조.

신용평가등급이 다대한 영향을 준 바 있으나 아시아 기업의 도산과 평가등급 간에는 상당한 불일치가 있음을 보였다. 이런 신용등급의 불안정 및 불일치는 일본을 비롯한 아시아 국가들에 있어서 미국식 산업문화와는 다른 금융기관과 기업 간의 특수관계가 있기 때문이고 비록 글로벌 표준(Global Standard)에 맞추어 양자 간 관계가 변화하고 있으나 그 속도가 점진적이라는 점에 유의하여 평가등급을 결정해야 할 것이라고 하였다.

2) 국가 리스크 평가기관들의 리스크 분석 방식

국가 리스크 평가기관은 양적분석을 하는 기관과 질적 분석을 하는 기관으로 아래와 같이 구분할 수 있는데, 그 중 ICRG, EIU, HIS, Euromoney에 대해서 좀 더 상세히 살펴본다.

- 데이터 기반의 양적 분석 : ICRG, EIU, HIS Global Insight
- 정성적 기반의 질적 분석 : Euromoney, Control Risk

첫째, 미국의 리스크 분석 기관인 PRS그룹(Political Risk Services Group)이 발표하는 ICRG(International Country risk Guide(국제 국가 위험도 가이드)는 1979년 창립 이후 정치 리스크와 국제 국가 위험도 가이드를 제공한다. 140개 국가를 대상으로 분기별 평가를 하는 한편, 추가적으로 26개국에 대해서는 1년 단위로 평가한다(표, 7-1). 총 3가지 상위범주(정치 리스크, 금융 리스크, 경제 리스크) 내의 22개의 구성요소로 평가한다. 점수는 정치 리스크 100점, 금융 및 경제 리스크에는 각각 50점 부여(범주의 총점을 2로 나누어 100점으로 평가)하고, 점수가 클수록 국가 리스크가 낮다(즉, 보다 안전하다).

<표 7-1> ICRG의 국가 리스크 구분, 항목, 점수 구성

	Political Risk	점수	Financial Risk	점수	Economic Risk	점수	총점등급
A	정권 안정성	12	수출경상수지율	15	GDP수지율	15	80–100 최대안전
B	사회경제조건	12	외채비율	10	GDP성장률	10	
C	투자상황	12	외채상환율	10	물가상승률	10	70–79 상당안전
D	국내 갈등	12	환율안정성	10	GDP재정수지율	10	
E	국외 갈등	12	수입유동성	5	인당GDP	5	60–70 보통안전
F	군의 정치참여	6					
G	부패	6					50–59 상당위험
H	종교 갈등	6					
I	치안	6					
J	인종 갈등	6					0 – 49 매우위험
K	민주주의	6					
L	행정의 질	4					
	최대 총점	100	최대 총점	50	최대 총점	50	

• 출처: http://www.prsgroup.com/icrg methodology

둘째, EIU(The Economist Intelligence Unit)는 세계적인 영국의 경제주간지인 Economist 계열사로서 IMF와 World Bank와 협업을 하는 등 국제적으로 인지도가 매우 높은 기관이다. 1980년부터 120개 국가를 대상(신흥국 108개, 선진국 12개국 등)으로 분기별로 자료를 제공한다. 이 기관은 개발도상국 분석에 특화되어, 정성적, 정량적 분석을 병행하며, 변수는 총 60개, 변수들은 5개의 상위 카테고리(정치, 경제, 경제구조, 거시경제, 자금조달과 유동성)로 분류한다. 3대 신용 평가사들과 호환 가능, 100점 만점으로 산출하고 숫자가 높을수록 리스크가 크다. 20점 간격으로 등급 A부터 E까지 부여하여 E 등급의 리스크가 가장 높다.

셋째, HIS Global Insight는 IHS사에서 2001년부터 국가 리스크를 전담하는 기관이다. 204개국(북한 포함)을 대상으로 분기별로 평가하고, 분석대상 기간은 중장기(5년), 단기(1년)로 나눈다. 단기는 정량적 분석(유동성)에 중점을 두고 60%를 부여하고 정성적 분석은 40%의 가중치를 준다. 중장기에는 정성적 분석에 중점을 두어 50%의 가중치를 부여하고, 유동성과 지불능력에는 각각 30%와 20% 부여(기간과 데이터 신빙성의 문제로)한다. 1등급부터 5등급까지의 측정 결과를 제공하며, 숫자가 높을수록 리스크가 크다.

〈표 7-2〉 영국 EIU의 변수와 구성

	정치/제도	경제정책	경제구조	거시경제	자금과 유동성
1	국외 갈등	정책입안	소득수준	장기성장률	송금태환 리스크
2	국내 갈등	통화안정성	공적 데이터	단기성장률	IMF프로그램
3	선거 주기	실질금리	성장 변동성	최근성장률	자금조달접근성
4	사건 리스크	재정수지/GDP	수출집중도	장기 인플레	외환보유고변동
5	국채 리스크	재정정책유연성	외부충격전염	단기 인플레	채무변제율
6	기관 효과성	재정투명성	부채비율	실질교역조건	연체수출이자율
7	부패	국내 부채	외채비율	환율불일치	단기차입비율
8	금융 부패	환율제도	채무불이행	환율변동성	외부자금조달
9	대금 지급	연금/의료채무	금융규제감독	수출수입금	수입보상률
10	평화적 정권교체	간접수단 사용	경상수지균형	신용거래율	은행해외자산
11		암시장환율		경상수지	FDI요건
12				자산가격율	순채무율
13					단기금리
14					부실채권
15					은행여신
16					국제금융지원
	전반적 경제위험				

넷째, ECR(Euromoney Country Risk)는 1993년부터 187개국을 대상으로 국가 리스크를 평가한다. 질적 분석에 치중하여 질적 분석(70%)과 양적 분석(30%)을 결합한다. 0점부터 100점까지로 표기하여, 다른 기관들과 달리 숫자가 클수록 리스크가 작다. 지도를 통해 표시하고, 위험한 국가일수록 붉은색으로 표기한다.

다섯째, Control Risk는 1975년 시작하여 정치적 리스크만 분석하는데, 약 225개국 대상으로 분기별, 1년 단위로 자료를 발간한다. 질적 분석 위주로 하여 종교, 군사력 범주를 포함하여 정성적으로 분석한다.

3) 국가 리스크와 국가신용도의 관계

허역평 외(2009)는 개발도상국과 선진국 2개 집단으로 나누어 경제지표 변화가 국가신용등급 변화에 미치는 영향을 분석하였는데, 개발도상국은 1인당 GDP, 인플레이션, 실질 GDP 성장률, 외환보유액, 채무불이행 경험유무 등 5가지 요소들이 신용등급 변화에 가장 영향을 많이 미쳤고 선진국은 1인당 GDP 수준이 가장 주요한 영향을 미친 것으로 나타났다.[51] 류류존 외(2011)는 국가신용등급에 영향을 미치는 경제지표들 중에 1인당 GDP 및 국가외채의 경우에는 단기변동 추이보다는 장기 평균수치의 변동이 국가신용등급 변화에 더 큰 영향을 미치는 것으로 분석하였다.[52]

허인 외(2012)는 OECD국가들을 대상으로 신용등급 결정요인을 분석하여, 이중 국가채무의 영향과 외채, 단기채무, 외화부채, 국제통화 보유

---

51) 許亦平 외(2009) p.88.
52) 陸留存 외(2011) p.47.

여부 및 신용등급 상승기와 하락기의 차이 여부를 분석하였다. 국가채무가 증가하면 신용등급이 하락하였는데, 특히 외국인 투자자에 의해서 부채가 조달되는 경우 그 효과가 더 컸다는 점을 밝혔다.[53] 또한, 최호상(2102)에서는 S&P 국가신용등급을 기초로 각국 신용등급 결정요인을 분석하였는데, 1인당 GDP, 재정수지, 수출대비 외채, 부도경험이 국가 등급을 좌우하는 주요 변수인 것으로 추정하였다. 경제지표가 양호하더라도 부도 경험에 따라 신용등급이 저평가될 가능성이 있다는 점에 유의할 필요가 있음을 지적하였다.[54] 또한, 강삼모 외(2014)는 위의 국가신용등급이 환율, 금리, 주가 등 주요 금융 변수들에 미치는 영향을 주로 동남아국가들을 대상으로 연구하였는데, 한국의 경우 국가신용등급 변화가 주가, 환율에 크게 영향을 미쳤으며, 태국과 인도네시아의 경우에는 주가에는 영향을 미쳤으나 환율에는 영향을 미치지 못했고, 중국과 일본의 경우에는 주가와 환율에 영향을 미치지 못한 것으로 나타났다. 이는 한국의 경우 여타 동남아 국가에 비해, 외환위기에 대한 경험에 의한 국가신용등급에 대한 상대적으로 과민한 반응을 보이는 점, 무역의존도가 높고 자본자유화가 많이 진행된 점 때문으로 분석되었다.[55]

---

53) 허인 외(2012) pp.63~87.
54) 최호상(2012).
55) 전게서 pp.246~247.

4. 국가 리스크의 관리

1) 국가 리스크의 사전 예방

국가 리스크를 예방하는 일반적 방법으로는 다음과 같은 것들을 들수 있다. 이는 수출입, 직접투자, 기술제휴 등 다양한 경우에 사용되는 방법이다. 기본적으로 분산투자와 관계관리가 예방적 차원에서 필요하다고 하겠다.

〈표 7-3〉 현지 국내 리스크와 관리방안

	국제적 해결방안	본사국 해결방안	현지국 해결방안
정치적 리스크	수출보험	대외원조, 군사원조	공동소유, 회수기간단축
경제적 리스크	국제협약	대외원조, 쌍무협정	수익률제고, 기술이전 제한
사회문화 리스크	여론 영향	몸낮추기, 발빼기	제품 디자인 변경

〈표 7-4〉 본사 국내 리스크와 관리방안

	국제적 해결방안	본사국 해결방안	현지국 해결방안
정치적 리스크	국제기구 활용, 여타국에 압력	의회 및 정부당국 로비	본국법 적용배제, 선량시민 활동
경제적 리스크	국제쌍무협정	동종업계와 공동보조	경제혜택 추가, 국가의존도 확대
사회문화 리스크	국제여론 조성	긍정적 여론 조성	선량시민 활동, 겸손자세유지

2) 국가 리스크의 사후관리

국가 리스크의 사후관리는 동 리스크가 현실화한 후 대응하는 방안을 미리 준비하는 것을 의미한다. 즉, 문제가 발생하는 경우를 대비하여 미리 대비책을 마련해두는 것인 바, 보험이나 준비금을 마련하는 방식으로, 소위 '소 잃고 외양간 고치기'와는 다르다. 물론 무대책으로 있는 것도 가능하지만, 여기서의 사후관리는 보험가입 등 사전에 준비해서 유사시 문제를 처리할 대비를 해두는 것이다.

무역보험(또는 수출보험이라고도 함)의 경우, 보장하는 리스크는 국가 리스크와 상업 리스크로 흔히 구분하여, 거래상대국가의 정책에 의해 송금이나 환전 등이 전환되거나 프로젝트 수행이 불가능한 경우에 보험자가 사전에 정한 범위 내에서 보상을 해주는 제도이다.

제8장

무역시장 리스크

▎독일 기업을 사칭한 무역사기 시도 급증[56]

KOTRA에 따르면 최근 무역사기 건으로 의심되는 바이어 정보 확인 요청이 급증하고 있다. 동유럽에서 독일 기업을 사칭해 무역사기를 시도하는 사례가 다수 포착되고 있다. 이메일 해킹과 공문서 위조 등 사기수법 또한 정교해지고 있다.

대표적인 사기 유형으로는 다음과 같다.

첫째, B2B 사이트를 통한 사기 시도이다. Alibaba, tradekorea, EC 21, Buykorea 등 B2B 사이트를 통해 무작위로 미끼 메일을 발송한다. 이 메일의 특징은 관심 품목과 제품을 명시하지 않고 있다. 예시와 같은 미끼 메일을 받을 경우, 스팸 처리해야 하며 첨부 파일을 절대 열면 안 된다.

---

56)　참고: KOTRA 해외시장뉴스, 현장 인터뷰, 독일 기업을 사칭한 무역사기.

실제 미끼 메일

Dear SIR / MADAM

We are interested in purchasing your company products and we sincerely hope to establish a long-term business relationship with your esteemed company, we will like to know your company's latest catalog, kindly give us your best quotation with good price and about the Minimum Order Quantity, Delivery time or FOB.

둘째, 독일 기업을 사칭해 사기를 시도한다. 독일의 폐업 회사 혹은 실재하는 소규모 회사를 사칭하고 있다. 폐업 회사를 사칭하는 경우, 독일 등기소 사이트에 사업자 번호(Handelsregisternummer)로 조회 시 존재하는 업체로 확인된다는 점을 노린다. 소규모 회사를 사칭하는 경우 회사 이메일 주소와 바이어를 사칭한 사람의 이메일 주소가 일치하지 않는다. 독일 대부분의 회사가 회사명을 이메일 주소로 사용, 소규모 업체에서 t-online.de, gmx.de, gmail.com을 사용하는 경우가 있으나, 이와 같은 경우 더욱 주의를 기울여야 한다. 바이어의 홈페이지가 독일어와 영어로 돼 있지 않고 영어로만 표기되어 있으며, 사이트 형식이 일반 회사에서 사용하는 형식과 맞지 않으며 조잡하다. 실재 회사 이름을 교묘하게 변경해 사기에 이용하고 있다. KOTRA GmbH가 실재 회사인 경우 KOTRAS GmbH와 같이 교묘하게 바꾸어 사용하고 있다.

Dear Friend,

Warm greeting from 독일 기업 사칭 업체명(from Germany)

We would like to enquiry for your catalogues and the price list for your products. And we hope you could give us the best price because we are wholesale and we are exporting to other countries. Please kindly quote prices FOB port of Hamburg Germany. And Minimum Order of quotation for exporting and reselling purposes, payment and delivery time.

셋째, 선수금 요청 사기 시도이다. 가장 많이 발생하는 무역사기 사례로, 사기업체가 수출업체를 사칭하고 있다. 대표적인 품목은 닭발과 같은 가금류, 한국에서 수요가 많은 분유, 제지, 사탕무 설탕, 킹크랩 등의 수산물이다. 공급자 위주의 품목에서 선수금 요청 사기 사례들이 많이 발생하고 있다. 시장에 형성되어 있는 가격보다 낮은 가격을 제시해 관심을 유도하고 빨리 선수금을 송금하지 않을 경우 낮게 책정된 가격으로 물품을 공급할 수 없다고 한다. 식품의 경우는 검수 전 송금을 요구하고 있다.

실재 선송금을 요구한 사기업체의 조건

40% T/T against PI, 20% TT after all relevant Certificates and Shipping documents balance 40% TT not later 5 working days after receiving and inspecting goods at destination port.

넷째, 해킹을 이용한 사기 시도이다. 해킹용 미끼 메일을 발송하며, 특정 사이트에 접속하거나 첨부 파일을 열도록 유도하고 있다.

해킹 시도를 위한 실재 메일

Dear Suppliers,

A verified buyer has just sent you an inquiry about your product(s) http://www.tradekorea.com! The buyer has identified the inquiry as "urgent" so please you are required to immediately sign in to tradekorea by clicking on the Sign in to tradekorea.com

website below: Sign in to your Tradekorea
Thank you for choosing tradekorea.com.

We have tried severally to send you our purchase order file through pdf, jpg, word, excel, microsoft, and ordinary email text, but always return as error in delivery, due to the fact that our collection have a lot of specification. we are really sorry for the inconveniences we might have caused you, we have also reported to our sister company in Germany 사기 업체명 GMBH who have interest in the purchase of your product.

Find our order, company packing and specification details below:
http://www.redcho.org/forestman2323455/index.php

To control access, we have locked the link and you will be

required to log-in with your e-mail to view the page, log in with your correct company email and password to view our ordering quantity, specifications of goods and our company standard packing. Please also advise your acceptable payments terms, delivery time and MOQ.

이미 이메일이 해킹당한 경우, 해커는 국내 업체와 진성 바이어 간의 이메일 교신을 모니터링한다. 무역결제 시점에서 진성 바이어의 이메일을 임의로 삭제한 후 국내업체에 다른 송금계좌를 주어 사기를 시도하고 있다.

실재 사기업체의 해킹 후 계좌변경 시도 메일

We are very sorry for your confusion. This is our new bank information , another customer put a bad check in our account, so we have a problem with it, and we cannot receive any payment. That is why we have to use our trading account in Poland.

다섯째, 수출결제 대금 수취은행의 소재지가 독일이 아닌 타국인 은행을 이용 송금 요청한다. 수출자가 독일에 소재하고 있음에도 불구하고, 수출결제 대금 수취은행을 독일이 아닌 동유럽 등 타국 은행으로 송금을 요청하고 있다. 사기업체의 제시 사유로는 ① 세금 관계로 동유럽의 자회사 계좌로 입금 요청, ② 회사 계좌에 문제가 있기 때문에 개인 계좌 혹은 외국 은행 계좌 송금 요청이다.

여섯째, 공문서 위조를 통한 사기 시도에 있어서 사업자 등록증을 독일 정부에서 발급한 것처럼 조작해서 국내 업체에 제시하고 있다. 독일 문서임에도 불구하고 영어로 발급되어 있거나, 독일어로 돼 있지만 철자, 문법 오류가 다수 발견되는 경우는 사기로 의심해야 한다(예: 독일어의 움라우트(a,o,u) 생략).

공문서 위조 사례

4.
a) Allgemeine Vertretungsregelung:
1st nur ein Geschaftsfuhrer bestellt, vertritt er allein. Sind mehrere Geschaftsfuhrer bestellt, vertreten zwei gemeinsam oder ein Geschaftsfuhrer mit einem Prokuristen.

b) Vorstand, Leitungsorgan, geschaftsfuhrende Direktoren, personlich haftende Gesellschafter, Geschaftsfiihrer, Vertretungsberechtigte und besondere Vertretungsbefugnis:
GeschaftsfuhrerS:

1. 무역시장 리스크의 의의 및 특성

국제무역은 국가 간의 거래로 교역 상대국 간의 거리, 통화, 언어, 문화, 법규, 상관습 등에서 차이가 존재하며, 이러한 차이점은 다양한 리스크 발생 요인으로 작용하고 있으며 큰 손실을 초래하기도 한다. 또한 무역시장은 국내시장과는 다른 여러 가지 특성이 있다. 첫째, 개별적 스팟(spot) 거래가 매우 많으며 대금결제 수단이 다르다. 둘째, 통화 차이에 따른 환 리스크를 부담해야 한다. 셋째, 신용조사보고서의 정의와 재무기준 및 표기가 국제기준과 다를 수 있다. 넷째, 계약을 체결하는 방법과

거래의 담보 및 보증의 실효성이 서로 상이할 수 있다. 다섯째, 법률에 대한 상호간 이해도가 다르기도 하며 법원의 판결보다는 중재 등의 다른 수단과 방법 등이 유효하게 사용되기도 한다. 때문에 국제 간의 거래인 무역시장에서는 리스크가 언제나 존재하며, 수출국과 수입국 어디에서나 발생할 수 있으며, 금융 측면에서 발생하는 리스크뿐만 아니라 금융 외적인 측면에서도 발생한다. 또한 그 범위가 매우 넓고, 어떤 특정 리스크로 한정하기에는 어려움이 있기 때문에 수출입 기업의 교역상대국뿐만 아니라 주변 국가와 블록 경제까지 포함하는 넓은 개념으로 이해되어야 한다.

무역시장 리스크는 시장 상황의 극단적인 변화에 기인해 수출기업과 수입기업의 거래 포트폴리오에서 발생하는 수익의 불확실성과 관련된 리스크라고 할 수 있다. 이러한 무역시장 리스크의 발생 원인을 보면 각각 교역상대국의 정치, 경제, 금융 측면뿐만 아니라 문화 측면에서도 찾을 수 있으며, 해당 무역거래와 무역시장, 교역상대국의 특성까지 포함된 복합적인 요인에 의해 발생한다. 즉, 상품에 대한 매매계약을 체결한 후, 물품을 인수 인도하고, 그 대금을 결제하는 일련의 과정에서 교역상대국 간의 국가정책의 변화, 물품가격, 이자율, 시장 변동성과 같은 시장 상황의 변화가 수출입 기업의 거래 포트폴리오에서 수익의 불확실성과 변동성이 증대되는 결과로 나타나기도 한다.

이러한 무역시장 리스크의 특성을 종합하여 보면 첫째, 무역시장 리스크 발생 원인은 매우 다양하고, 다른 요인 즉 정치, 경제, 문화 등의 변수들과 복합적인 연계 구조를 가지고 발생하며, 둘째, 리스크 발생의 영역 및 범위가 금융적인 측면과 금융 외적인 측면의 요소를 모두 포함하고 있다. 셋째, 수출입하는 기업 당사자뿐만 아니라 당사자가 속한 국가 정책과 주변국가의 이해관계나 경제정책에도 영향을 받는다.

2. 무역시장 리스크의 형태

무역시장에 상존하는 리스크는 전술한 바와 같이 여러 가지 복합적인 요인에 의하여 발생되고 있다. 이러한 무역시장 리스크를 유형별로 살펴보면 블록 경제화 등에 의한 리스크, 무역거래와 무역시장의 속성에 따른 리스크, 기타 무역절차상 발생하는 리스크 및 갑작스러운 변동 즉, 정변, 폭동, 압류, 노동쟁의, 국가의 간섭, 채무불이행 등의 국가 및 비상 리스크로 분류할 수 있다. 본장에서는 그 범위를 무역시장에 국한하여, 대상이 되는 리스크도 무역시장에서 발생하는 리스크 중에서 가격의 변동성에 의한 무역시장의 불확실을 증대시키는 요인을 중심으로 다루기로 한다.

1) 경제변수(경기변동)에 의한 무역시장 리스크

총체적 경제활동을 의미하는 경기변동은 여러 가지 경제변수와 밀접한 관계를 지니고 있다. 이는 생산과 고용, 소비, 투자, 정부지출, 물가, 이자율 등은 경기변동과 일정한 관계를 가지며 변화하기 때문이다. 이러한 경제변수들에 의하여 발생하는 경기변동의 가장자리에 위치한 해당 지역의 무역시장은 경기변동에 따른 영향을 직접적으로 받고 있으며 때로는 이로 인한 무역시장 리스크에 직면하기도 한다.

경기변동은 고용과 생산, 물가수준 등이 동시 혹은 시차를 두고 증대와 감소되는 반복하는 현상으로 무역시장 리스크를 발생하게 하는 직접적인 경제변수이다. 슘페터는 경기순환을 호황국면(Prosperity phase), 후퇴국면(Recession phase), 불황국면(Depression phase), 회복국면(Recovery phase)으로 구분한다. 〈그림 8-1〉과 같이 경제활동이 정상적인 수준을 유지하는데 A, B, C, D, E 점들을 균형점이라고 한다. 균형점에서 정상 B 까지를 호황국면, 정점 B점에서 C까지를 후퇴국면, 균형점 C점에서 저점 D까지를 불황국면, 그리고 저점 D에서 균형점 E까지를 회복국면이라 한다. A점에서 E점까지의 기간이 하나의 정기순환을 구성하고 이 같은 구간을 순환의 주기라 한다. 경기변동의 심화의 정도를 나타내기 위하여 BT와 DR과 같은 진폭(amplitude)이라는 개념을 사용한다.

경기변동은 크게 네 가지 요인(추세요인, 순환요인, 계절요인, 불규칙요인)에 의해 일어난다. 추세요인은 경제성장을 일으키는 장기적인 변동요인이며, 순환요인은 경기의 상승과 하강을 반복시키는 단기적인 변동요인이다. 계절요인[57]은 기후 관습 등에 의해 1년을 주기로 발생하는 변동요인으로 일시적이며 소규모이다. 불규칙요인은 앞의 요인들을 뺀 나머지 요인으로서 천재지변, 석유파동, 기후변화, 파업, 전쟁 등 우발적이며 비순환적으로 발생한다. 이러한 경기변동에 대한 연구로는 ① 과잉투자설[58] ② 과소비설[59] ③ 이노베이션 이론[60] ④ 래그이론 ⑤ 안티노미 이론 등이 있으나 아직까지 정설이 정립되어 있지 않다. 경기변동은 총체적인 수요·공급의 불균형으로 일어나는데, 생산·분배·지출이라는 경제순환 중에서 그러한 수요·공급의 불균형을 일으키는 요인은 주로 투자[61]에 기인한다. 투자는 소득 수준의 변화, 기업 간의 경쟁, 기술혁신 등 많은

---

57) 추석이나 크리스마스 때 기업매출이 증가하는 것은 계절적 요인에 의한 경기변동이다.
58) 소비재산업의 발전에 대하여 자본재산업의 발전이 지나치기 때문에 경기가 변동한다는 설.
59) 소득 내지 소비의 부족으로 불황이 일어난다는 설.
60) 기술 혁신 그 밖의 신기술이 경기를 변동 시킨다는 설.
61) 경제순환과정에서 유효수요를 형성하는 것은 투자나 소비이지만, 그 중에서 소비는 소득수준에 따라 변화하는 것이지 그 자체가 경제변동의 원인이 되는 경우는 드물어, 보통 소비함수(消費函數)는 비교적 안정되어 있다.

요인에 따라서 변동하므로 불안정해지기 쉽고 이러한 투자의 불안정한 성격이 경기변동의 근원이 되는 경우가 많다. 일반적으로 수요·공급의 불균형은 시장이 가지는 수요·공급의 조정 메커니즘에 의하여 자동적으로 조정된다. 그러나 그와 같은 시장의 조정 메커니즘의 작용에도 불구하고 실제로 불균형이 경기변동 또는 공황이라는 형태로 조정되는 이유로 누적과정과 시간적인 지체라는 요인이 있다.

〈그림 8-1〉 슘페터의 경기순환 국면

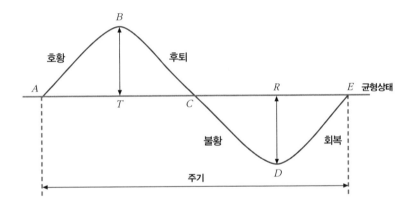

첫째 요인인 누적과정은 어떠한 원인으로 투자가 증가하여 유효수요가 늘면, 이는 투자재산업(投資財産業)에 종사하는 생산요소에 분배될 소득을 증대시키고, 이에 따라 소비가 늘면 그것이 다시 투자증가를 유발하여(승수와 가속도의 상호작용) 누적적으로 국민소득을 계속 증가시켜 나가거나, 또는 경기상승이 가일층 호황에 대한 기대를 낳고, 그것이 재고투자(在庫投資)를 증가시켜서 현실적으로 호황을 촉진하며, 다시 그것이 호황에 대한 기대를 조장 경기상승이 누적적으로 일어나는 것이다. 두 번째 요인은 조정의 파급이 시간적인 지체를 수반하여 발생하는 것이다.

예를 들면, 경기상승으로 이윤이 증가하여 기업이 투자를 하더라도 곧 자본설비가 증가되어 바로 생산을 증가시키지는 않는다. 투자로 공장을 건설하고 기계를 설치하려 해도 가동될 때까지는 일정한 기간이 필요하기 때문이다.

경기변동의 양상[62]은 여러 가지이지만, 투자의 성격이나 주기의 차이로 다음과 같이 나눌 수 있다. 첫째는, 콘드라티예프 파동(Kondratiev wave)[63]으로 평균 50~60년을 주기로 파동의 원인은 일련의 기술혁신과 이에 따른 투자확대에 있다. 둘째는, 쥐글라르 파동(Juglar wave)으로 6~10년을 주기로 하는 경기변동으로 생산량·소비량·물가·고용의 변동 등으로 나타나며 파동의 원인은 기술혁신 등에 의한 설비투자의 파동에 있다고 생각된다. 셋째는, 키친 파동(Kitchin wave)으로 40개월의 주기를 가진 단기파동으로 이자율의 변화에 따른 화폐량의 증감(增減)이나 재고투자의 변동에 따른 재고순환으로 설명이 가능하다. 그 밖에도 국민소득 성장률의 변화를 중심으로 한 약 20년 주기의 쿠즈네츠 파동(Kuznets wave)과, 17~20년을 주기로 영국이나 미국 등에서 일어나는 주택건설 변동을 축으로 한 건축(建築)순환 등이 있다. 이러한 각종 파동이 서로 겹쳐서 현실의 경기변동을 형성하고 있다.

우리나라는 1970년대부터 2000년대까지 7차례에 걸쳐 경기변동을 경험하였다. 제1변동과 제7변동까지 평균적인 순환주기는 53개월이었

---

62) 경기 변동 – 경기 순환 – 경기 파동(통합논술 개념어 사전, 2007. 12. 15., 청서출판)

63) 이것은 러시아의 경제학자 N.D.콘드라티예프가 1925년 발표한 논문에 근거한 것으로 ① 1780년대 말(경기의 골짜기)부터 1810년대의 호황을 거쳐 1850년대 초의 불황까지, ② 1850년대부터 1870년대 초의 호황을 거쳐 1890년대 초의 불황까지, ③ 1890년대부터 시작하여 1920년대 초의 호황을 거친 파동 등 3개의 파동이 있었다고 한다(J. A.슘페터 학설이 유력).

고 이 중 확장국면은 34개월, 수축국면은 19개월이었다. 경기변동의 특징으로서 비주기성과 비대칭성을 쉽게 확인할 수 있었으며, 1970년대 이후 미국의 경기순환주기인 61개월과 비교하면 우리나라의 경기변동은 약 1년 정도 그 주기가 비교적 짧은 것으로 보인다. 반면 일본의 경기변동 주기는 약 53개월로서 우리나라와 비슷하다. 우리나라 경기변동에 영향을 미치는 요인은 건설투자와 해외 부문의 요인(해외경기, 원유가격, 환율 등)이 가장 영향이 큰 것으로 나타나고 있다. 이는 우리나라 경제가 대외의존도가 크기 때문인 것으로 보인다.

또한 경기변동의 국제파급은 해외 요인의 변화를 통해 외국의 경기 상태가 국내로 파급되는 현상을 말한다. 무역 등 대외 의존도가 큰 경제에서는 교역상대국의 경기 상황이 국내 경기에 지대한 영향을 미친다. 먼저 교역상대국의 경기가 확대되는 경우, 수출증가를 통해 국내경기도 확대된다. 둘째, 국제시장의 가격동향도 경기변동을 야기하는 요인이 된다. 셋째, 외생적 또는 정책적 요인으로 인한 환율변동도 수출입과 자본이동에 영향을 미침으로써 국내경기에 영향을 준다. 넷째, 자본의 불규칙한 국가 간의 이동도 경기변동을 야기하는 중요한 요인이 될 수 있다. 급격한 자금유입은 경기호황을 초래할 수 있으며 반면 급격한 자금유출은 경기불황을 초래할 수 있다. 때에 따라서는 불규칙한 자금이동이 통상적인 경기변동을 벗어나 경제위기를 불러 올 수 있다.

2) 블록 경제에 의한 무역시장 리스크

국제기구는 국제연합(UN)을 비롯한 7개의 기구가 있으며[64], 가장 큰

---

64) 국제기구는 국제연합(UN), 세계은행(WB), 경제협력개발기구(OECD), 세계무역기구(WTO),

경제협력체는 G20[65]이다. 또한 세계 경제는 7개의 경제 블록[66]으로 형성되어 있으며 크게 아메리카, 유럽, 아시아로 나누어져 있고, 세 구역 경제권 간 경쟁이 치열해지면서 구조적 마찰이 발생되고 있다. 이러한 블록 경제는 무역장벽[67](관세장벽과 비관세장벽[68])을 제거 또는 회피하기 위한 수단으로 이용되고 있다. 경제 블록은 정치·경제적으로 연관이 많은 국가들이 결집하여 역내의 경제 교류를 촉진하는 반면, 역외 국가들에 대해서는 차별대우를 함으로써 폐쇄적이고도 유리한 경제 관계를 맺는 경제나 경제권을 말한다. 경제 블록을 만들면 회원 당사국 간의 경제적 교류가 늘어나게 되며, 그로 인해 고용이 창출되는 등 경제적 이익을 확대할 수 있다. 경제 블록에 참여하지 못한 국가들은 경제 블록과 동일한 효력을 가진 무역 협정, 즉 FTA를 결성함으로써 국가의 경쟁력을 확보해가고 있다.

하지만 GATT와 WTO는 이러한 무역장벽을 제거하고 자유무역을 추진하기 위하여 설립되었으나 선진국의 자국 경제 및 산업보호를 위한 지원(보조금)과 조치 등으로 인하여 본연의 기능을 수행하지 못하고 있다. 이러한 상황 하에서 선진국들은 자국의 이익을 위하여 지역적 경제 블록

국제노동기구(ILO), 국제통화기금(IMF), 금융안정위원회(FSB) 7개이다.

65) GDP 90%, 교역량 80%, 인구 70%, 면적 60% 비중.

66) 북미자유무역협정(NAFTA), 유럽연합(EU), 아시아태평양경제협력체(APEC), 동남아시아국가연합(ASEAN), 걸프협력회의(GCC), 남미공동시장(MERCOSUR), 아프리카연합(AU)임.

67) 외국과의 경쟁에서 자국 상품을 보호하고 교역조건을 유리하게 하며 고용을 증대하고 국제수지를 개선하기 위하여 각국 정부는 여러 가지 법적·제도적 조치를 취한다. 보편적인 조치로서 관세·할당제·환제한 등이 있다.

68) 비관세장벽(non-tariff barriers)은 관세 이외의 무역장벽으로 '비관세조치'라고도 하며 크게 나누어 2개의 것을 포함한다.
첫째, 원래 무역을 제한하는 것을 목적으로 한 관세 이외의 조치(수량제한 등)와 둘째, 다른 목적을 달성하기 위해 취해진 조치로 결과적으로 무역에 악영향을 미치는 것.

을 설립하였으며, 나아가 각 개별국 간 자유무역협정을 체결하여 자국의 이익확보를 한층 강화하는 실정이다. 때문에 이와 같은 국제기구 또는 블록 경제나 자유무역협정에 가입하지 않고서는 해당국의 무역시장 진입에 많은 무역장벽을 접하게 되며, 진입하더라도 경쟁력을 가지고 무역행위를 수행하기에는 한계가 있다.

3) 가격변동에 의한 무역시장 리스크

무역업체가 무역시장에서 직면하는 리스크는 환율, 금리, 주가, 채권 등의 시장가격이 기대했던 예상 변화율이 반대방향으로 변동하여 금융자산의 가격하락을 가져오거나 투자수익률에 변동을 초래하는 등 보유자산이나 부채 등에 예상치 못한 손실을 발생시키는 것을 의미한다. 또한 이는 무역시장에서 신속하게 거래될 수 있는 보유자산에서 발생한 리스크이기 때문에 거래 리스크(trade risk) 또는 포지션 리스크(position risk)라고 한다. 다른 한편으로 이러한 시장 리스크[69]는 금리 리스크, 가격 리스크, 환 리스크 등으로 구분하기도 한다. 금리 리스크(interest risk)는 이자율 리스크라고도 하며, 시장금리의 변동으로 인해 순이자소득이 변동하는 리스크를 의미한다. 가격 리스크(price risk)는 주식, 채권 등의 유가증권 투자에서 가격의 변동으로 손실을 입을 가능성을 말한다. 환 리스크는 외환 리스크(foreign exchange risk)라고도 하며, 환율의 변동으로 인하여 외화표시 자산의 가치가 감소와 부채 포지션에서 손실이 발생하는

---

69) 시장 리스크는 현물상품의 가격변동에 따른 델타 리스크, 델타가 변동함에 따라 생기는 감마 리스크, 변동성의 변동에 따른 베가 리스크, 시간의 경과가 원인인 세터 리스크, 금리차의 변화로 인한 베이시스 리스크 등 크게 5가지로 구분하기도 한다.

리스크로 다른 장에서 다루었기 때문에 여기서는 생략하기로 한다.

시장 리스크를 측정하기 위해 일정 기간 동안 어느 정도의 확률로 가격이 변화하는가를 측정하는 VaR(value at risk) 기법을 사용하고 있다. 이는 정상적인 시장 상황에서 특정 확률 이내로 발생할 수 있는 최대손실을 의미하는 Value at Risk(VaR)라는 지표로 측정되며, 금융기관은 자본 규모를 고려하여 감당할 수 있는 리스크 한도를 설정하고 운용자산의 리스크가 한도 이내로 유지되도록 모니터링하고 관리해야 한다. 우리나라에서는 2002년부터 일정 규모 이상의 트레이딩 포지션을 보유하고 있는 금융기관에 대하여 시장 리스크에 상응하는 자기자본을 보유하도록 규제하고 있다.

(1) 가격변동 리스크

가격은 상품이 지니고 있는 가치를 돈으로 나타낸 것으로 가격은 항상 고정되어 있는 것이 아니라 시장의 상황에 따라 크게 변동한다. 이러한 가격변동의 원인은 수출입 교역상대국의 경제변수의 변동뿐만 아니라 복합적인 요인에 의하여 발생하며 이를 가격변동 리스크라고도 한다. 특히, 금융자산의 가격은 금융자산을 발행한 기업의 영업현금흐름의 변동성뿐만 아니라 이자율 및 환율의 변동에 의해서도 변동될 수 있다.

이자율 변동에 의한 리스크는 이자율 변동이 발생하여 채권의 시장가격(실현된 가격)이 예상되었던 가격과 달라지게 되는 가능성을 의미한다. 즉, 채권을 보유하거나 채권투자를 할 경우 이자율이 예상과 차이가 생김으로써 채권의 시장가격이 예상했던 가격과 달라지게 되는 가능성을 뜻한다. 여기에는 두 가지 리스크가 있다. 첫째가 가격 리스크이고 둘째가 재투자 리스크이다. 이자율이 상승하게 되면 실현된 채권가격은 예상보다 낮을 것이고 이자율이 하락하게 되면 예상보다 높을 것이다. 이러한 금융자산의 가격변동 리스크를 줄이거나 제거하기 위하여 일반적으로 많이 이용되는 리스크 헤지 수단으로는 금융선물계약, 옵션 계약 및 선물환거래 등이 있다.

(2) 금리변동 리스크

금리 리스크는 예상치 못한 금리변동으로 무역시장에서 수출입기업의 자산 및 부채의 가치가 변하게 될 리스크를 의미한다. 이러한 금리 리스크에는 단기부채로 조달한 자금을 장기로 운영했을 경우에 발생하는 자금의 재조달 리스크, 장기부채를 이용하여 단기투자를 했을 경우 투자수익률 하락으로 손실을 보게 되는 재투자 리스크, 금리변동 시 금리민감도의 차이로 발생하는 베이시스 리스크 등이 있다. 금리 리스크 관리 방안으로는 금리 변화에 따라 수출입 기업의 수익 흐름에 영향을 주는 포트폴리오의 구성과 만기, 금리, 옵션 등의 대출조건을 관리하고, 업계의 자금 수급상황 분석에 의한 이자율의 정기적인 민감도분석 등이 필요하며, 금리 스왑(interest rate swap) 금리선물(interest rate future), 금리 옵션(interest rate option)을 활용하고 있다.

(3) 상품수요(소득)변동 리스크

상품에 대한 수요는 그 가격이 싸면 늘고 비싸면 준다. 이와 같이 상품의 가격 변동이 가져오는 그 상품의 수요량 변동을 협의의 가격효과라고 한다. 또, 상품가격이 하락하면 소비자는 그만큼 상품을 더 구입할 수 있고, 실질소득이 증가한 것과 같은 효과가 나타나게 되어 이를 소득 효과라 한다. 또 가격이 일정하여도 국민소득이 많아지면 수요는 증가한다. 또한 상품에 대한 수요가 증가한 경우, 자본설비나 노동력에 여력이 있으면 그 상품의 생산증가로 생산요소의 고용이 늘고, 이들의 소득을 증

가시킬 것이다. 자본설비나 노동력에 여력이 없으면 그 상품의 가격이
올라 결과적으로 다른 산업으로부터의 생산요소의 이동이 일어날 것이
다. 이처럼 생산이나 수요는 가격 변화나 소득 변화를 통하여 변동하며,
그러한 변화를 매개로 하여 조정되어 나간다.

4) 국가 및 비상 리스크

국가 리스크는 일종의 비상 리스크(Emergency Risk)로 거래상대국 가
의 전쟁, 내란, 환거래 제한 및 금지조치, 수입제한 등 정치, 경제적 이슈
로 인해 수출입이 통제되거나 대금지급[70]을 받지 못하는 것으로 국가
부도사태[71]나 전쟁 리스크, 정권교체로 인해 발생하는 경우가 많다. 국
가 리스크의 특성은 민간기업 간의 정상적인 무역거래에 국가가 개입하
여 예상치 못한 피해를 일으킨다는 점에서 그 위험성이 높으며, 국가 차
원의 조치이기 때문에 민간기업의 당사자가 제어 또는 대응할 수 있는
방법이 매우 제한적이고 어렵다는 점이다.

국가 리스크는 다양한 원인에 의해 발생한다. 첫째, 국가부도 사태(모
라토리엄)로 인해 발생할 수 있다. 둘째, 거래상대국을 정치·경제적으로
강력하게 압박할 목적으로 높은 수입관세를 부과하는 등의 조치를 취하
는 경우에 발생할 수 있다. 셋째, 대상국가의 전쟁, 정권교체 등으로 인해

---

70) 1990년대 말 러시아는 단기 정부채권에 대한 지급을 이행하지 못했다. 1999년에 일부 은
행들은 부채 1달러당 5센트 미만을 받기로 하고 러시아 정부와 채무청구권을 정리하기로
합의했다.

71) 1990년대 초 이래로 미국 달러에 페소를 1:1 고정시켰던 아르헨티나 정부는 2001년 페소
의 과대평가와 수출에서 외화표시 수익에 미친 역효과 때문에 정부부채에 대해 지급불능
을 선언했다.

정당한 수출대금을 지급받지 못하는 경우(채무불이행)가 발생하기도 한다. 이러한 스크 발생에 수반되는 후속 조치로써 무역 거래상 수출 제품이 압류되거나 정권이 교체되면서 기존 거래선이 붕괴되는 경우와 최근 유럽 경제위기처럼 국가신용등급이 하락하는 예도 있다. 이러한 국가 리스크가 무역시장 리스크로 나타나는 형태로는 무역장벽 신설, 무역규제 강화, 통상 분쟁 발생이며 이로 인해 수출국가의 신용도가 하락되며 해당 기업과 산업의 수출이 위축되고 시장진입 능력이 약화되는 경우가 발생한다.

이러한 국가 및 비상 리스크로 인하여 무역 장벽이 신설되면 해당 기업은 장벽을 해소하기 위한 다양한 방안을 강구하게 된다. 현지 공장을 신설하거나 수입국 업체를 인수하는 등의 현지화 전략을 취하며 때로는 다른 시장에 주력하기 위해 수출을 중단하는 등의 대안을 추진하기도 한다. 무역규제가 강화될 경우 피해 국가나 기업은 상호 공조하여 WTO 등에 제소하거나 양국 간의 외교 채널을 통해 입법 개선을 시도하기도 한다. 무역 분쟁이 발생되면 기업은 시나리오 플레이에 근거하여 대응 전략을 결정하고 추진하게 된다. 특히 피소기업은 적극대응을 하여 시장 확대를 추진할지, 소극대응을 하며 시장유지를 도모할지, 비대응으로 시장을 포기하고 다른 국가로 제품을 전환 수출할지 등을 결정하여야 한다.

3. 무역시장 리스크의 측정

무역시장 리스크는 시장 상황의 극단적인 변화에 기인해 수출기업과 수입기업의 거래 포트폴리오에서 발생하는 수익의 불확실성과 관련된 리스크라고 할 수 있다. 이는 무역거래의 본질적인 특성과 교역상대국의 시장가격, 이자율, 시장변동성, 시장유동성, 국가정책의 변화 등과 같은 금융환경 및 시장 상황의 변화에 의한 해당 무역시장의 변동성에 그 원인이 있다. 때문에 무역시장 리스크를 정확히 측정하는 것은 매우 어려운 일이며 확실한 측정기법도 부재한 실정이다. 이에 여기서는 금융시장에서 시장 리스크를 측정하기 위하여 사용하는 VaR(Value at Risk) 기법을 소개한다.

1) 표준형 VaR(Value at Risk)

일반적으로 시장 리스크를 측정하는 데는 VaR(Value at Risk)를 사용한다. 이는 통계적 리스크 자본 모델들 중 가장 널리 사용되는 기법의 하나로 이 기법의 핵심 내용은 일정 기간에 주어진 신뢰수준에서 자산 기타 리스크 노출도에 대한 가치의 잠재적 손실을 파악하는 것이다. 즉 어떤 포트폴리오의 시장 리스크를 측정하기 위한 VaR는 보유자산의 가치가 시장요인의 변동에 의하여 어떻게 평가되는가를 나타내는 것으로 해석할 수 있다. 이러한 의미에서 VaR는 다음과 같은 일반형으로 표시할 수 있다.

$$VaRx = Vx \times dV / dP \times \triangle Pi$$

Vx : 포지션 (포트폴리오)의 시가

dV / / dP : 기초시장요인의 변동에 의한 포지션 시가변동의 민감도

$\triangle Pi$: I 기간 동안 시장요인의 불리한 변동

VaR를 정의할 때 가장 중요한 모수는 보유기간과 신뢰수준(구간)으로 보유기간이란 예상되는 가격변동 리스크가 측정되는 기간을 의미하

며 통상 실무적으로 1영업일 또는 10영업일 사용된다. 반면에 신뢰수준이란 VaR를 측정하기 위하여 설정하는 가격변동 분포의 표준편차(또는 분위수)를 결정하는 확률로 신뢰수준이 높을수록 높은 확률이 요구된다. 실무상 95% 또는 99% 신뢰수준이 사용된다. 또한 VaR를 적용함에 있어서 일반적으로 다음과 같은 가정이 전제된다. 첫째, 상품 가격이 안정되면 안정적인 확률분포를 따르며 가격변동이 정규분포를 이룬다. 둘째, 가격 변동의 시계열자료들은 서로 독립적이며, 셋째로 가격변동의 변동성(통산 표준편차)이 측정기간 동안 안정적이며 과거의 동향이 장래의 변동을 결정하는 데 사용될 수 있다. 그러나 이와 같은 표준형 VaR 측정방법은 리스크 측정치와 특정 모델에 지나치게 의존하고 시장 변동요인을 생성하는 과정에 있어서 현실을 위반하는 가정 등을 함으로써 아래와 같은 비판이 제기되고 있다.

〈표 8-3〉 표준형 VaR 측정 방법에 대한 비판

포트폴리오 민감도 가정	분포에 대한 가정	모수선택의 임의성
1. 부문 측정의 불충분성 • 델타는 감마 또는 볼록성 리스크를 무시한다. • 델타와 감마는 극단적인 변동에 대한 적합한 근사치를 제공하지 못한다.	1. 중꼬리 • 관계의 불안정성 − 상관관계 − 변동성	1. 신뢰구간
2. 기타 리스크의 무시 • 변동성 또는 배가 리스크 • 러(Rho) 또는 리스크 비율	2. 차익거래관계 위반 • 현물환율의 삼각차익거래 • 이자율과정	2. 보고기간 • 1일 • 유동성 기준 • 연간 기준
	3. 편기 및 비현실적 분포 • 비대칭분포 • 음의 시장요인 • 독립적 증가분	

• 출처: 황동현, 금융회사의 리스크관리와 자원배분

2) VaR(Value at Risk)별 측정 방법 비교

상기와 같은 문제점을 해결하고자 많은 연구가 진행되고 있으며 새로운 방법론이 제시되고 있으나 아직까지 VaR를 측정하는 최선의 유일한 방법은 없다. 이는 어떠한 방법이든 계산의 효율성과 이론적 정확성 사이에 상반관계가 존재하기 때문이다. 여기서는 가장 널리 사용되는 VaR 모델의 유형을 상호비교를 통한 특성을 살펴보면 다음과 같다.

〈표 8-4〉 주요 시장리스크 측정 방법의 비교

모델	개요	장점	단점
감독당국/ BIS의 빌딩 블록법	• 일반 및 고유 리스크에 대한 필요자금 부과 • 선별적으로 집단화된 포지션 간 사전적 상쇄 인정	• 단순성	• 보수성 • 동일 리스크 범주 내에서도 시장 간 상관관계 불인정 • 옵션 리스크(감마/배가)에 대한 과도한 측도
포트폴리오 -노말법	• 포트폴리오의 수익률변동이 정균분포를 이룬다는 가정 • 표준 공식 사용 : VaR = zα σp	• 단순성 • Top-Down 방식에 의한 영업단위에 대한 자본배분에 유용	• 영업단위별 수익률의 정규성 가정(중꼬리, 편기, 첨상 등 무시) • 리스크 전략 및 포트폴리오 특성치의 항상성 가정
자산/델타/ 노말법 RiskMetrics	• 자산수익률의 결합/ 정규분포성 가정 - 자산의 선형 손익상 및 포트폴리오 수익률의 정규 분포성 가정을 의미 • VaR = zα σp = zα √ δ Σδ	• 단순성 • Markowiz/ CAPM개념에 의존	• 수익률의 정규성 가정(중꼬리, 편기, 첨상 등 무시) • 공분산의 예측가능성 가정 • 선형 손익상 가정으로 볼록성 상품이나 비부문 변동에 대한 측정 곤란
델타-감마법	• 시장요인 변동의 정규성 가정 • 손익상은 부문 2차 항에 의한 근사	• 단순성 • 감마포착	• 수익률의 정규성 가정 • 공분산의 예측가능성 가정 • 비부문(전역) 변동에 따른 리스크 포착 불가

시뮬레이션법 역사적/ Monte Carlo	• 역사적 또는 모델에 의하여 모의 실험된 시장요인을 근 거로 포트폴리오 손익상의 분포에 근사	• 부문/전역 가격변 동 포착 • 모델 리스크에 비 노출	• 방대한 컴퓨터 작업 필요

• 출처: 황동현, 금융회사의 리스크관리와 자원배분

시장위험을 측정하는 모형은 RiskMetrics, Historical or back simulation approach, Monte Carlo simulation 등이 있으나 여기서는 가장 일반적으로 사용하는 RiskMetrics 모형의 주요 내용과 특성을 살펴본다.

3) RiskMetrics 모형

이 모형은 JP Morgan Chase의 전신인 JPM에서 매일 영업이 종료되는 시점(New York 시간으로 4시 15분)에 다음날 나쁜 날이 된다는 가정하에서 모든 영업 분야별과 지역별로 시장 리스크가 얼마인지를 측정하기 위해 개발되었다. RiskMetrics 모형은 시장 리스크를 측정하기 위하여 개발된 모형으로 "시장 리스크는 불리한 상황에서 발생할 수 있는 잠재적 손실의 추정치"로 이를 구체화하여 설명하면 다음과 같은 3가지 구성 요소를 가지고 있다.

DEAR = 포지션의 달러 시장가격 × 포지션의 가격민감도 × 수익률의 불리한 변화 정도

포지션의 가격민감도(Price sensitivity = $(\triangle P/P)/\triangle R$)와 수익률의 불리한 변화 정도($\triangle R$)의 곱은 자산의 가격변동성(Price Volatility = $\triangle P/P$)을 의미하기 때문에 위의 식은 다음과 같이 쓸 수 있다.

DEAR = 포지션의 달러 시장가격 × 가격변동성

가격민감도와 수익률의 불리한 변화 정도를 어떻게 측정할 것인가는 잠재적인 수익률의 불리한 변화가 정확히 무엇이며 가격민감도 모형을 어떻게 선택하느냐에 달려 있다.

다음으로 외환의 시장 리스크 측정에 대하여 살펴보면 다음과 같다. 무역거래에서는 교역 당사국 간 화폐가 다르기 때문에 국제 간에 통용되는 통화를 거래통화로 하여 대금을 지급하고 있다. 이로 인해 통화가치의 변화 즉, 환율의 변화에 따라 무역시장 리스크가 노출된다. 외환(Foreign Exchange ; FX) 거래에 있어서의 DEAR는 포지션의 달러 시장가격에 가격변동성을 곱한 것이다.

그러나 RiskMetrics 모형은 모든 자산 수익률이 대칭적인(정규) 분포를 가진다고 가정하고 있다. 그러나 옵션(Option)과 단기증권(채권)과 같은 일부 자산의 경우 이러한 가정에 문제를 제기하고 있다. 그 예로써 투자자가 주식에 대한 콜옵션(Call Option)을 매입할 때 잃을 수 있는 최대손실은 콜 프리미엄(Call Primium)인 반면에 투자자가 얻을 수 있는 잠재적인 이익은 제한이 없다. 통계학적으로 콜옵션의 수익률은 양의 비대칭도를 가지고 있기 때문에 정규분포를 따르지 않는다는 것과 금융기관이 보유하고 있는 부채증권들로부터 발생되는 이자지불(이자지급 리스크)을 무시하고 있다는 비판을 받고 있다. 때문에 이러한 VAR 모형들은 채무불이행 확률과 이러한 리스크에 대응하여 보유하여야 하는 자기자본의 적정 수준을 적게 추정하고 있다.

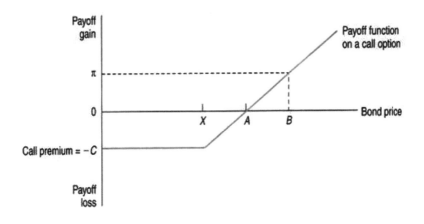

〈그림 8-4〉 Call Option

4. 무역시장 리스크의 관리방안

무역시장 리스크는 발생원인과 형태가 매우 다양하고, 복합적인 인과 관계에 의하여 발생되고 큰 손실을 가져올 수 있기 때문에 이를 효과적으로 대응하고 관리하기 위해서는 많은 노력과 뛰어난 운영 능력이 요구된다. 본 장에서는 이러한 무역시장 리스크의 효과적인 관리를 위하여 전반적으로 리스크 발생을 예방하는 방법을 살펴보고 다음으로 각 발생 사안별로 방안을 제시한다.

1) 예방적 무역시장 리스크 관리

무역시장 리스크 발생을 사전적으로 억제 또는 예방하기 위한 방안으로써 첫째, 국제 통상에 관한 합의의 규범화로 WTO 다자무역체제 출범 및 지역 간 FTA 회원국들이 국제통상에 관한 상호합의를 규범화하고자

하는 입법 노력이 필요하다. 둘째, 법률 제정 및 개정에 따른 무역장벽 신설 리스크 관리로 무역시장 리스크는 본질적으로 국경을 넘나드는 성격을 가진 리스크로 거래 국가의 입법 환경 변화는 중요 리스크 지표로서 해당 기업에 지대한 영향을 끼치게 되므로 민첩한 대응이 요구된다. 대표적인 예가 1998년 호주 정부가 제안하고 입법하였던 자동차산업경쟁 및 투자지원법[72]과 유사한 사례로서 2000년 유럽연합위원회가 발의한 차량 폐차에 관한 법령[73]이 있다. 셋째로 특정 국가의 통상법 적용 관련 무역 리스크 관리로 기업이 특정 국가와 교역을 할 경우, 교역 국가의 법적 특수성으로 인하여 기업에게 예기치 않은 무역시장 리스크가 발생할 수 있음을 감안하여 철저한 사전 준비 작업을 통하여 리스크 발생을 회피 또는 최소화하여야 한다. 대표적인 예로 독점금지법을 역외 적용한 호주 공정거래법을 들 수 있다.

2) 가격변동에 따른 무역시장 리스크 관리

(1) 경제변수(경기 변동)

경기변동에 직접적으로 영향을 받는 무역시장은 많은 무역시장 리스크에 직면하고 있다. 이를 경기변동의 4가지 국면에서 이의 관리방안을 살펴보면

---

72) 이 법은 호주 현지 자동차 생산업체들의 완성차 및 부품 수입에 대한 관세를 비례적으로 감면함으로써 호주 내 자동차 생산을 장려하고 자동차산업을 보호 육성하기 위한 제도였다.

73) 이 법령은 자동차 내 환경공해 야기 물질의 배출을 방지하고 폐기 차량 및 부품의 리사이클링을 활성화하는 데 주목적이 있었다. 이 법 역시 주목적은 환경보호였으나 결과적으로는 타국 자동차 업체들이 유럽 자동차 시장에로의 진입 혹은 시장 확대를 가로막는 무역장벽이 되기도 하였다.

첫째, 불황기는 경제 활동이 침체된 시기로 투자나 생산 활동이 침체되고, 실업이 증가하며, 물가 하락과 금리의 저하 현상이 나타난다. 이에 따라 기업의 이윤이 감소하고, 손해가 발생하며 도산하는 기업이 발생하기도 한다. 이런 불황기에는 무역거래를 하고 있는 무역상대국 또는 해당 무역시장에 가급적 신규투자를 자제하여야 하며, 기투자된 자산과 자본에 대한 포트폴리오 관리를 강화하고 생산량도 최소 규모로 축소하여 운영하여야 한다. 또한 경기침체로 감소된 매출이나 이익을 확보하기 위해 해당 무역시장을 적극적으로 개발하거나 공략하기보다는 경기가 좋은 다른 무역시장으로 대체하는 방안도 검토하여야 한다. 그러나 불황기라 하여 해당 무역시장에서 무조건 철수하는 것이 아니므로 적정 범위 내에서 틈새시장을 개발하고, 전략적인 생존 마케팅 전개와 더불어 고객 수요에 부응한 신제품개발을 통한 특화(경쟁우위)전략은 지속적으로 수행되어야 하며, 해당국 및 무역시장과의 적절한 관계를 유지하여야 한다.

둘째, 회복기에는 경제 활동이 다시 활기를 띠는 시기로 무역거래가 회복되고, 투자나 생산은 상승 기미를 보이며, 실업이 감소하는 현상이 나타난다. 경기 회복의 징조는 금융 시장에서 먼저 나타난다. 회복기에 접어든 무역시장에 대한 전략은 기축적한 경험을 바탕으로 거점 시장을 선점하기 위한 투자를 확대하고, 고객의 니즈에 부합한 상품을 개발하여 시장의 수요에 적극적으로 창출하여야 한다.

셋째, 호황기에는 경제 활동이 가장 활발한 시기로 수요 증가에 따른 생산이 증가하고 더불어 국민소득과 고용이 증대되고, 기업의 이윤 증대에 따른 설비투자도 증가한다. 이에 무역시장에서는 적극적인 마케팅 전략을 전개하여 매출과 이익 확보에 주력해야 한다. 그러나 호황기에는 고용이 증대되고, 임금도 상승하나 금리와 물가가 상승하고 수출이 감소될 수 있으므로 생산 및 운용인력을 최적화하고 보유자산에 대한 포트폴리오 확대 전략을 수립하여 운영하여야 한다. 그러나 호황기에 지나친 투자와 과잉생산은 향후 투자자금의 회수와 과잉생산에 따른 재고 문제에 직면할 수 있음을 감안하여 운영해야 한다.

넷째, 후퇴기에는 경제 활동이 둔화되는 시기로 호황기 때 확대된 생산 설비로 인하여 생산과 투자(자본설비) 상태가 과잉되어 소비와 투자가 급격히 감소하고, 재고가 늘어나고 기업의 자금조달이 어려워지며, 금융기관은 대출금의 회수를 서두른다. 이런 현상이 심화되면 신용경색이나 신용(信用)공황에까지 이르게 된다. 이러한 시장상황에 대응하지 못한 기업은 도산하게 되고 이에 따라 대량 실업 사태와 더불어 물가나 주가도 하락한다. 이런 후퇴기에는 해당국의 무역시장 상황을 신속 정확히 파악하여 대응하여야 한다. 해당 무역시장이 후퇴기에 진입하기 전에 생산과 투자를 감소시킴과 동시에 상품의 재고량을 적절하게 조정하여 보유해야 한다. 더불어 주변시장을 탐색하고 전환을 모색하여야 하며 생산과 투자처를 확보해야 한다. 그러나 후퇴기라 하여 무역시장의 모든 영역이 침체하는 것이 아니므로 해당 무역시장에서 경쟁우위를 확보한 부문은 더욱 강화할 필요성이 있다.

(2) 블록 경제

국제기구와 경제협력체의 참여를 통하여 국가 경쟁력을 배양하고 지역별, 권역별 블록 경제와 FTA 및 RTA 체결하여 무역장벽(관세장벽과 비관세장벽)을 제거해야 한다. 이와 같이 경제 블록의 적극적인 참여로 역내의 경제 교류 촉진 및 유리한 관계를 통하여 국가의 경제적 이익 확보와 국가의 경쟁력을 확보해야 한다.

(3) 가격변동

무역시장에서 수출입업체는 자산의 가격변동으로 인한 손실을 회피하거나 또는 최소화하기 위하여 각종 파생금융상품을 이용한 헤징을 이용하고 있다.

첫째로 선물을 이용한 헤징(hedging)이다. 본래 헤징은 리스크 분산 또는 리스크 회피라는 의미를 가지고 있으며 주가, 환율, 금리 등의 변동으로 인한 가격 리스크를 제거함으로써 손실을 방지하는 행위를 가리키는 말이다. 이것은 현물가격의 등락에서 발생될 수 있는 손해를 최대한 줄이기 위해 선물시장에서 현물과 반대되는 선물 포지션을 설정하는 것[74]으로 헤징을 하면 상품의 가격이 오르거나 내리더라도 현물·선물의 동시거래를 통해 정반대의 손익이 나타나 어느 한쪽의 손익이 다른 쪽의 이익으로 서로 상쇄된다. 이로써 가격변동에 대한 리스크를 최소화할 수 있다. 헤징은 매입 헤지(long hedge)와 매도 헤지(short hedge)로 구분되며, 매입 헤지는 가격상승 리스크를 없애기 위해 선물을 매입하여 가격변동 리스크를 줄이는 것이며, 매도 헤지는 정반대로 가격하락 리스크를 피하기 위해 선물을 매도하는 것이다. 금리선물(interest rate future)은 금리변동에 따른 리스크를 헤지(hedge)하기 위하여 이용되는 기법 중의 하나로 일정한 거래소에서만 이루어지기 때문에 장내시장[75](face-to-face market)이며, 대표적인 선물시장은 미국 시카고 IMM, 영국 런던 LIFFE,

---

74) 헤지 비율(hedge ratio)은 보유자산의 가격변동 리스크를 회피하기 위하여 선물 또는 옵션 시장을 이용할 때 현물자산 한 단위에 대하여 필요로 하는 선물 또는 옵션계약의 단위를 말한다. 따라서 주식과 옵션을 결합할 때에는 주식의 가격변동 리스크를 회피하기 위한 1주당 옵션의 수를 헤지 비율이라고 하며, 선물시장을 이용할 경우에는 현물 포지션에 대한 선물 포지션의 비율이 헤지 비율이 된다.

75) 선도금리(forward rate)는 장외시장(over-the-counter market)인 은행 간 시장에서 이루어지는 기법이다.

싱가포르 SIMEX, 캐나다 몬트리올 증권거래소, 오스트레일리아 시드니 선물거래소와 버뮤다 국제선물거래소 등이 있다.

둘째, 옵션(option)으로 특정한 기초자산을 계약당사자가 미리 정한 가격에 장래의 특정 시점(혹은 그 이전에)에 사거나 팔 수 있는 권리로, 옵션은 미래 특정 시점에 특정 가격으로 매매의무가 주어지는 선물(forward)과는 근본적으로 다르다. 또한 옵션은 원래 자산 가격 변화에 따라 보유자가 손해를 입거나, 투자기회를 잃어버리는 사태를 방지하는 리스크 회피 즉, 헤지(hedge)의 목적으로 도입됐다. 자산을 살 권리인 콜옵션은 가격상승 시에, 자산을 팔 권리인 풋옵션은 가격하락에 따른 리스크를 없애는 효과가 있다. 특히 금리 옵션(interest rate option)은 금리 리스크를 회피할 수 있는 기법으로 만기일 또는 그 전에 권리행사 가격으로 증권을 매도, 매입할 수 있는 권리를 가지고 있으며 T-bond, 유로 달러예금 등 금리상품을 대상으로 금리 옵션 거래를 하고 있다.

셋째, 스왑(swap)은 이자율 리스크와 환율 리스크 등을 헤지하는 파생금융상품의 하나로서 거래일방 당사자가 보유하고 있는 지급수단과 거래 상대방이 보유하고 있는 지급수단을 교환하는 것을 내용으로 하는 금융계약을 말한다. 특정 통화의 지급과 여타 통화의 지급을 교환하는 것을 내용으로 하는 currency swaps과 동일한 통화로 표시된 특정 이자 지급과 다른 이자 지급을 교환하는 것을 내용으로 하는 interest-rate swaps이 있다. 금리 스왑(interest rate swap)은 금융시장에서 차입자의 기존 부채 또는 신규 부채에 대한 금리 리스크의 헤징이나 차입비용의 절감을 위해서 두 차입자가 각자의 차입조건을 상호간에 교환하는 계약이다. 일반적으로 변동(고정)금리부채를 고정(변동)금리부채로 전환하는 형식을 취하게 되며, 이때 이용되는 채권을 금리 스왑채권이라고 한다. 금리 스왑 거래는 두 차입자가 각각 상대 차입자보다 유리한 변동금리 또는 고정금리조건으로 자금을 조달할 수 있는 상대적인 비교우위에 있을 경우 두 차입자가 각자 유리한 시장에서 차입하여 각자의 차입금리 지급의무를 상호간에 교환함으로써 이루어진다.

넷째, 상품가격 바스켓제는 불안정한 환율제도를 개선하는 방편으로 제시된 제도로, 각국의 환율을 금을 포함한 상품 바스켓[76]에 연계하는 것을 의미한다. 상품가격 바스켓제는 금을 포함한 금속과 석유, 곡물 등 1차상품의 가격을 각국의 통화가치와 비교한 뒤 이에 따라 주요 통화국 간 환율을 정함으로써 환율 안정을 꾀하자는 취지를 가지고 있다. 즉, 환율을 금리조정에 의해서가 아니라 국제적으로 거래되는 주요 상품과 통화 사이의 실질적 구매력을 통해 정하자는 것이다. 그러나 상품가격 바스켓제를 시행하면 물가상승이나 경기침체의 우려를 줄여 환율을 안정화시킬 수 있지만 원자재 등 상품가격의 변동에 따라 환율도 크게 변동할 리스크가 있다.

3) 국가 리스크 및 비상 리스크에 의한 무역시장 리스크 관리

무역거래에 국가가 개입하여 예상치 손실을 발생시키는 것으로 국가 차원의 조치이기 때문에 민간기업의 당사자가 제어 또는 대응할 수 있는 방법이 매우 제한적이고 어렵다. 이러한 국가 리스크가 나타나는 형태로는 무역장벽 신설, 무역규제 강화, 통상분쟁 발생 등으로 사전에 예방하는 방법이 최선이며 차선책으로 WTO나 세계경제기구, 해당 블록 경제에 개선이나 중재를 요청하는 방법이 있으나 이런 방법은 직접적인 구속이 약해 효과가 없거나 시간이 많이 소요된다. 때문에 사전에 많은 정보

---

76) 국제적으로 거래되는 1차상품의 가격변동을 지수화한 것.

를 조사하여 취합하고 리스크 발생 전조가 보이면 즉각적인 조치를 통하여 리스크 피해를 최소화하는 것이 중요하다.

4) 약정손해배상금조항의 활용

무역거래에서 발생하는 손해액의 입증은 매우 어렵고 복잡하기 때문에 계약당사자는 계약서상에 상대방이 계약위반 시 일정 금액의 손해배상금을 지급하도록 미리 약정할 수 있는데 이를 약정손해배상금조항이라 한다. 그러나 공산품과 같이 손해배상액의 산정이 비교적 간단한 무역계약에서는 이러한 조항이 자주 사용되지 않으나 장기공급계약의 인도지연, 주요 건설계약의 공사 지연, 용선계약의 체선료 조항 등에서 자주 볼 수 있다. 이것은 계약당사자가 자신의 의무이행을 지체하는 '일수 또는 주일당 얼마'나 총판매대금에서 지체하는 '일수 또는 주일당 일정 퍼센트 감액' 등으로 표기된다. 이러한 약정손해배상금조항은 다음 3가지 기능 중 어느 하나 또는 그 이상의 기능을 한다.

첫째, 손해배상 기능은 손해액의 입증 곤란으로 인한 분쟁이나 소송이 장기화되는 것을 막고 양자의 법률관계를 간단하게 해결하도록 하는 기능이다. 또한 손해액을 미리 약정하므로 계약위반에 관한 문제에 관하여 법원 판결에 의지할 가능성이 낮다. 둘째, 이행 확보 기능으로, 손해배상액의 예정은 채무자에게 심리적 경고를 주어 채무이행을 강제하는 기능을 한다. 끝으로 매우 드물기는 하나 계약을 위반하는 채무자가 자신의 손해액을 줄이기 위하여 사용할 수 있는데 이러한 목적을 위한 경우에는 손해배상액의 예정액을 실제로 예상되는 손해액보다 적은 금액으로 확정할 것이다.

1997년에 ICC가 작성한 국제모델 계약에는 계약조항을 특수조항과 일반조항으로 나누고 있다. 일반조항은 매매의 일반조건을 포함하여 모든 계약의 공통적인 조항으로 구성되어 있으며, 여기서 제시하는 약정손해배상금조항도 일반조항에 포함된다. ICC 모델 계약서는 매도인이 물품인도를 지연할 경우 매수인은 1주일 지연에 따른 지연된 물품대금의 0.5%를 '약정손해배상금'으로 지급하도록 하고 이 금액의 한도를 5%로 제한하고 있다. 만일 인도지연이 10주가 되면 매수인은 계약을 종료할 수 있도록 규정하고 있다.

5) 청구보증제도의 활용

청구보증은 일반적으로 지급청구서 및 기타 보증장에 명시된 서류가 보증의 유효기간 내에 보증조건에 일치하게 제시되면 수익자에게 일정한 액수의 금전을 지급한다는 보증인의 지급약속을 말한다. 청구보증은 지역적으로 미국에서 사용되고 있는 보증신용장에 대응하는 것으로, 법적 성격의 면에서 신용장과 동일하다. 이러한 의미에서 청구보증은 독립보증이라 한다. 이는 흔히 국제적인 건설계약이나 턴키계약, 장기 또는 단기의 공급계약에서 시공자 혹은 수주자나 공급자의 불이행이나 이행지체 또는 불완전이행에 대하여 신속한 금전보상으로써 발주자나 매수인을 보호하고자 발행되는 것으로 국제무역금융 분야에서 필수적인 금융도구의 하나이다. 국제거래에 이용되는 은행의 독립보증은 대부분 간접보증의 형태로 제공되고 있다.

독립보증의 일종으로 독립성을 갖는 청구보증은 대개 기초계약상 채무자의 계약에 따른 이행을 담보할 목적으로 보증인에 의하여 채권자를 위하여 발행된다. 여기의 기초계약의 양당사자인 채권자와 채무자는 청구보증의 맥락에서 각각 지시당사자와 수익자가 되며, 지시당사자와 수익자는 기초계약의 당사자로서 보증의 제공에 관하여 약정한다. 이들을 위하여 보증을 제공하는 역할을 대개 은행이 수행하며 그에 따라 은행은 보증인이 된다. 직접보증의 경우 수익자로서는 일반적으로 해외의 은행으로부터 보증을 받는데, 수익자가 이를 꺼려 하는 경우에 보증은 간접보증의 형태로 발행되며 국제거래에서 이러한 후자의 형태가 보편적이다. 간접보증의 경우에 지시당사자는 자국의 은행을 통하여 해외에 있는 은행으로 하여금 수익자를 위하여 보증을 발행하기도 한다. 이와 같이 간접보증은 제4당사자가 개입되는 구조를 취하며, 이에 간접보증은 이른바 '4자 보증'이라 할 수 있다. 간접보증의 구조로 발행되는 청구보증의 절차를 보면, 먼저 지시당사자는 구상보증은행에게 두 가지 사항을 지시하는데, 그 하나는 보증은행에게 수익자를 위하여 보증을 발행하도록 의뢰하는 지시이고, 다른 하나는 추후 보증은행의 상환청구를 보장할 목적으로 보증은행을 위하여 구상보증을 발행하라는 지시이다.

이에 구상보증은행은 보증은행을 위하여 구상보증을 발행하면서 아울러 보증은행에게 수익자를 위하여 보증을 발행하도록 의뢰한다. 실무상 이때 구상보증은행은 하나의 문서로써 구상보증의 발행과 원보증의 발행의뢰를 동시에 하는데, 그 문서상으로 보증은행이 발행하여야 하는 보증의 문안을 제공하고 동시에 그 문서로써 구상보증을 발행한다. 그러한 지시를 받은 보증은행은 수익자에게 보증을 발행한다.

제9장

신용 리스크

▌아찔한 수출대금 미회수 사고를 수출보험으로 극복하다

D社는 1989년 설립된 화학섬유기업이다. 안정적인 성장세를 유지했다지만 크고 작은 위기의 순간도 많았다. 그중에는 수출보험이 있었기에 위기를 극복한 경우도 있었다.

"사장님 큰일 났습니다. 멕시코에서 사고가 터졌습니다."

"사고 금액이 얼만데?"

"총 300만 달러입니다."

"뭐? 300만 달러?"

사고가 발생했던 1995년, D사의 자본금은 3억 원에 불과했다. 자본금이 3억 원인 회사에서 300만 달러는 감당할 수 있는 금액이 아니었다. 사태 파악을 위해 서둘러 멕시코 비행기에 올랐다.

정황을 파악해 보니 멕시코 수입자의 미국 지역 영업에 문제가 생기면서 사단이 났다. 해결책을 촉구했지만, 단시간에 해결될 문제가 아니었다. 수출보험에 가입했으므로 놀란 가슴을 쓸어내렸다. 우선 무역보험공사에 보험사고 접수를 하였고 보험금을 지급받아 위기를 무사히 넘겼다. 만약 보험금을 받지 못했다면 D社는 300만 달러 규모의 사고를 감당할 수 없었을 것이다. 실로 아찔했던 순간이었다.

D사는 성장하면서 거래처도 많아졌고, 수출 규모도 확대됐다. 그럴수록 수출보험의 필요성도 더 커졌다. 멕시코 사고 이후에도 보험사고는 여러 차례 발생했다. 그때마다 무역보험공사에서는 보험금을 지급했고, D사는 어려움을 극복했다. 2012년 현재, D사는 전 세계 60개국에 1억 달러 넘는 수출을 올리는 중견기업으로 성장했다. D사의 P 대표는 지금까지 회사를 이끌면서 가장 잘한 일 중 하나로 '수출보험 이용'을 꼽았다.

(자료: 한국무역보험공사 20년사)

▌ 거래물품의 잔금을 지급하지 않은 사건[77]

한국 수출기업 B사는 2003년 2월 14일 조개단추 완제품 33,500 GROSS를 수출하기 위하여 미국의 A사와 수출계약을 체결하면서, 그 대금 미화 21,370.95달러에 대한 결제방식은 전신환(T/T) 방식으로 하고, 그 총 금액의 반은 선적 전에 송금하고 나머지 잔액은 물품인수 후 일주일째 되는 날에 송금하기로 약정하였다. B사는 선적 전에 총 금액의 절반 금액인 미화 10,700달러를 T/T로 수취하였고, 2003년 2월 20일 위 계약 물품을 선적하였으며, 피신청인(A사)은 위 물건을 2003년 3월 18일 인수하였다. 그런데 피신청인은 나머지 잔액인 미화 10,670.95달러에 대하여 그 변제기한인 2003년 3월 25일 이후에도 특별한 이유 없이 지급하지 않다가 2004년 2월 13일 미화 2,500달러와 2004년 3월 12일 미화 2,000달러만을 T/T

---

77) 대한상사중재원 중재판정사례 No. 03113-0025

로 지급한 채 잔금 미화 6,170.95달러를 지급하지 않았다. B사는 여러 차례 A사에게 미지급 잔금 지급을 촉구하였음에도 A사는 이를 지급하지 않았다.

이 사건은 수출입 대금을 T/T 방식으로 결제하기로 한 후, 수출기업은 계약금은 선불로 받고 잔금은 후불로 받기로 하였으나 수입기업이 특정한 이유 없이 잔금 중 일부를 지급하지 않은 경우이다. 이는 수출기업 입장에서는 수입업자의 신용 리스크가 발생한 것이고, 대금결제 위험이 현실화한 것이다. 때문에 사후 송금방식의 결제방법은 항상 수입기업의 신용 리스크가 잠재되어 있다고 보아야 한다.

1. 신용 리스크의 의의

1) 신용 리스크의 개념 및 유형

신용 리스크는 "거래상대방의 부도 가능성으로 인해 일정 기간 동안 발생할 수 있는 금전적 손실"이라고 정의할 수 있다.[78] 신용 리스크는 거래 주체별로 다양한 형태로 발생한다. 물품 무역거래의 경우 통상 대금 결제조건에 따라 신용 리스크를 부담하는 주체가 결정된다. 후불 결제조건으로 수출한 경우 수출기업이 외상매출채권의 미회수 위험에 노출되는 반면, 선불 결제조건인 경우 수입기업이 선수금의 미회수 위험에 노출된다. 한편, 금융기관은 대출, 지급보증, 채권 및 파생금융상품 거래 등

---

78) 장욱·박종원, "신용위험관리", 한국금융연수원, 2015, 5면.

금융·자본거래에 참여하므로 물품매매 거래에 참여하는 무역기업과는 다른 형태의 신용 리스크에 노출된다. 본 장에서는 수출기업의 관점에서 신용 리스크를 설명하고자 한다.

무역에서 신용 리스크는 수입자 리스크(buyer risk), 구매자 리스크 (purchaser risk), 상업위험(commercial risk), 상거래 리스크 등의 용어로도 통용되며, 수출보험 약관에서는 신용위험으로 지칭된다.[79] 신용 리스크는 통상 수입자의 지급불능(insolvency), 파산(bankruptcy), 지급거절 (repudiation), 지급지체(protracted default), 인수거절(non-acceptance) 등의 형태로 발생된다.[80] 지급불능은 채무자가 만기일까지 대금지급을 할 수 없는 것을 의미한다.[81] 파산은 지급불능에 빠진 자의 재산을 채권자에게 평등하게 분배하는 것을 주된 목적으로 하는 사법적 또는 준사법적 절차이다.[82] 지급거절은 수출자가 계약을 위반하지 않았음에도 불구하고 수입자가 계약한 물품을 수취하거나 인수하기를 거부하는 경우를 말한다.[83] 지급지체는 만기일 이후 특정 기간 내에 구매자가 대금을 결제하지 못하는 상황이다.[84] 무역보험 종목 중 상품 수출거래의 대금회수 불능에 따른 손실을 보상에 특화된 단기수출보험은 위에서 언급된 신용 리스크를 모두 담보하고 있다. 약관상 신용 리스크 담보범위는 ① 수출계약 상대방에 의한 수출물품 또는 선적서류의 인수거절 또는 인수불능,

---

79) 김경철, "수출신용 리스크 및 수출보험이 수출에 미치는 영향에 관한 실증연구", 성균관대학교 박사학위 논문, 2015, 13면.

80) 김경철, "수출신용 리스크 및 수출보험이 수출에 미치는 영향에 관한 실증연구", 성균관대학교 박사학위 논문, 2015, 13면.

81) 한국수출보험공사, "수출신용용어편람", 한국수출보험공사 국제협력팀, 2007, 154면.

82) 한국수출보험공사, "수출신용용어편람", 한국수출보험공사 국제협력팀, 2007, 18면.

83) 한국수출보험공사, "수출신용용어편람", 한국수출보험공사 국제협력팀, 2007, 257면.

84) 한국수출보험공사, "수출신용용어편람", 한국수출보험공사 국제협력팀, 2007, 242면.

② 수출계약 상대방의 지급거절 또는 지급불능, ③ 수출계약 상대방의
지급지체 등이다.

2) 신용 리스크의 현황 및 추세

(1) 수출대금 결제방식 변화

한국의 수출대금 결제방식은 신용 리스크가 높은 무신용장 방식으로 매년 급속히 변화하는 추세이다. 우리나라 전체 수출거래에서 신용장 방식이 차지하는 비중은 1997년 43%에서 2013년 12%로 17년 사이 31% 포인트가 급격히 감소하였다.[85] 은행이 수출입자 간 매매계약과

〈그림 9–1〉 한국의 수출대금 결제방식의 비중 변화 추이

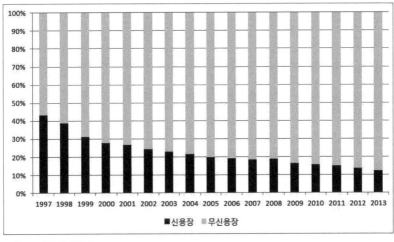

* 자료 : 한국무역협회

....

85) 2013년 수출액 U\$5,596억 달러의 결제방식별 구성은 무신용장 방식이 87.5%, 신용장 방식은 12.5%이다. 무신용장 방식의 세부 구성은 T/T, CAD, COD 등 송금방식이 64.8%, D/A 및 D/P 등 추심 방식이 9.3%, 위탁가공 및 기타 유무상 방식 등 기타 방식이 13.4%이다.

독립적으로 신용장 조건에 따른 대금결제를 확약하는 신용장거래와 달리, 무신용장거래는 전적으로 수입자의 신용에 대금결제 여부가 좌우되기 때문에 대금회수를 담보하기 위한 위험관리가 필수적이다.[86] 한국무역보험공사의 단기수출보험 사고율 통계를 기준으로 결제방식별 위험도를 가늠해 보면, 1999년부터 2013년까지 15년간 신용장은 0.05%, 무신용장 0.29%로 무신용장 방식 결제가 약 6배 더 위험한 것으로 판단할 수 있다.[87]

(2) 수출신용 리스크 노출 현황

수출 결제조건은 수출경쟁력과 직결되므로 무역대금은 통상 외상결제조건으로 발생하여 기업을 신용 리스크에 노출시킨다. 한국은행이 발간하는 「기업경영분석」에 따르면 기업의 내수 및 수출을 합한 연간 매출 총액은 2013년 기준 3,511조 원이며, 한국의 수출액은 U$5,596억이다.[88] 즉, 기업의 매출 중 수출 비중은 17%이다.[89] 중소기업청의 통계에 따르면, 중소 제조기업의 매출은 2012년 기준 580조 원이며 이중 수출은 81조 원으로 매출대비 14%의 비중을 차지하였다.[90] 대기업이 중소기업보다 매출 대비 수출 비중이 높게 나타났다.[91]

---

86) 김경철, "수출신용 리스크 및 수출보험이 수출에 미치는 영향에 관한 실증연구", 성균관대학교 박사학위 논문, 2015, 18면.

87) 사고율은 무역보험 인수금액 대비 보험금 지급액의 비율로서, 거래의 위험도를 나타내는 지표이다. 예를 들어, 무신용장 결제방식의 사고율이 0.29%라는 것은 수출액 U$1만 달러를 무역보험으로 인수하여 U$29달러의 보험금을 지급하였다는 것이다.

88) 김경철, "수출신용 리스크 및 수출보험이 수출에 미치는 영향에 관한 실증연구", 성균관대학교 박사학위 논문, 2015, 13면.

89) 2013년 연평균 환율 1,095.04원 적용시, 2013년 수출액은 원화로 612조원인 바, 매출액 대비 수출액의 비중은 17%이다.

수출신용 제공으로 발생한 수출채권은 기업의 핵심 자산이며, 자금조달의 주요 담보로서 역할을 한다. 한국 기업의 경우, 2012년 기준 매출채권의 자산 대비 비중은 13%로서 유동자산 중 가장 큰 비중을 차지하고 있다.[92] 따라서 매출채권 관리는 기업의 지속경영을 위해 필수적이며, 관리실패는 심각한 재무위기로 직결될 수 있다.[93] 수출채권의 규모는 공식 통계로 집계되고 있지 않아, 수출채권이 기업의 자산에서 차지하는 비중은 확인할 수 없는 상황이다.[94] 다만, 국제거래의 경우 내국거래에 비해 일반적으로 결제조건이 다소 장기간인 점을 감안할 경우, 수출채권의 비중은 수출의 매출 비중인 13%보다 다소 높을 것으로 추정할 수 있다.[95]

---

90) 중소제조기업의 매출 대비 수출 비중 통계는 2015년 8월 30일 기준 2012년 실적이 가장 최근 자료이다.

〈표 9-1〉 중소제조기업의 매출 대비 수출 비중

(단위: 조원)

구분	2009	2010	2011	2012
총매출	479	513	562	580
수출	50	75	74	81
수출 비중	10.5%	14.7%	13.2%	14.0%

* 자료: 중소기업청 「중소기업 조사통계시스템」
 (http://220.71.4.163:8000/statHtml/statHtml.do?orgId=142&tblId=DT_C40040, 2015.8.30 최종방문)

91) 김경철, "수출신용 리스크 및 수출보험이 수출에 미치는 영향에 관한 실증연구", 성균관대학교 박사학위 논문, 2015, 13면.

92) 한국은행 경제통계국(2013), 「2012년 기업경영분석」, 서울: 한국은행, p. 64.

93) 김경철·정홍주(2013), "인수심사자 재량적 판단이 단기수출보험 총액한도 결정에 미치는 영향에 관한 연구", 「무역보험연구」, 제14권 제4호, p. 99.

94) 김경철, "수출신용 리스크 및 수출보험이 수출에 미치는 영향에 관한 실증연구", 성균관대학교 박사학위 논문, 2015, 14면.

95) 김경철, "수출신용 리스크 및 수출보험이 수출에 미치는 영향에 관한 실증연구", 성균관대학교 박사학위 논문, 2015, 14면.

(3) 수출신용 리스크 발생 현황

한국무역협회가 2010년에 1,082개 수출기업을 대상으로 수출미수금 실태를 조사한 결과에 따르면, 2008년 글로벌 금융위기 발생 이후 수출 대금 미회수를 경험한 기업의 비율이 24.6%로 나타났다.[96] 기업 규모별 로는 중소기업과 대기업의 미수 경험비율은 각각 25.0% 및 21.7%인바, 중소기업이 수출대금 미회수 리스크에 다소 높게 노출되어 있는 것으로 조사되었다. 수출미수금에 대한 대책은 수출기업체의 지속가능 경영과 성장잠재력 제고를 위해 반드시 필요하다.[97] 현재 수출채권의 미회수금 발생 현황은 체계적으로 집계 및 공표되지 않고 있다. 국부유출 방지 관 리 차원에서 통계집계가 필요한 상황이다.

3) 신용 리스크 관리의 중요성

수출기업 입장에서, 해외매출채권의 회수를 위해 수입자 신용 리스크 를 관리하는 것은 생존 차원의 중요한 과제이다.[98] 매출채권이 기업의 자산에서 차지하는 비중이 높기 때문에, 매출채권 관리는 기업의 지속경 영을 위해 필수적이며, 관리실패는 심각한 재무위기로 직결될 수 있다.[99]

---

96) 최용민(2010), "금융위기 이후의 수출미수금 리스크 동향과 대응방안", 「한국무역협회 국 제무역연구원 Trade Focus」, 제9권 제17호, p. 8.

97) 최용민(2010), 상게논문, p. 24.

98) 김경철, "단기수출보험 민간 개방에 대한 수출기업 수용도 조사 및 수요자 중심의 정책제 안", 「무역보험연구」 제15권 2호, 2014, 38면.

99) 한국은행이 40만개 이상의 국내기업의 경영성과를 조사하여 매년 발표하는 기업경영분 석 결과에 따르면, 2012년말 현재 우리나라 기업의 매출채권은 전체 자산대비 13.4%로 서 유동자산 중 가장 비중이 큰 항목이다(한국은행 경제통계국, "2012년 기업경영분석", 한국은 행, 2013, 64면).

우리나라의 전체 수출실적 대비 무신용장 방식 결제 비중은 1997년 57%에서 2012년 86%로 급증하였다.[100] 다시 말해, 무역대금 결제방식이 신용장에서 무신용장으로 변경되고 있는 추세인 바, 거래상대방의 신용 리스크 관리의 중요성은 더욱 높아지고 있다.[101] 참고로 유럽의 경우도 기업의 매출액 총액 중 80% 이상이 외상계약조건으로 판매되고 있으며, 기업의 총자산 중 매출채권 비중이 평균적으로 30~35%로 구성되어 있고, 유럽 기업이 지급불능위기를 맞는 원인의 25%가 구매자의 지급지체 또는 거절에 따른 것이다.[102] 수익성 측면에서 살펴보면, 우리나라 기업의 2012년도 평균 영업이익률은 4.1%이다.[103] 2010년 5.3% 및 2011년 4.5%에 비해 악화되고 있는 추세이다.[104] 따라서 수익률이 높지 않은 상황에서 철저한 여신거래 리스크 관리가 기업의 안정성 유지를 위해 중요하다.[105]

100) 무역협회 무역통계(http://stat.kita.net, 2013.10.18. 최종방문).

101) 김경철·정홍주, "인수심사자 재량적 판단이 단기수출보험 총액한도 결정에 미치는 영향에 관한 연구", 「무역보험연구」 제14권 4호, 2013, 99면.

102) Schmidt, C. and Laster, D., "Credit Insurance and Surety", Sigma No.6 / 2006, Swiss Reinsurance Company, 2006, p. 10.

103) 한국은행 경제통계국, "2012년 기업경영분석", 한국은행, 2013, 64면.

104) 김경철, "단기수출보험 민간 개방에 대한 수출기업 수용도 조사 및 수요자 중심의 정책제안", 「무역보험연구」 제15권 2호, 2014, 38면.

105) 김경철, "단기수출보험 민간 개방에 대한 수출기업 수용도 조사 및 수요자 중심의 정책제안", 「무역보험연구」 제15권 2호, 2014, 38면.

2. 신용 리스크 측정

1) 신용조사

수출기업의 경우 해외 거래선 발굴 시 수입자에 대한 정보를 조사하여 거래 여부를 결정하는 것은 손실 예방을 위해 반드시 필요한 절차이다. 지속적으로 거래를 하는 상대방의 경우에도 정기적으로 신용도를 점검하는 것이 필요하다. 수출기업이 다른 나라에 소재한 거래상대방의 계약이행능력, 결제능력, 평판, 상도덕, 영업 태도 등 신용도를 직접 파악하기는 어려운 경우가 많다. 따라서 전문기관에 신용조사를 의뢰하는 것이 일반적이다. 국내의 경우 한국무역보험사, 코트라, 무역협회 등의 수출 유관기관을 통해 수입자 신용조사를 실시하는 것이 가장 일반적 방법이다.

통상 신용조사는 재무조사와 비재무조사를 병행하여 진행된다. 재무조사는 기업의 재무제표를 입수하여 재무상태 및 영업성과 등을 분석하고, 비재무조사는 결제 경험, 업력, 거래처 현황, 소송 현황 등을 파악한다. 신용조사에서 반드시 포함되어야 할 내용으로서 실무에서는 흔히 3C(Character, Capacity, Capital)를 필수조건으로 꼽고 있다.[106] Character는 상대방의 성실성, 영업태도, 계약이행에 대한 열의, 업계의 평판 등 거래에 임하는 상대방의 제사가 과연 믿을 만한가의 여부를 뜻한다.[107] Capacity는 상대방 업체의 영업 형태(개인회사, 주식회사, 기업공개 여부 등), 연간 매출액, 연혁 내지 경력을 비롯한 거래능력을 말한다.[108] Capacity

---

106) 박대위(1999), 「무역실무」, 서울: 법문사, p.59.
107) 박대위(1999), 「무역실무」, 서울: 법문사, p.59.

는 해당 업체의 재무 상태, 즉 수권자본과 납입자본, 자기자본과 타인자본의 비율, 기타의 자산 상태 등을 의미하며 채무이행능력의 척도가 된다.[109]

<표 9-2> 수입자 신용평가 보고서 주요 내용

구분	항목	주요 조사내용
1	기업개요	기업명, 주소, 연락처, 사업자등록번호, 납세번호, 주요 주주, 대표자, 경영진업력, 종업원수, 업종, 주요 상품
2	거래처 및 결제 정보	신용평가 이력, 관계회사, 거래은행, 결제 상태, 결제조건 및 기간, 무역보험 이용현황
3	재무상황	재무 상태, 경영성과, 재무비율
4	산업위험도	산업위험지수, 동종업종 평균 신용등급 비교
5	국가위험도	국가정보, 정치경제 동향, 국가등급, 무역보험 국별인수방침

　　수출기업은 수입자 신용조사가 필요한 경우 무역보험공사 등에 국외기업 신용조사를 요청할 수 있다. 무역보험공사는 16개 해외지사 및 전 세계 신용조사기관과 협력하여 해외 소재 기업의 기본정보, 재무정보 등의 신용조사를 실시한 후 의뢰인에게 신용조사 보고서를 제공한다. 2016년 8월 말 현재 무역보험공사는 총 44개국 82개 신용조사기관과 업무협약을 체결하고 있으므로 전 세계 대부분 국가를 커버하고 있다.

108)　박대위(1999), 「무역실무」, 서울: 법문사, p.59.
109)　박대위(1999), 「무역실무」, 서울: 법문사, p.59.

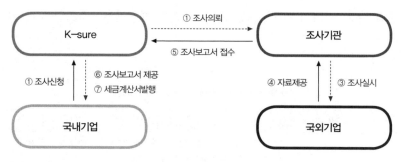

〈그림 9-2〉 무역보험공사의 국외기업 신용조사 절차

* 자료 : 한국무역보험공사(K-sure) 홈페이지

2) 신용등급 평가

　수입자 신용조사가 완료되었다고 하여 신용 리스크를 쉽게 평가할 수 있는 것은 아니다. 금리, 환율 등 시장 리스크는 시장지표를 관찰하여 간단히 파악할 수 있지만, 신용 리스크는 객관적 지표로 반복 관측이 어렵다는 점이 특징이다. 더욱이 동일한 거래기업의 부도율은 반복 관찰이 불가능하다. 예상 부도율이 1%라는 것은 특정 기업의 부도 확률이 1%라는 뜻이라기보다는 유사한 기업 100개 중 1개 기업이 부도날 확률을 나타내는 것이다.[110] 현실적으로 신용 리스크를 간단히 비교 가능한 방식으로 측정하는 방법은 신용등급을 평가하는 것이다. 우리나라 수출기업은 수입자 신용조사 및 신용등급 평가가 동시에 필요한 경우 통상 무역보험공사를 활용한다.

　수입자 신용등급 평가 시 재무평가는 기업 외형, 수익성, 안정성, 유동성 등을 평가한다. 비재무평가는 주로 결제관행, 수출보험 사고 및 연

---

110)　장욱·박종원, "신용위험관리", 한국금융연수원, 2015, 9면.

체 등 불량 정보가 주요 평가 요소이다. 기업 외형은 납입자본과 매출액을 기본으로 평가한다. 통상 신용조사보고서에서는 납입자본을 Paid in Capital, Paid up Capital, Share Capital, Capital Stock, Issued Capital, Contributed Capital, Members Contribution으로 명기하는 경우가 많다. 수익성, 안정성, 유동성은 재무제표상 다양한 비율분석을 통해 실시된다. 총자산 순이익률, 자기자본비율, 자산총계 대비 순유동자산 비율 등 다양한 지표가 평가된다.

〈표 9-3〉 수입자 신용등급 평가시 주요 항목 예시

평가 구분		주요 평가항목 예시
재무	기업외형	납입자본금
		매출액
	수익성	총자산 순이익률
		총자산 순이익변화량
	안정성	자기자본비율
		당좌비율
		부채총계/매출액
	유동성	순유동자산/자산총계
		재고자산/순유동자산
비재무		결제관행, 무역보험사고, 소송 및 연체 등 불량 정보, 국가신용등급, 지배구조, 주주관계, 업력, 업종 리스크 등

무역보험공사의 경우 수입자신용등급을 A, B, C, D, E, F, G, R 등 8개 등급으로 구분하여 평가한다. A등급이 가장 신용도가 우량한 등급이며, 알파벳 순서대로 신용도가 낮아진다. A~F등급은 정상 신용등급이며, G 및 R등급은 비정상 신용등급이다.

거래가 부적합하거나 요주의 수준의 신용도를 갖고 있는 수입자에 대

〈표 9-4〉 무역보험공사 수입자 신용등급별 신용도

수입자 신용등급		신용 상태	세부 설명
정상 등급	A	Excellent	수입자의 지급능력이 탁월하고 재무적으로 우수한 신용 상태를 유지
	B	Very good	수입자의 지급능력이 매우 양호하고 재무적으로 양호한 신용 상태를 유지
	C	good	수입자의 지급능력 및 전반적인 신용 상태가 양호한 편
	D	Average	수입자의 전반적인 신용 상태가 보통인 수준
	E	Poor	수입자의 지급능력이 열등한 상태이고 전반적으로 신용 상태가 낮은 수준
	F	Very poor	수입자의 지급능력이 매우 열등한 상태이고 전반적으로 불안정한 신용 상태
비정상 등급	G	Cautious or Uncertain	① 신용 상태가 불량한 수준으로 추정되는 수입자 ② 납입자본금 전액이 잠식되거나, 2분의 1이상 잠식되고 2년 연속 적자를 기록 중인 수입자 ③ 신용정보자료 불충분으로 정확한 신용 상태를 평가하기 어려운 수입자
	R	Restricted or Bankrupt	① 영업중지 및 파산선고 상태의 수입자 ② 수출보험 관련 사고발생 책임이 있거나 결제기일을 연장한 수입자 ③ 신용조사가 불가능한 수입자 등

해서는 비정상 등급인 G등급 및 R등급이 책정된다. G등급 및 R등급 수입자에 대해서는 무역보험 부보가 제한되는 등급이므로 무역보험을 이용할 의사 있는 경우에는 실제 수출을 진행하기 전에 무역보험공사 인수담당자와 사전에 상담이 필요하다. G등급은 ① 신용 상태가 불량한 수입자, ② 납입자본금이 전액 또는 상당 수준 잠식된 수입자, ③ 신용정보자료가 불충분하여 정확한 신용 상태를 평가하기 어려운 수입자 등에 대해 평가되는 신용등급이다. R등급은 ① 영업중지 및 파산선고 상태의 수입자, ② 수출보험 관련 사고발생 책임이 있거나 결제기일을 연장한 수입자, ③ 신용조사가 불가능한 수입자 등에 대해 평가되는 신용등급이다.

따라서 수출자는 초도 거래를 하기 전에 수입자 신용평가를 의뢰할 필요가 있으며, 신용등급이 G등급 및 R등급으로 평가되는 경우 적절한 거래상대방인지 여부를 심각하게 의심해 보아야 한다.

우리나라 기업이 실제 거래하는 수입자의 신용도 수준은 다양하다. 무역보험공사는 1999년부터 2013년까지 15년간 약 42만 건의 신용등급평가를 실시하였다. 정상 신용등급 중에선 F등급의 비중이 19% 수준이고 C~E등급 비중은 12~13% 수준이다. 비정상 신용등급으로 평가된 수입자가 33%에 달하고 있어, 무역거래 시 거래상대방의 신용도 파악 및 관리가 필수적 요소임을 알 수 있다.

〈표 9–5〉 무역보험공사 수입자 신용등급 분포

신용등급	A등급	B등급	C등급	D등급	E등급	F등급	G등급	R등급	합계
건수	17,854	27,537	50,995	54,682	52,590	77,972	86,459	51,711	419,810
비중	4%	7%	12%	13%	13%	19%	21%	12%	100%

3. 신용 리스크 관리방안

1) 개요

기업이 선택할 수 있는 리스크 통제기법은 회피, 손실통제, 리스크 요소의 분리, 계약을 통한 전가 등의 방법이 있다.[111] 리스크 없는 사업기회를 발굴할 수 있다면 이상적이겠지만, 현실적으로 리스크가 없는 사

---

111) 김성재 외 9인, 『보험과 리스크 관리』, 문영사, 2010, 38면.

업기회는 존재하지 않으며 특히 고수익 사업 및 신시장 개척은 리스크가 불가피하다. 따라서, 적극적 사업운영을 위해서는 리스크의 적절한 관리가 필수적이다. 리스크를 피할 수 없는 경우, 그 리스크를 자체적으로 감내하며 보유(retention)하는 방식과 금융계약을 통해 외부로 전가(transfer)하는 방식을 선택할 수 있다. 신용 리스크를 보유(retention)하는 경우는 거래상대방의 신용도를 감안하여 감내 가능한 손실 범위 내에서 보유금액을 관리하는 것이 필요하다. 리스크 전가(transfer)는 보험 방식과 비보험 방식으로 구분할 수 있다. 일반적으로 손실의 빈도는 낮지만 발생손실의 규모가 큰 경우에는 보험을 가입함으로써 외부 기관으로 리스크를 전가하는 것이 바람직하다.[112]

〈표 9-6〉 신용위험 관리 전략 및 기법

관리 전략	관리 기법	적용방안
신용위험 통제	회피	계약회피
	손실통제	손실방지, 손실감소, 다각화
신용위험 재무관리	보유	소극적 보유, 적극적 보유
	보험 전가	수출보험
	비보험 전가	신용장, 팩토링, 포페이팅, 보증서, 파생상품

* 자료 : 오원석·박세훈(2008) 재구성[113]

수출기업이 수출채권 위험관리를 위해 활용하는 금융상품은 수출보험, 신용장, 포페이팅, 팩토링 등 4가지 제도가 대표적이며, 각 금융

---

112) 상게서, 46면.

113) 오원석·박세훈, "국제대금결제에서의 신용위험 대처방안에 관한 연구", 한국무역상무학회지 제 39권 2008, 150면 (필자 재구성)

상품의 이용 규모는 2010년 기준 수출총액 대비 각각 23%, 16%, 2%, 1% 수준이다.[114] 한편 글로벌 대기업들은 그 외에 필요에 따라 Credit Default Swap, Option, Asset Backed Security 등 기타 다양한 파생금융상품을 활용하는 사례도 있으나, 활용 비중은 매우 낮은 편이다.[115] 왜냐하면 파생상품은 수출보험, 신용장 등과 같은 보편적 금융제도에 비해 ① 무역거래에 특화되어 있지 않고, ② 신용도가 낮은 수입자에 대해서는 리스크 전가가 제한적인 경우가 많고, ③ 계약 및 운영 절차가 복잡하여 전문운영 인력이 필요하며, ④ 비용이 많이 소요되기 때문이다. 정리하면, 우리나라 수출현장에서 실무적으로 가장 보편적으로 채택되고 있는 수출채권 미회수 리스크 관리수단은 수출보험과 신용장이다.

2) 수출보험

(1) 개요

수출보험은 국제무역 및 해외투자 거래 시 수입자의 파산, 지급거절 등 신용위험 및 수입국의 모라토리엄, 환거래 제한, 전쟁 등 비상위험으로 인해 수출자 또는 금융기관이 입게 되는 손실을 보상하여 수출 및 해외투자를 지원하는 보험이다. OECD 공적수출신용협약은 수출신용 종

---

114) 2010년 말 기준 상품수출 관련 수출보험 부보금액은 1,068억 달러, 신용장 방식 수출거래액은 726억 달러, 포페이팅 금액은 104억 달러, 팩토링 금액은 67억 달러이다. 국내 포페이팅과 팩토링 시장은 수출입은행과 외국계 은행 중심으로 시장이 형성되어 있다. (자료 : 무역보험공사 통계, 무역협회 통계, 및 기획재정부 "우리나라의 무역금융 현황 및 공적 무역금융 지원방향" 보고서) 다만, 동 금융상품은 일정부분 상호보완적 역할을 하기 때문에 이용금액의 일부가 서로 중첩된다.

115) 김경철, "단기수출보험 민간 개방에 대한 수출기업 수용도 조사 및 수요자 중심의 정책제안", 「무역보험연구」 제15권 2호, 2014, 40면.

류를 퓨어커버(Pure Cover), 금융지원(Financing Support), 타이드원조(Tied Aid) 등 3가지로 구분한다.[116] 퓨어커버는 수출보험 및 보증을 의미하며, 금융지원은 직접대출, 리파이낸싱, 이자율지지(Interest Rate Support)로 구분된다. 직접대출은 정부가 직접 자금을 조달하여 신용을 공여하는 제도인 반면, 수출신용보험·보증은 순수하게 대금미회수 위험만을 담보하여 정부의 자금조달 부담 없이 민간은행의 수출금융을 촉진한다는 의미에서 순수위험담보(pure cover)라고 불린다.

공적수출신용제도는 1919년 영국이 상무부 내에 수출신용보증부(Export Credit Guarantee Department)를 설치하면서 시작되었다. 제1차 세계대전으로 위축된 수출을 진흥하고 고용을 촉진하기 위한 조치였다. 선진국들은 영국 수출신용제도의 운영 효과에 자극을 받아 제1차 세계대전 이후 무역 재개를 통한 산업복구 및 경제부흥을 목표로 공적수출신용기관을 설립하였다.[117] 독일은 1926년, 일본은 1930년, 미국은 1934년에 수출신용제도를 도입하였다. 제2차 세계대전 이후 1980년대까지 개발도상국들은 수출신용제도 없이는 선진국과의 경쟁이 불가능하다는 인식하에 경쟁적으로 수출신용기관을 설립하였다.[118] 1956년 남아공을 필두로 인도(1957년), 한국(1968년) 등 아시아, 중남미 국가들이 그 뒤를 따랐다. 1990년대 이후에는 동유럽 및 아프리카 국가들의 수출신용제도 도입이 활발하였다.

---

116) OECD, Arrangement on Officially Supported Export Credits, Article 5 Scope of Application(2015), available at http://www.oecd.org/tad/exportcredits/theexportcreditsarrangementtext.htm (last visited November 23, 2015).

117) 심의섭·김홍진·김희국·류근옥·박재순·유주선·윤기관·윤상철·이승영·최병규(2009), 「수출보험의 이해」, 서울: 세창출판사, p. 144.

118) 심의섭·김홍진·김희국·류근옥·박재순·유주선·윤기관·윤상철·이승영·최병규(2009), 「수출보험의 이해」, 서울: 세창출판사, p. 145.

우리나라의 경우 1962년 시작된 제1차 경제개발 5개년계획에서 대외지향적인 경제개발전략을 수립하고 수출입국(輸出立國)을 목표로 수출지원 정책을 추진하였다. 수출은 급속히 증가하였으나 1968년에 여전히 6억 달러를 조금 넘는 수준에 그쳐 총량 규모의 증대가 절실한 과제로 등장하였다. 과감한 수출진흥을 위해서는 수출시장을 다변화시킬 필요성이 높아졌고 안전한 신용장거래에서 벗어나 수입자가 선호하는 무신용장 방식 결제방식을 수용할 수 있어야 했다. 이러한 변화는 필연적으로 수출결제 리스크를 증가시키므로 정부는 높아진 위험으로 인해 발생하는 수출자의 손실을 보상해 주는 제도를 마련하는 것이 수출증대의 지름길이라는 정책적 판단 아래 수출보험제도를 도입하였다. 즉, 제2차 경제개발 5개년계획상의 총량수출 규모 증대시책의 일환으로 1968년 12월 31일 수출보험법이 제정, 공포되었고 1969년 2월 18일 수출보험 업무가 개시되었다.

(2) 수출보험의 역할 및 종류

① 역할

수출보험은 무역, 해외투자 등의 대외거래에 대한 거래위험을 제거하여 수출을 진흥하는 정책보험이다. 대외거래 위험을 담보하고 수출신용을 창출하여 적극적 수출을 유도하며, 우리나라 주력 상품수출 품목의 세계경쟁력 확보를 지원하고, 플랜트·선박 수주 및 해외자원 개발 시 금융조달을 지원한다. 또한, 환율변동에 따른 환위험을 제거하여 수출입거래의 사업안정성을 높여주는 기능을 수행한다. 특히 수출보험은 중소기업의 해외시장 개척을 지원하여 글로벌화를 촉진하고 수출중소기업의 유동성 공급을 지원한다. 따라서 중소기업의 수출기업화 및 글로벌화를 지원하여 질 좋은 일자리 창출에 기여한다.

(a) 대외거래 위험담보

수출보험의 기본적 기능은 수입자의 대금미회수위험을 담보하는 것이다.[119] 즉, 대외위험의 최종인수 기능을 수행한다. 따라서 수출보험은 수입국에서 발생하는 비상위험 또는 신용위험으로 인하여 수출이 불가능하게 되거나 수출대금의 회수가 불가능해지는 경우 수출자 등이 입게 되는 손실을 보상함으로써 수출활동을 촉진시키는 역할을 한다.[120]

국가 경제적 관점에서, 수출보험은 우리나라 기업의 수출 및 투자 리스크 관리 및 국부유출 방지 인프라를 제공한다. 수출보험은 해외 수입자에 대한 신용정보를 제공하여 예방적 위험관리가 가능하도록 하고, 대외위험을 제거하여 수출 확대를 유도하며, 보험사고 발생 이후에는 보험자 대위권을 통한 채권행사로 해외로 유출된 국부를 회수하여 수출입거래 관련 국부유출을 방지하는 기능을 한다. 한미 FTA의 경우, 협정서 제11장은 상대국에 대한 투자를 규정하고 있으며, 한국무역보험공사의 해외투자보험에 가입한 한국 투자자가 미국의 협정위반 조치로 인해 재산상 손실을 입은 경우에, 한국무역보험공사가 투자자에게 보험금을 지급한 후 미국 정부를 상대로 보상을 요구할 수 있는 권리가 있는 대위권자임을 명시하고 있다.[121]

---

119) 김상만(2011), 「국제거래법」, 서울: 두남, p. 369.

120) 김상만(2011), 상게서, p. 369.

121) 대한민국과 미합중국 간의 자유무역협정 제11.14조 (대위변제) 1. 한국수출보험공사(현 한국무역보험공사) 또는 해외민간투자공사가 투자에 대하여 체결한 보증 또는 보험계약에 따라 각 공사가 설립된 당사국의 투자자에게 지불하는 경우, 그 공사는 그 투자자의 대위권자로 간주되며, 대위변제가 없었더라면 그 투자자가 이 장에 따라 소유하였을 동일한 권리를 가진다. 그리고, 그 투자자는 대위변제의 한도에서 그러한 권리를 추구하는 것으로부터 배제된다.

(b) 수출신용 창출

수출보험은 수출신용(Export Credit)을 창출한다. 수출신용은 양국 간 교역과정에서 수출자 또는 수입자, 혹은 금융기관이 신용을 거래상대에게 공여하는 것으로 국제교역에서 요구되는 두 가지 수요인 위험경감과 유동성 공급을 지원하는 기능을 수행한다. 즉, 수출신용 창출은 세계 교역을 촉진을 위해 필수적이다. 수출보험은 채무자의 신용위험을 제거하여 금융기관이 수출금융을 활발히 제공하도록 지원한다. 또한, 보험사고 발생 시 금융기관 및 수출기업 등에게 보험금을 지급하여 경제 주체의 유동성 위험을 제거하는 기능도 수행한다.

② 주요 종목

한국무역보험공사가 제공하는 보험의 종류는 다양하다.[122] 단기수출보험, 중장기수출보험, 해외공사보험, 수출보증보험, 해외투자보험, 환변동보험, 서비스종합보험, 해외사업금융보험, 수입보험, 수출기반보험, 수출신용보증, 수출용원자재수입신용보증, 부품소재신뢰성보험 등이 제공되고 있다.[123] 그중 가장 대표적 수출보험 상품은 단기수출보험 및 중장기수출보험이다.[124] 동 보험종목은 세계적으로도 가장 보편적 무역보험 제도이다.[125] 한국의 경우 2013년 말 현재, 단기수출보험은 무역보험 전체 인수실적의 87%, 보험료 수입의 31%를 차지하고 있으며, 중장기수

---

122) 한국무역보험공사 취급업무는 무역보험법 제53조에 규정하고 있으며, 구체적 보험 및 보증 상품의 종류는 업무방법서 제6조, 제19조, 제27조에 규정되어 있다. 종목별 개요는 부록에 별도로 제시하였다.

123) 김경철·정홍주(2013), 전게논문, p. 97.

124) 김경철·정홍주(2013), 상게논문, p. 97.

125) 김경철·정홍주(2013), 상게논문, p. 97.

출보험은 인수실적의 3%, 보험료 수입의 41%를 차지한다. 즉, 두 종목은 전체 인수실적의 90%, 전체 보험료 수익의 72%를 차지하고 있어 그 비중이 절대적인 핵심 지원제도이다. 이에 대표적 수출보험 두 종목에 대해 아래에서 추가 설명하고자 한다.

(a) 단기수출보험

단기수출보험은 공급자 신용의 일종이다.[126] 단기수출보험의 핵심적 기능은 수출대금 미회수위험을 담보하는 것이다. 공공정책적 관점에서, 단기수출보험은 수출기업에 수출 및 해외투자 리스크를 관리할 수 있는 수단을 제공하며 국부유출을 방지하는 인프라로서 역할을 한다. 보험계약자는 수출기업 또는 금융기관이고, 담보위험은 수입국 비상위험과 수입자 신용위험이며, 보상하는 손실은 수입자의 수출대금 미상환으로 인

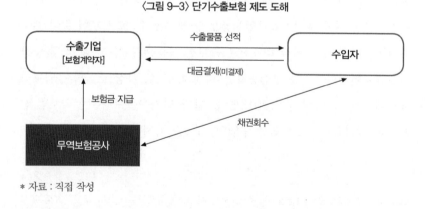

〈그림 9-3〉 단기수출보험 제도 도해

* 자료 : 직접 작성

---

126) 공급자 신용이란 금융기관이 물품의 공급자(수출거래시는 수출자)에게 금융을 제공하는 것을 말하며, 참고로 구매자신용이란 물품의 구매자(수출거래시는 수입자)에게 금융기관이 금융을 제공하는 것을 의미한다. 단기수출보험은 국내 수출자가 자기의 위험을 담보받기 위해 보험에 가입하는 것이 주된 형태로 공급자신용을 주로 활용하게 된다.

해 발생한 수출자 또는 금융기관의 손실이다.[127] 대상거래는 신용기간이 2년 이하인 경상거래이고, 핸드폰, 일반 전자제품, 반도체, 철강, 화학제품, 자동차 등의 수출거래에 주로 이용되고 있다.[128]

(b) 중장기수출보험

중장기수출보험은 주로 구매자 신용을 기반으로 운영된다. 담보위험은 수입국 비상위험 및 수입자 신용위험이며, 보상하는 손실은 차주의 대출금 미상환으로 인한 금융기관 손실이다. 보험계약자는 주로 금융기관이다. 보험대상거래는 신용기간 2년을 초과하는 수출 및 해외투자거래이다. 통상 제공되는 신용기간은 10년 내외이다. 플랜트 건설, 선박건설, 해외 에너지 및 광물 자원개발, 해외 생산공장 설립 등 자본재거래 또는 건설수주시 수출 및 해외투자금융을 지원한다.

〈그림 9-4〉 중장기수출보험 제도 도해

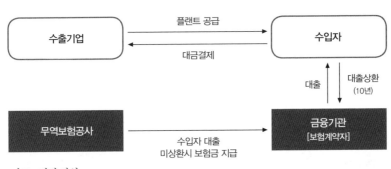

* 자료 : 직접 작성

---

127) 김경철·정홍주(2013), 상계논문, p. 98.

128) 김경철·정홍주(2013), 상계논문, p. 98.

중장기수출보험의 위험관리 수단은 수입국 및 수입자의 신용도관리, 프로젝트의 사업성 평가, 리스크의 분산으로 요약된다. 수입국 및 수입자의 신용도관리는 단기수출보험과 유사하다. 중장기 연불수출 관련 프로젝트의 사업성평가는 통상 프로젝트 파이낸스 기법에 따라 다양한 참여기관과 같이 해당 사업의 수익성평가, 법률위험·환경·기술평가 등으로 구성된다. 리스크는 거래참여자 간 계약에 기반한 위험의 분담과 담보 확보 등으로 분산될 수 있다.

　상기에서 설명한 단기수출보험과 중장기수출보험을 상호비교하면 아래 표와 같다.

<표 9-7> 수출보험 주요 종목 개관(2013년 기준)

구분	단기수출보험	중장기수출보험
공급 규모	178조 원	6.7조 원
보험료	2,103억 원	2,755억 원
신용공여자	수출자	금융기관
신용수혜자	수입자	수입자
보험계약자	수출자	금융기관
담보위험	수입자 신용위험 수입국 비상위험	수입자(차주) 신용위험 수입국 비상위험
지원전략	통상의 보험곤란 시장실패 지원 정책금융 및 상업금융 협업	통상의 보험곤란 시장실패 지원 정책금융 및 상업금융 협업
위험관리방안	채무국·채무자의 신용도 관리 등	채무국·채무자의 신용도 관리, 프로젝트 사업성 평가 등
주요이용기업	종합상사, 전자·철강·화학 제조사 등	은행, 건설사, 자원공기업 등

* 자료 : 직접 작성

(3) 수출보험의 활용

① 수출보험 이용현황

한국무역보험공사에 따르면, 한국의 수출보험 활용률은 2012년 말 현재 전체 수출금액 대비 수출보험 부보금액 기준으로는 24%이며, 전체 수출기업수 대비 수출보험 이용기업 수를 기준으로 하면 9.5%이다.[129] 금액 기준의 활용률은 타 국가와 비교 시 상당히 높은 수준이다.[130] 수출기업은 수출 규모가 클수록 무역보험을 이용하는 비율이 높다. 2012년 말 현재 우리나라 수출기업 88,816개사 중 무역보험을 이용하는 기업은 8,429개사로 평균 무역보험 이용률은 9.5%이다. 연간 수출실적이 10만 달러 미만인 기업이 전체 수출기업의 51%를 차지하고 있으나, 이들 수출초보기업의 무역보험 이용률은 5% 수준에 불과하다. 수출실적이 500만 달러를 넘어서면 무역보험 이용률이 20% 수준으로 평균을 넘어선다. 대략 500만 달러를 기준으로 무역 리스크 관리가 본격적으로 시작되는 것으로 볼 수 있다. 수출 규모에 비례하여 무역보험을 이용하는 비율이 높아진다. 연간 수출실적이 10억 달러 이상인 글로벌 기업의 경우는 74%가 무역보험을 이용하고 있어, 리스크 관리 인식이 높은 것을

---

129) 수출보험 활용률은 단기수출보험, 중장기수출보험 및 서비스종합보험의 인수실적 합계액을 상품수출 총액으로 나눈 후 100을 곱하여 산출한다. 다만, 단기수출보험의 경우 재판매 현지조달분은 제외한다

130) 한국무역보험공사의 2015년 1월 말 무역보험 업무현황 통계에 따르면 주요국의 수출금액 기준 수출보험 활용률은 아래와 같다.

〈표 9-8〉 수출금액 기준 수출보험 활용률

구분	2010	2011	2012	2013	2014
한국	22.9%	22.5%	23.6%	24.1%	23.9%
캐나다	19.8%	21.1%	17.2%	17.3%	17.8%
독일	11.8%	10.9%	11.3%	10.5%	10.6%
일본	11.3%	9.7%	8.4%	9.8%	10.2%

금액 구간	수출기업(A)		수출보험이용기업(B)		수출보험 이용률(C=B/A)
	분포(개사)	비중(%)	분포(개사)	비중(%)	
10만 달러 미만	45,440	51.2%	2,260	26.8%	5.0%
100만 달러 미만	27,263	30.7%	2,119	25.1%	7.8%
500만 달러 미만	10,882	12.3%	2,217	26.3%	20.4%
1억 달러 미만	4,855	5.5%	1,651	19.6%	34.0%
10억 달러 미만	315	0.4%	137	1.6%	43.5%
10억 달러 이상	61	0.1%	45	0.5%	73.8%
합계	88,816	100%	8,429	100%	9.5%

* 자료 : 한국무역보험공사

알 수 있다. 2012년 말 현재 우리나라 수출에서 중소·중견기업의 수출 비중은 32.1%이지만 무역보험을 이용하는 전체 기업 중 중소·중견기업 비중은 14.6%로 낮은 상황이었다.

　기업의 단기수출보험 가입 유형을 살펴보면, 기업의 리스크 인식 및 관리 수준을 구분하는 기준으로 볼 수 있다. 단기수출보험의 가입 유형은 모든 수출채권을 포괄적으로 수출보험에 가입하는지, 개별 수출채권별로 선별적으로 가입하는지 여부에 따라 포괄보험과 개별보험으로 구분된다. 중소·중견기업에 대한 단기수출보험 공급액 중 포괄보험 방식 가입액 비중은 42%인 반면, 대기업의 경우 95%로서 포괄보험 가입 비중이 2배 이상이다. 중소·중견기업은 보험료 비용을 최소화하기 위해 무역보험을 전혀 이용하지 않거나 신용도가 낮은 수입자에 대해서만 일부 선택적으로 수출보험에 가입하는 반면, 대기업은 모든 수출거래를 수출보험에 가입하는 포괄보험 형태를 주로 이용하고 있다. 대기업은 내부 리스크 관리 정책상 수출보험 가입을 의무화하는 경향이 있으나, 중소·

중견기업은 CEO의 임의적 판단에 따라 수출보험 가입 여부를 결정하는 경향이 있다. 포괄보험 이용 여부는 수출채권 미회수 리스크를 시스템적으로 전가하는지 여부를 판단하는 지표로 해석할 수 있다.

② 수출보험 이용절차

수출보험 이용절차는 청약-계약관리-보험금 청구 등 3단계로 구분된다. 가장 보편적으로 이용되는 단기수출보험을 기준으로 이용절차를 설명하면 아래와 같다.

1단계 절차 : 청약

① 보험가입 상담

② 신용조사 의뢰

수출자는 수입자 신용조사 의뢰하고 신용등급 평가를 요청한다. 수출자 본인 기업의 신용등급 평가도 의뢰한다.

③ 보험청약 및 한도신청

사이버영업점을 통해 청약(단기수출보험-청약-한도신청)

④ 보험증권 발급(K-sure → 수출자)

청약 시 한도책정 요청금액, 향후 거래예상물량, 결제조건, 수입자 신용도 등을 고려하여 보험가입 가능금액인 수출보험 한도가 산출된다. 한도 책정 후 수출업체에 한도책정 통보문이 발송되며, 이후 사이버영업점을 통하여 보험증권 발급이 가능하다.

2단계 절차 : 보험 계약관계 관리

⑤ 수출통지

수출자는 실제 수출이 실행된 경우 무역보험공사에 수출통지를 하여 보험관계를 성립시킨다. 개별보험의 경우, 물품을 선적한 후 10영업일 이내 K-sure에 수출통지한다. 포괄보험의 경우, 수출한 다음 달 20일까지 일괄통지한다.

⑥ 보험료 납부

수출자는 수출통지 후 일정 기간 이내에 보험료를 납부하여야 보험관계 성립이 마무리된다. 개별보험의 경우 납부기한은 수출한 다음 달 25일까지이며, 포괄보험의 경우 수출한 날의 익익월 10일까지이다.

⑦ 결제통지

수출자는 수출통지를 한 수출거래 건에 대해 수입자의 수출대금 입금이 완료되면 무역보험공사에 결제통지를 한다. 보험한도가 회전방식으로 책정된 경우 결제통지를 하면 해당 금액만큼 한도가 되살아난다.

3단계 절차 : 보험금 청구

수출기업이 무역보험을 이용하는 이유는 수입자가 수출대금을 갚지 않는 경우 무역보험공사에 보험금 지급요청을 하여 손실에 대해 보상받기 위해서이다. 보상절차는 사고발생 통지, 사고조사, 보험금 청구 및 지급의 순서로 진행된다. 사고발생 통지는 수출대금이 입금되지 않는 경우 등 손실발생이 발생하거나 가능성이 확인되는 경우 수출기업이 무역보험공사에 위험을 미리 통지하는 것이다. 사고조사는 사실관계를 확인하는 절차이다. 보험금 청구 및 지급은 보상판정을 통해 보험금 지급 또는 면책을 결정하는 절차이다.

⑧ 사고발생 통지

수출자는 수출대금이 결제되지 않은 경우에는 결제기일로부터 1월 이내에 무역보험공사에 서면으로 사고발생을 통지해야 한다. 보험계약자가 사고 통지를 지연하면 다른 수출자와 동일한 수입자 간 추가 수출거래에 대하여 보험관계가 성립되어 손실이 확대될 우려가 있다. 수출자는 사고통지 지연으로 인해 손실이 발생한 경우 일정 수준의 위약금을 부과받을 수 있다는 점을 유의하여야 한다.

⑨ 보상심사 및 보험금지급

사고발생통지를 한 보험계약자는 보상을 받기 위해서는 서면으로 보험금 지급을 청구하여야 한다. 청구시점은 사고 사유에 따라 상이하므로 약관을 확인하여야 한다. 통상적으로는 만기일로부터 2개월 뒤 보험금 지급 청구하고 보험금 지급 청구일로부터 2개월 이내 보험금을 지급받는다. 무역보험공사는 보험계약자가 제출한 서류를 토대로 수출자 및 수입자 조사를 통하여 사고 원인과 수출자의 귀책 여부 판정을 위한 기초자료 수집한다. 무역보험공사는 사고조사가 완료되고 보험금 청구가 접수되면 수출자의 귀책 여부를 심사하여 보험금 지급 여부를 결정한다.

③ 수출보험 이용 시 유의사항

수출보험 이용의 목적은 사고발생 시 보상을 받는 것이다. 그러나 수출보험은 약관의 면책사항에 해당하거나 수출계약 이행과정에서 귀책이 있는 경우 보상받을 수 없다. 따라서 보험계약자인 수출기업 또는 금융기관은 수출과정에서의 부주의 또는 무역보험 제도에 대한 이해가 불충분하여 수출보험에 가입하고도 보상받지 못하는 일이 없도록 주의하여야 한다. 물품의 무역거래 시 가장 일반적으로 이용되는 단기수출보험의 주요 면책사유는 다음과 같다.

① 수출계약 미이행 : 물품하자, 선적기일 미준수, 계약조건 위배, 물품의 멸실, 훼손 등 수출자의 책임으로 수출계약이 정상적으로 이행되지 못한 경우

② 연속수출로 인한 손실 : 수출 건에 대해 결제일이 도래하였으나 수입자가 이를 지급하지 않고 있는 경우 약관상 향후 수출 건에 대한 대금 결제능력이 없는 것으로 간주되어 추가적인 수출을 제한하고 있다. 수출자가 이전 선적 건의 수출대금이 결제일로부터 30일이 경과한 날까지 결제가 되지 않은 상태에서 추가적으로 수출한 거래에서 발생한 손실에 대해서는 보험금을 지급하지 않는다. 즉, 수출기업의 도덕적 해이 방지를 위해 리스크 관리 의무 기준이다.

③ 기타 : 보험계약자가 법령을 위반하여 취득한 채권에 대해 발생한 손실, 약관상 의무사항을 위배함으로써 발생한 손실, 수출계약 상대방의 대금지급책임을 면제 또는 경감한다는 내용을 약정하고 있는 거래 등의 경우 보상이 되지 않는다.

주요 면책사항 중 연속수출로 인한 손실에 대해 수출자는 특별히 주의를 기울여야 한다. 무역보험공사는 연속수출을 보험자 면책사항으로 규정하고 있는데, 그 이유는 이전 수출거래의 대금결제가 최초 결제기일로부터 일정 기간 이상 지체되고 있는 경우에는 향후 사고발생 개연성이 매우 높기 때문에, 이러한 수출거래를 수출보험의 담보 대상에서 제외시킴으로서 사고발생 개연성이 높은 수출거래를 수출보험에 부보하여 해당 수출거래에서 발생할 대금미회수 위험을 일방적으로 무역보험공사에 전가시키지 못하도록 하기 위한 것이다. 보험이란 상법 제638조[131]에서 설명하고 있듯이 장래의 불확정한 사고발생 시 그 손실을 보상하는

---

131) 상법 제638조(보험계약의 의의) 보험계약은 당사자 일방이 약정한 보험료를 지급하고 상대방이 재산 또는 생명이나 신체에 관하여 불확정한 사고가 생길 경우에 일정한 보험금액 기타의 급여를 지급할 것을 약정함으로써 효력이 생긴다.

제도로서, 이러한 보험의 기본원리상 장래의 예측 가능한 위험은 보험자에게 일방적으로 불리하게 작용하기 때문에 보험자들은 이러한 사항들에 대하여 약관 등에서 보험자의 면책 사항으로 규정하여 보상대상에서 제외하게 된다.

연속수출로 인한 수출보험 면책사례를 구체적으로 설명하면 아래와 같다. 수출기업 A사는 미국 수입자 B사에 의류를 수출하기 위해 수출보험에 가입하고 보험한도를 USD 1백만 책정받았다. A사는 무신용장 방식으로 USD 1백만 의 수출을 이행하고 전액 수출보험에 가입하였다. 이후 수입자의 자금사정 악화로 아래와 같이 U$650천에 대하여 지급 지체가 발생하여 수출자는 2011년 11월 1일에 무역보험공사에 사고통지를 하였다.

1번 선적건을 보면 만기일이 2011년 5월 14일이므로 약관에 의거 30일이 경과한 2011년 6월 14일부터 결제일 전일인 2011년 10월 29일

〈표 9-10〉 단기수출보험 이용 시 연속수출에 의한 면책 사례 예시[132]

구분	수출금액	선적일	만기일	결제일	결제금액	미결제액	비고
1	U$100천	'11. 3. 15	'11. 5. 14	'11. 10. 30	U$100천	–	–
2	U$250천	'11. 4. 15	'11. 6. 14	'11. 10. 30	U$250천	–	–
3	U$300천	'11. 5. 15	'11. 7. 14	–	–	U$300천	보상
4	U$150천	'11. 6. 15	'11. 8. 14	–	–	U$150천	면책
5	U$200천	'11. 7. 15	'11. 9. 13	–	–	U$200천	면책
계	U$1,000천	–	–	–	U$350천	U$650천	–

* 자료 : 무역보험공사 홈페이지

132) 세부적 사항은 무역보험공사 홈페이지 단기수출보험 제도해설 참조.

까지 대금이 미결제된 상태이므로 해당 기간 동안 추가로 수출한 거래에서 발생한 손실은 연속수출에 해당되어 보험금을 지급받을 수 없다.

수출자가 사고발생 통지한 3, 4, 5번 선적 건 중 3번 선적 건은 선적일이 2011년 5월 15일이므로 연속 수출에 해당하지 않아 보험금 지급대상이나, 4, 5번 선적 건은 2011년 6월 14일 부터 2011년 10월 29일 동안 선적되었으므로 전액 면책 처분된다. 따라서, 수출기업은 연속수출로 인해 보험금을 수령하지 못하는 경우가 없도록 결제기일 관리에 주의하여야 한다.

(4) 종합상사의 신용 리스크 관리체계

우리나라 주요 수출기업은 대체로 수출보험을 활용하여 여신관리를 하고 있다.[133] 전체 수출채권을 단기수출보험에 포괄보험 방식으로 부보하여, 자사의 수출채권 여신관리를 공사에 위임하는 하는 것이다. 여신관리 체계 역시 수출보험 승인절차와 연동하여 구축하고 있다. 무역보험을 이용하는 주요 기업의 여신관리 방안은 대체로 유사한 바, A종합상사의 무역신용 승인절차를 구체적으로 살펴보면 우리나라 주요 수출기업의 수출채권 관리체계를 알 수 있다.[134]

---

133) 자동차 및 철강 제조업 등 신용장 거래 및 종합상사를 통해 간접수출 비중이 높은 일부 산업을 제외한 대부분의 수출산업의 주요 기업은 단기수출보험을 포괄보험 방식으로 이용하고 있다.

134) 김경철·정홍주, "인수심사자의 재량적판단이 단기수출보험 총액한도 결정에 미치는 영향에 관한 연구", 무역보험연구 제14권 제4호 2013, 100면. 한편, B종합상사의 경우도 무역보험 한도를 기본으로 여신관리를 하고 있다. 수입자별 Exposure를 관리하고 무역보험 한도 등 여신한도가 불충한 경우 부족 금액에 따라 단계별로 여신관리담당 실장, 본부장, 리스크위원회의 특별승인을 요구하는 구조로 운영되고 있다. (동 내용은 필자가 B종합상사의 ERM부서 실무자를 2016년 10월 13일에 면담 결과 정리한 내용이다.)

A종합상사는 영업담당자가 수입거래선을 발굴하여 계약조건을 협상할 때, 또는 계약 체결 후 물품선적을 진행하기 전에 수출채권의 리스크 관리를 위해 여신거래 승인을 취득하도록 내부 방침을 운영하고 있다.[135] 왜냐하면, 국제무역에서 기업 간 30~180일 정도의 신용공여가 일반적인데, 신용공여 시 위험부담이 수출자에게 귀속되기 때문이다.[136] A종합상사는 무신용장 방식 수출거래 시 대금미결제 위험을 관리하기 위해 모든 거래 건에 대해 공사에 포괄보험을 가입하고 있다. 수출기업이 공사에 수입자 신용조사와 수출보험 한도를 신청하면, 공사는 보험한도 심사를 실시하여 한도를 부여하거나 거절한다.[137] A종합상사 영업부

<그림 9-5> A종합상사의 기업 간 무역신용 승인 흐름도

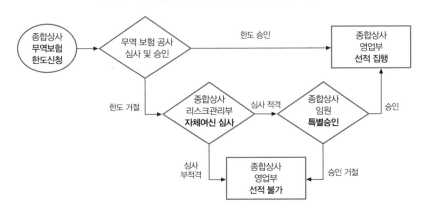

135) 김경철·정홍주, "인수심사자의 재량적판단이 단기수출보험 총액한도 결정에 미치는 영향에 관한 연구", 무역보험연구 제14권 제4호 2013, 100면.

136) 김경철·정홍주, "인수심사자의 재량적판단이 단기수출보험 총액한도 결정에 미치는 영향에 관한 연구", 무역보험연구 제14권 제4호 2013, 100면.

137) 김경철·정홍주, "인수심사자의 재량적판단이 단기수출보험 총액한도 결정에 미치는 영향에 관한 연구", 무역보험연구 제14권 제4호 2013, 100면.

는 무역보험 한도를 부여받은 경우는 즉시 수출을 집행할 수 있다.[138] 그러나, 한도가 거절된 경우에는 내부 리스크 관리부서의 1차 여신심사를 별도로 받는다.[139] 이중 적격거래에 대해 임원의 최종 승인을 받는다.[140] 30만 달러 이하의 거래는 각 사업부문 이사의 승인을 받고, 30만 달러 초과건의 경우 사장의 결정으로 선적을 실시하고 있다.[141] 정리하면 주요 수출기업은 수출대금 미결제위험을 공사에 전가(transfer)하는 전략을 기본적으로 수립하고 있으며, 전가가 불가한 경우 위험의 자체적 보유 (retention)여부를 신중히 결정하고 있다.

한편, 수출보험 활용과 더불어 수입자 신용조사 및 신용등급 모니터링을 강화하는 수출기업이 증가하고 있다. 즉, 모든 거래 수입자에 대해 공사에 신용조사를 의뢰하는 것을 원칙으로 하는 수출기업이 증가하고 있다. 따라서 수입자 신용조사 의뢰건수는 1999년 8천여 건에서 2013년 약 5만 7천 건으로 대폭 상승하였다. 국내에서 전문적으로 수입자 신용조사, 신용등급 평가, 신용도 모니터링을 지원하는 기관은 무역보험공사가 유일하다.

---

138) 김경철·정홍주, "인수심사자의 재량적판단이 단기수출보험 총액한도 결정에 미치는 영향에 관한 연구", 무역보험연구 제14권 제4호 2013, 100면.

139) 김경철·정홍주, "인수심사자의 재량적판단이 단기수출보험 총액한도 결정에 미치는 영향에 관한 연구", 무역보험연구 제14권 제4호 2013, 100면.

140) 김경철·정홍주, "인수심사자의 재량적판단이 단기수출보험 총액한도 결정에 미치는 영향에 관한 연구", 무역보험연구 제14권 제4호 2013, 100면.

141) A종합상사의 리스크 관리 업무흐름은 동사 리스크 관리부 실무자와 2012년 11월 5일 면담한 결과를 정리하였다.

3) 신용장

(1) 개요

① 개념

신용장은 신용장 문면에 명시된 조건과 일치하는 서류가 제시되면 개설은행이 수익자에게 대금의 지급을 약속하는 지급확약이다. 신용장 통일규칙(UCP 600) 제2조에서 신용장(Credit)은 개설은행이 일치하는 제시에 대하여 결제(honour)하겠다는 확약으로서 취소가 불가능한 모든 약정으로 정의되고 있다. 국제거래 시 거의 대부분의 신용장에서 준거규정으로 신용장통일규칙(UCP, The Uniform Customs and Practice for Documentary Credits)이 보편적으로 사용된다. 국제상업회의소(ICC)는 1933년 신용장통일규칙을 제정하여 이후 6차에 걸쳐 개정하고 있으며, 최근에는 2007년 개정된 ICC 간행물 제600호인 UCP 600이 국제적으로 널리 사용되고 있다.

신용장은 수출입자 간 위험을 절충한 대금지급 방식이다. 선수금으로 거래할 경우 수입자는 수출자가 물품을 인도하지 않을 위험에 노출되고, 외상으로 거래할 경우 수출자는 수입자가 대금을 결제하지 않을 위험에 노출된다. 무역거래 당사자 간 이러한 물품미인도 위험과 대금미회수 위험을 상호 절충시킬 수 있는 적합한 조직은 금융기관이다. 재무적 안정성 및 대외평판이 우량한 은행이 독립적 결제인으로 거래에 개입함으로써 수출입자 상호간 불확실성을 제거해준다. 수출자는 본인이 계약조건을 충족하기만 하면 신용장의 수익자로서 결제(honor)받을 것을 확신할 수 있다. 수출자는 신용도 높은 은행은 믿을 수 있으므로, 시장상황 악화로 수입자가 변심하거나 결제능력이 저하된 경우에도 수출대금 지급은 확실하다는 점에서 안심할 수 있다. 동시에 수입자는 신용장을 제공하여 대금지급의 확신을 줌으로써 수출자가 외상결제조건을 수용하도록 설득하고 성실한 계약이행을 독려할 수 있다. 이러한 기능으로 인해 신용장은 오랫동안 무역거래의 대금결제방식으로 사용되어 왔다.

② 운영원칙

신용장의 기본적 운영원칙은 독립성과 추상성이다. 독립성과 추상성은 개설은행의 책임을 신용장 문면상 명시된 조건의 일치 여부를 서류상으로 확인하는 것으로 한정하여 은행의 신용장거래 참여를 가능하도록 한다.

신용장의 독립성(the principle of the independence)이란 신용장은 원인계약(underlying contract)인 물품 매매계약 등을 기초로 발행되지만, 그 본질상 기초거래와는 별개의 거래라는 뜻이다. UCP 600 제4조는 "신용장은 그 본질상 그 기초가 되는 매매 또는 다른 계약과는 별개의 거래이다. 신용장에 그러한 계약에 대한 언급이 있더라도 은행은 그 계약과 아무런 관련이 없고, 또한 그 계약 내용에 구속되지 않는다. 따라서 신용장에 의한 결제, 매입 또는 다른 의무이행은 개설의뢰인과 개설은행, 수익자 사이에서 발생된 개설의뢰인의 주장이나 항변에 구속되지 않는다."라고 명시하고 있다. 더욱이 UCP 600은 "개설은행은 개설의뢰인이 원인계약이나 견적 물품송장 등의 사본을 신용장의 일부분으로 포함시키려는 어떠한 시도도 하지 못하게 하여야 한다"라고 규정하며, 개설은행이 적극적으로 신용장 거래의 독립성을 지킬 것을 독려한다.

신용장의 추상성이란 신용장은 실물거래가 아닌 서류거래라는 의미이다. UCP 600 제5조는 "은행은 서류로 거래하는 것이며 그 서류가 관계된 물품, 용역, 의무이행으로 거래하는 것은 아니다"라고 명시하고 있다.

실무상 은행 직원이 수출입자 간 복잡한 매매계약을 일일이 살펴보고 이행 여부를 판단하는 것은 사실상 불가능하다. 따라서 상기 신용장의 독립성과 추상성 원칙은 은행의 책임을 명확히 한정하여, 은행이 독립적 지급확약을 할 수 있도록 도와준다. 결국 신용장은 그 본질상 원인계약과 별개의 거래로서 제시된 서류의 일치 여부만을 확인하여 지급을 결정하는 구조로 운영된다.

(2) 거래당사자

신용장은 개설의뢰인(Applicant)의 신청과 지시에 따라 개설은행(Issuing Bank)이 발행한다. 개설은행은 수익자(Beneficiary)가 신용장 문명에 제시된 조건과 일치하는 서류가 제시하면 신용장대금을 지급한다. 제시(presentation)는 개설은행 또는 지정은행에 대한 서류의 인도(delivery of documents) 또는 그렇게 인도된 그 서류 자체를 의미한다. 신용장 거래 시 3대 핵심 당사자는 개설의뢰인, 개설은행, 수익자이다.

개설의뢰인(Applicant)은 신용장 개설을 신청하는 당사자이다. 통상 수입자 또는 매수인이다. 개설의뢰인은 자신의 거래은행에 수입대금 지급을 위해 신용장 개설을 의뢰하며, 개설은행은 개설의뢰인의 담보와 신용도 등을 고려하여 신용장 개설 여부를 결정한다.

개설은행(Issuing Bank)는 개설의뢰인의 신청 또는 그 자신을 위하여 신용장을 개설하는 은행이다. 원인행위인 매매계약에서 채무자는 수입자이나, 신용장거래는 독립적 거래이므로 신용장에서 채무자는 개설은행이다. 따라서 수익자(수출자)는 신용도가 높은 금융기관이 결제를 확약하므로 신용장 거래 시 대금미결제위험이 경감되는 혜택을 받는다.

수익자(Beneficiary)는 신용장 개설을 통하여 이익을 받는 당사자이다. 무역거래에서 수출자 또는 매도자에 해당한다. 수익자는 수출을 이행하고 대금을 받는 것이 목적이므로 신용장 문면에 명시된 조건과 일치하는

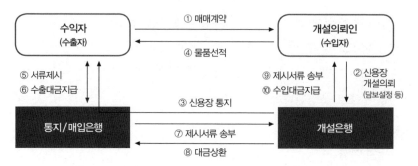

〈그림 9-6〉 신용장거래 절차 도해

서류를 개설은행에 제시하여 대금결제를 요구한다.

기타 통지은행(Advising Bank), 매입은행(Negotiating Bank), 지정은행(Nominated Bank) 등이 신용장거래 참여자가 될 수 있다. 통지은행은 개설은행의 요청에 따라 신용장을 수익자에게 통지하는 은행이다. 매입은행은 개설은행 이외의 은행이 추심 전 매입할 수 있다고 정한 경우 환어음 또는 서류를 매입하는 은행이다. 이들은 핵심 3대 당사자의 업무편의를 위해 신용장거래를 보조하는 은행들이다. 수익자의 요청에 따라 자신이 거래하기 편리한 주거래은행이 통지 및 매입은행 등의 역할을 하는 경우가 많으며, 개설은행의 해외지점망이 제한되어 있어 수익자 소재국에서 영업 중인 다른 은행의 도움을 받는 경우도 있다. 매입(negotiation)은 일치하는 제시에 대하여 지정은행이 대금지급에 동의하여 환어음 또는 서류를 매수(purchase)하는 것을 의미한다.

(3) 유의사항 및 하자 사례

신용장은 수입자의 신용을 개설은행의 신용으로 보강하여 대금결제 확실성을 높이는 무역결제수단이지만, 그렇다고 항상 지급이 보장되지는 않는다. 수출기업 입장에서 신용장 거래 시 주의해야 하는 주요 위험은 개설은행의 낮은 신용도, 서류하자에 의한 지급거절, 시장침체 및 가격하락에 의한 부당한 마케클레임 발생 등이다.

① 개설은행의 낮은 신용도

대한무역투자진흥공사(KOTRA)의 방글라데시 다카 무역관에 따르면, 방글라데시는 원칙적으로 신용장에 의한 수입대금 결제만 가능하며 외환관리 차원에서 전신환 송금은 제한하고 있다. 방글라데시 은행의 낮은 신용도로 인해 신용장거래임에도 불구하고 지급지연 사례가 빈번해 수출기업의 주의가 필요하다.[142] 방글라데시에서는 통상적으로 은행으로부터 수입 금융(대출)을 일으켜 신용장을 개설한다. 원칙적으로 개설은행은 서류상 하자가 없는 한 결제를 하여야 하나 수입자가 대출을 상환하지 않으면 개설은행이 신용장 결제를 하지 않는 경우가 있다. 이런 경우 사전적 위험관리 방법으로는 신용도가 높은 제3국 은행으로 부터 신용장 확인(L/C confirmation)을 받거나, 무역보험에 부보하는 것을 고려할 수 있다. 사후적 위험관리 방법으로는 국제소송, 국제상사중재 등을 통해 분쟁을 해결하거나, KOTRA 무역관 등에 협조를 요청하여 개설은행 및 외환관리를 담당하는 중앙은행에 결제 독촉을 하는 방법 등이 있을 수 있다.

② 서류 불일치에 따른 지급거절

신용장은 실물거래가 아닌 서류거래이다. 앞서 신용장의 기본적 운영원칙으로 추상성을 살펴보았다. 따라서 제시 서류는 신용장 문명상

---

142) KOTRA 방글라데시 다카 무역관 최원석, "사례로 보는 방글라데시 신용장 수출거래의 위험 요소(2014.7.4)", http://news.kotra.or.kr/user/globalBbs/kotranews/7/globalBbsDataView.do?setIdx=245&dataIdx=133267.

명시된 조건에 일치하여야 한다. 그러나 현실적으로 은행이 제시된 서류에 대해 어느 정도의 주의를 가지고 검토해야 하는 점이 쟁점이다. 일반적으로 서류심사의 원칙은 엄밀일치의 원칙(the doctrine of strict compliance)과 상당일치의 원칙(the doctrine of substantial compliance)으로 양분된다. 신용장거래에서 엄밀일치의 원칙이란 은행이 신용장의 조건에 엄밀히 일치하지 않는 서류를 거절할 수 있는 권리를 가지고 있다는 법률적 원칙이다.[143] 이에 반해 상당일치의 원칙이란 서류심사에 있어서 은행의 재량권을 상당히 인정하는 원칙으로서 신용장 조건과 완전히 일치하지 않더라도 수익자가 제시한 서류가 서로 모순이 없고 내용이 신용장 조건을 충족시키고 있다면 유효한 서류로 간주한다.

UCP 600상 서류심사의 기준은 제14조에 규정되어 있다. (a)항은 지정은행 또는 개설은행은 서류에 대하여 문면상 일치하는 제시가 있는지 여부를 단지 서류만에 의하여 심사하여야 한다. (b)항은 각 은행의 서류심사 기간은 서류 제시일 다음날부터 최장 5은행영업일로 규정한다. (d)항은 "신용장, 서류 그 자체 및 국제표준은행관행의 문맥에 따라 읽을 때의 서류상의 정보(data)는 그 서류나 다른 적시된 서류 또는 신용장상의 정보와 반드시 일치할 필요는 없으나 상충되어서는 안 된다."고 규정한다. (e)항은 "상업송장 이외의 서류에서는, 물품, 서비스 또는 의무이행의 명세는 신용장상의 명세와 저촉되지 않는 일반적인 용어로 기재될 수 있다"고 규정한다.

실제 판례를 살펴보면 엄밀일치와 상당일치 원칙이 사안별로 혼재되어 있다. 우선 엄밀일치를 강조하는 판례를 살펴보자. 미국 법원 판례를 살펴보면 Hanil Bank v. Pt. Bank Negara Indonesia(1998) 사건에서는

---

143) 김선광(2016), 「무역분쟁사례」, 서울: 두남, p.100.

신용장에 실수로 수익자를 "Sung Jin Electronics"라고 잘못 기재하였고, 제시되는 서류에는 정확하게 "Sung Jun Electronics"라고 기재한 사건에서도 서류가 신용장조건과 일치하지 않는다고 판시하였다.[144] 한국 대법원 판결에서도 신용장의 상품명세란에 기재된 포장상태가 상업송장에 기재된 상품명세에는 누락되어 있는 경우, 별도의 첨부 서류인 포장명세서에 신용장과 동일한 포장에 관한 사항이 기재되어 있다고 하더라도 상업송장이 아닌 다른 서류에 의하여 상업송장의 하자를 보완할 수 없으므로 신용장 조건과 상업송장 사이에 불이치가 있다고 판시한 바 있다(대법원 2006.4.28. 선고 2005다6327 판결).[145] 물품의 명세를 나타내는 가장 주된 서류는 상업송장이므로 상업송장상의 물품의 명세는 구체적이고 신용장상의 물품명세와 일치해야 한다는 취지이다.[146]

그러나 상기 판례와 달리 엄밀일치가 아닌 상당일치를 인정하는 판례들도 많이 나오고 있는 실정이다. 우리나라 대법원은 신용장 조건상 품질검사증명서 3통(COPIES)의 제시를 요구하였는데, 1통만 제시되어 신용장대금의 지급이 거절된 사례에 대해 상당일치의 원칙에 입각하여 지급을 판시하였다(대법원 2003. 3. 14. 선고 2002다56178 판결). 우선 이 사건 신용장에서 요구한 제조자 발행의 품질검사증명서는 객관성이 결여되어 특별한 의미가 없고, 상품을 통관하거나 기타 업무를 처리하는 데 필수적인 서류도 아니어서, 그 3통 중 사본 2통의 흠결이 있다고 하여 신용장 대금의 지급은행이 부당하게 대금을 지급하였다는 이유로 손해를 입을 위험도 없고, 신용장 개설의뢰인도 그 흠결로 인하여 상품의 인도

144) 김상만(2011),「국제거래법」, 서울: 두남, p. 319-320.
145) 김상만(2011),「국제거래법」, 서울: 두남, p. 320.
146) 김상만(2011),「국제거래법」, 서울: 두남, p. 319.

나 기타 업무 처리에 어떠한 불이익을 입을 우려도 없어 보일 뿐만 아니라, 신용장통일규칙에 의하면 신용장에서 복본의 서류를 COPIES라고 표현하여 요구하고 있는 경우, 서류 그 자체에 별도의 명시가 없는 한 1통의 원본 이외에는 나머지 통수를 사본으로 제시하여도 무방하고, 그 사본에는 서명을 필요로 하지 아니한다고 규정하고 있으므로, 품질검사증명서의 경우에는 이를 수리하는 은행이 제출된 원본을 복사하여 2통의 사본을 쉽게 만들 수도 있으므로 신용장 조건을 해하는 것이라고 보기 어렵다.

동 판례는 신용장 첨부 서류가 신용장 조건과 문언대로 엄격하게 합치하여야 한다고 하여 자구 하나도 틀리지 않게 완전히 일치하여야 한다는 뜻은 아니며, 신용장 첨부 서류가 신용장의 조건과 약간의 차이가 있더라도 위와 같은 신용장 첨부 서류와 신용장조건의 엄격한 합치를 요구하는 것은 신용장대금을 지급하는 은행 및 신용장개설의뢰인의 보호를 위한 것이므로 그 보호에 지장이 없고, 은행이 상당한 주의(reasonable care)를 기울이면 그 불일치가 경미한 것으로 신용장조건을 전혀 해하는 것이 아님을 알아차릴 수 있는 경우에는 신용장조건과 합치하는 것으로 보아야 하고, 그 판단은 구체적인 경우에 신용장조건과의 차이가 국제적 표준은행거래관습에 비추어 용인될 수 있는지 여부에 따라야 할 것이라고 판시하였다.

동 판례는 신용장 서류심사의 원칙이 엄격일치의 원칙에서 상당일치의 원칙으로 판례가 변화하는 경향을 보여주고 있다. 그렇다고 이러한 판결들이 엄밀일치의 원칙을 완화시키기 위한 의도로 오해되어서는 안된다.[147] 다만 엄밀일치의 원칙은 신용장조건과 글자 하나 틀리지 않을

---

147) 김선광(2016), 「무역분쟁사례」, 서울: 두남, p.102.

정도로 완벽하게 일치되어야 한다는 것을 의미하는 것은 아니며, 은행이 상당한 주의를 기울여 서류를 검토하는 과정에서 그 차이가 경미하여 신용장조건을 해치지 않는 것임을 문명상 쉽게 알 수 있는 경우에는 신용장조건과 일치하는 것으로 보아야 한다는 것을 의미하는 것으로 해석하여야 한다.[148)]

---

148) 김선광(2016), 「무역분쟁사례」, 서울: 두남, p.102.

제10장

외환 리스크

H그룹이 주력 계열사인 K항공의 14조 원이 넘는 막대한 외화부채로 전전긍긍하고 있다.

2016년 11월 30일 금융투자업계 등에 따르면 3분기 기준 K항공 외화부채는 14조 7,200억 원으로 전체 부채 중 68%에 달한다. 외화부채 중에서도 미화부채는 84억 달러(62.5%)나 된다. 현재 기준으로 달러당 원화값이 10원 하락할 경우 840억 원의 외환손실이 발생하는 셈이다. K항공은 달러화 비용과 벌어들이는 수입에 대해 30% 수준에서 환헤지를 하고 있다. 부채에 대한 환헤지는 따로 하지 않아 달러화 강세로 인한 외화부채 부담이 고스란히 재무제표에 반영된다.

부채비율도 심각한 수준이다. 미국·유럽산 초대형 여객기 임차 및 유지를 위해 외부 차입과 리스가 불가피한 항공업 특성(2014년 평

---

149) 참고: 실적 좋은데… 强달러에 못나는 K항공, MK 증권, 2016. 11. 30.

균 625%)을 감안해도 지나치다는 평가다. 실제로 올 3분기 말 기준 유가증권시장 상장기업 중 K항공보다 부채비율이 높은 곳은 10곳 미만이다.

K항공이 1년 내 갚아야 할 단기금융부채(반기 기준)는 5조 6,275억 원에 달하는데 회사채시장에서의 신뢰도가 추락하고 있어 유동성 확보도 쉽지 않은 상황이다. 최근 3천억 원 규모 영구채 발행에 차질을 빚은 데 이어 10월에는 1,500억 원 규모 1년 만기 회사채가 거의 팔리지 않는 사태까지 발생했다. 높은 부채비율과 계열사 지원 리스크에 따른 애매한 신용등급(BBB+)이 원인이 된 셈이다.

주가는 지난 9월 28일 3만 5,650원을 기록한 후 하락세를 보이며 11월 30일 3만 1,250원까지 떨어졌다. 시장에서는 "K항공의 높은 부채비율을 감안하면 환율에 따른 외화환산손실 발생은 큰 위험요소"라며 "올해 보여준 실적에 비해 주가가 낮음에도 주가 상승을 기대하기 어렵다"고 분석하고 있다.

1. 외환 리스크의 개관

1) 외환 리스크의 정의

외환 리스크는 국제간 거래에서 채권·채무에 대한 결제수단, 즉 외국환이 결부되어 발생되는 리스크이다. 수출입 기업 등은 해당국가의 다른 통화로 계약을 체결함에 따라 환율이 변동하면 환노출액으로 인해 기업의 손익을 확정 지을 수 없다. 이러한 환노출액이 외환 리스크 관리 대상이라고 할 수 있다.

2) 외환 리스크 관리의 필요성

기업의 외환 리스크 관리는 환노출액을 환율의 변동에 따라 어떻게 줄여주느냐에 맞춰져 있다. 기업은 환율변동 위험을 피해 수출, 수입으로부터 확정된 수익을 보장 받고자 한다. 회사 이익에 대한 환율 영향을 최소화하고 수주마진을 지킬 수 있도록 기업은 외환 리스크 관리를 위해 외환 리스크 헤지를 하게 된다. 계약금액이나 지급과 영수 예정금액에 대해 전액을 헤지하거나 부분적 헤지를 하게 되며, 회사의 특성과 전략적 선택에 따라 달라지게 된다.

3) 외환 리스크 관리 절차

외환 리스크 관리는 외환 리스크를 인식하는 것으로부터 시작해서 이를 측정, 통제, 보고로 이어지는 일련의 과정이다.

〈표 10-1〉 환 리스크 관리 절차

인식(Identify)	• 환리스크의 인식 및 관리 원칙 수립
측정(Measure)	• 환리스크의 계량화(Value at Risk)
통제(Control)	• 헤지비율(손실허용한도), 헤지기간, 헤지상품
보고(Report)	• 수시 및 정기적 현황분석 및 경영진 보고

(1) 외환 리스크 인식

외환 리스크는 발생요인에 따라 환산 노출(accounting exposure), 경제적 노출(economic exposure), 거래적 노출(transaction exposure) 등으로 구분할 수 있다.

외환 리스크는 외화자산의 규모, 장래에 유입될 해외 수주금액 등 외화 포지션의 규모, 환율의 변동성, 외화자산·부채의 보유기간 등에 따라 결정된다.

<표 10-2> 외환 리스크 발생 요인

환산 노출	경제적 노출	거래적 노출
외화자산과 외화부채를 자국 통화 또는 다른 기준통화로 환산할 때 발생 • 국내 기업의 외화차입 • 내국인의 해외증권투자	예상하지 못한 환율변동으로 미래 기대 현금흐름이 변동할 때 발생 • 원화 강세로 인한 해외 매출물량 감소 • 엔화 약세로 일본 상품에 대한 가격경쟁력 약화	계약체결 시점과 결제시점 간의 환율변동으로 발생 • 선박, 건설, 플랜트 등 해외 장기 수주계약 • 유산스 등 해외 구매계약
회계적 위험	영업 위험	환위험
장부상 노출, 현금흐름 없음 • 대차대조표 매칭 • 파생상품 활용	장기적 노출 • 경쟁력 제고 노력, 분산화 등 필요	단기적 노출 가격변동 위험 관리대상 • 파생상품 활용

(2) 외환 리스크 측정

외환 리스크는 일반적으로 시장리스크 측정방법인 VaR(Value at Risk)를 이용한다. VaR는 환포트폴리오 포지션에 대해 정상적인 시장에서 주어진 신뢰 수준(confidence level)하에서 일정 보유기간(holding period) 동안 발생할 수 있는 최대 손실금액으로 측정된다. 그러므로 외환 리스크 관리는 VaR 범위 내에서 관리가 이루어져야 한다.

$$VaR = 신뢰수준 \times \sqrt{노출\ 기간} \times 변동성 \times 외환\ 리스크\ 노출\ 규모$$

〈그림 10-1〉외환 리스크 측정

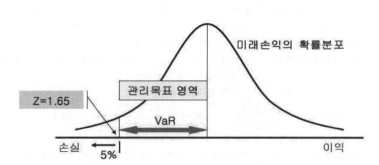

(3) 외환 리스크 통제 및 보고체계

외환 리스크 통제를 위해서는 외환 리스크 관리 기준을 마련하여 외환 리스크 허용한도, 헤지 대상기간, 기간별 헤지 비중, 헤지 상품 등을

〈표 10-3〉외환 리스크 관리 기준

외환 리스크 허용한도 설정	• 목표 영업이익의 일정 부분을 확보하기 위해 허용한도(손실한도) 설정
헤지 대상기간 결정	• 확정된 계약에 대한 헤지 • 경제적 환 리스크 헤지를 위한 헤지 만기 결정
기간별 헤지 비중 결정	• 예상 매출액 추정 • 제품의 가격 탄력성, 계약 중도 해지 등 고려
헤지 상품 선택	• 원가와 현재 환율 수준 고려 • Cash Flow와 환율에 대한 예측 반영

결정하고 모니터링하여 경영진에게 보고가 적절하게 이루어져야 한다. 리스크 관리 조직체계는 프런트오피스, 미들오피스, 백오피스 형태를 유지하는 것이 바람직하다.

〈그림 10-2〉는 현금흐름에 의한 적정 헤지 비율 산정방법을 예시한 것이다. 어느 기업에서 수출액이 200억 원, 영업이익이 5%로써 10억 원이 발생한다고 하자. 손실허용한도를 영업이익의 20%로 설정할 때 손실허용한도는 2억 원이 된다. 여기서 현물환율(U$1당 1,000), 변동성(6%), 기간 6개월(125일), 신뢰구간(95%) 등의 변수를 사용해 보면 달러당 최대 손실금액은 70원(=1,000 × 6.0% × $\sqrt{125}/\sqrt{250}$ × 1.65)이 된다. 이와 같은 가정하에 추가로 매출이 발생하는 경우 포지션을 오픈할 것인지 아니면 헤지를 할 것인지 결정하여야 한다.

〈그림 10-2〉 환 리스크 허용한도 설정 흐름도

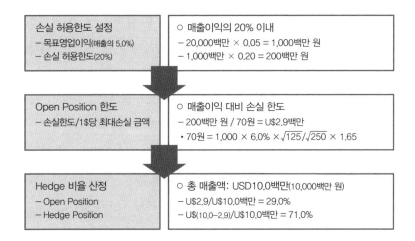

2. 외환 리스크 발생 사례[150]

1) 글로벌 자동차회사의 Cash Flow 선물환거래

자동차회사 A는 세계적으로 26만 명의 직원을 보유하고 35개국에서 12개의 브랜드를 생산하는 글로벌 자동차회사의 한국 현지법인이었다. A사의 매출액은 주로 수출로 이루어졌으며, 2008년 매출 12조 3,100억 원 중 수출에서 올린 실적은 11조 390억 원이었다. A사는 자체 판매망이 없기 때문에 국내에서 생산한 완성차 등을 본사의 브랜드 마크를 달고 북미와 유럽 등에 수출하였다. 수출대금은 1~2개월 뒤 정산 받는 독특한 구조로 이루어져 대부분 선물환을 통해 환헤지를 하고 있었다.

그러나 2009년 2월말 기준 거래은행들과의 선물환거래에서 약 4.1조 원의 평가손실을 기록하였다. 선물환 잔액 규모는 82.2억 달러에 이르렀으며 거액의 손실로 인해 만기가 돌아온 선물환 결제를 할 수 없게 되자 2009년 4월 21일 거래은행에 선물환거래 결제대상 중 50%에 대해 만기연장을 요청하였다.

이 소식이 외환시장에 알려지면서 환율이 요동을 쳤다. A사의 선물환 잔액 규모에 비해 우리나라 외환시장은 은행간거래 기준으로 일평균 약 35억~40억 달러 수준에 불과하고, A사가 파산 또는 법정관리 될 경우 일시에 선물환 포지션을 청산해야 하기 때문이었다. 특히 A사의 선물환 거래는 외환 스왑 거래와도 연결되어 있어서 파급효과가 컸다.

---

150) 황문연, 「파생상품 거래손실 사례분석」을 참고하기 바람.

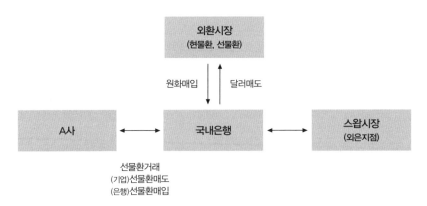

〈그림 10-3〉 선물환거래 연관성

2) 조선업의 외환 리스크

우리나라 조선업은 한때 세계 1위의 경쟁력에 힘입어 2003년 이후 꾸준히 성장하였다. 전통적으로 조선업체는 선박 공정단계별로 받게 되는 수출선수금이 증가하면서 선박수출선수금 영수시점의 환율하락 위험에 노출되는 경우가 다반사였다. 또한 국내 조선업체는 선박 건조 때 사용하는 국산 기자재 구입비용과 인건비 등을 지출하기 위해서는 일정한 외화자산의 처분에 따른 미래 환율하락에 대비해야 했다.

보통 조선업체들은 선박 수주 계약체결 당일 또는 2주일 내에 수주물량의 대부분을 헤지 하는데 원자재 수입결제자금을 제외하고는 대체로 50~100%의 순익스포져에 대해 적극적으로 외환 리스크 관리를 하였다. 선물환 매도는 선박수주 이후 계약금, 중도금, 잔금 등으로 나누어 이루어지는데 그 과정을 정리하면 〈그림 10-4〉와 같다.

그러나 글로벌 금융위기 이후 급격한 환율상승으로 미실현평가손실 금액이 증가하여 일부 조선업체의 경우 경제적 실질과 달리 회계상으로 자본이 크게 감소하여 자본 잠식이 우려 되었다.

〈그림 10-4〉 조선업의 선물환 매도 확대 경로

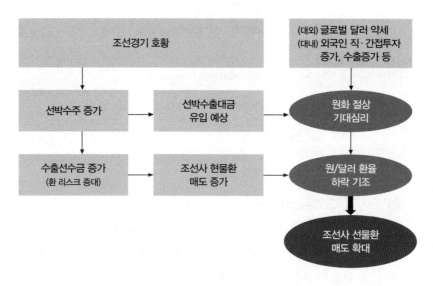

3) 중소기업의 통화 옵션(KIKO) 거래

무역의존도가 높은 우리나라 경제구조에서는 국제통화인 달러화에 대한 노출이 높을 수밖에 없는 상황에서 수출기업들은 다양한 환헤지 수단을 이용하여 외환 관련 위험을 관리하여 왔다. 특히 2000년 이후 원화의 강세 현상이 해마다 지속되어 환율이 달러당 900원대까지 하락하면서 시장참가자들의 환헤지 수단도 확대되었다. 단순 선물환, 통화 옵션 및 환변동보험 등이 주된 수단이지만 2006년부터 이른바 키코 계약(knock-in knock-out forward contracts, KIKO)의 이용도 점차 늘어났다. KIKO 계약의 경우 환율의 변동성이 안정적일 때 원화 강세에 따른 환손실 위험을 줄일 수 있고 원화 약세에 따른 환차익에도 참여할 수 있는 상품이다.

그러나 2008년 글로벌 금융위기의 여파는 우리나라 수출기업들에게 큰 영향을 끼쳤다. 특히 은행과 체결한 통화 옵션 거래에서 많은 손실이 발행하였는데 많은 중소기업의 생사여탈이 걸린 문제로까지 번졌다.

중소기업들은 KIKO 피해기업 공동대책위원회를 구성하여 은행이 KIKO 계약을 불공정하게 체결하였다고 주장하면서 대내외 전문가를 불러 세미나는 물론 법적인 투쟁을 강도 높게 하였다.

〈그림 10-5〉 KIKO 피해 현황

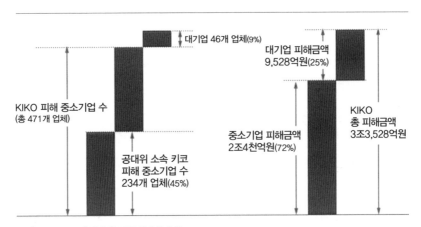

• 자료: KIKO 피해기업 공동대책위원회

3. 외환 리스크 관리방안

〈그림 10-6〉 외환 리스크 관리기법

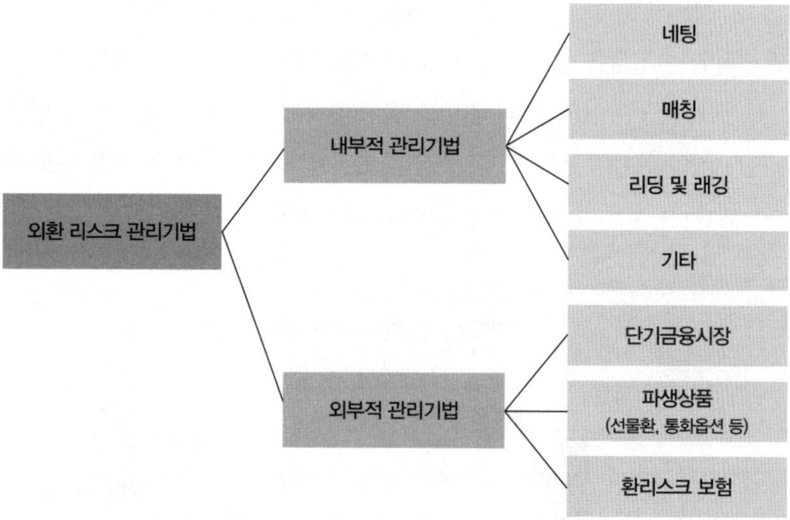

```
                                              ┌──────────────┐
                                              │     네팅      │
                                              └──────────────┘
                          ┌──────────────┐    ┌──────────────┐
                          │ 내부적 관리기법 │    │     매칭      │
                          └──────────────┘    └──────────────┘
                                              ┌──────────────┐
                                              │  리딩 및 래깅  │
                                              └──────────────┘
  ┌──────────────┐                            ┌──────────────┐
  │ 외환 리스크 관리기법 │                         │     기타      │
  └──────────────┘                            └──────────────┘
                                              ┌──────────────┐
                                              │   단기금융시장   │
                                              └──────────────┘
                          ┌──────────────┐    ┌──────────────┐
                          │ 외부적 관리기법 │    │    파생상품    │
                          └──────────────┘    │ (선물환, 통화옵션 등) │
                                              └──────────────┘
                                              ┌──────────────┐
                                              │  환리스크 보험  │
                                              └──────────────┘
```

1) 내부적 관리기법

(1) 네팅(netting)

외화자산과 외화부채를 상계하여 차액만을 결제하는 방법이다. 이는 결제자금 규모를 축소시켜 비용을 절감하는 효과가 있다. 관련 거래 양 당사자(bilateral) 간은 물론 3개 이상의 다자간(multilateral)에도 네팅이 가능하다. 특히 다자간 네팅의 경우에는 순결제금액의 정산과 결제를 관리할 네팅센터(netting center)를 설치하는 것이 일반적이다. 그러나 현행 외국환거래규정 제5-4조(상계), 제5-5조(상호계산) 등에 따라 일부 예외사항을 제외하고 거래당사자는 상계 및 상호계산을 위해 외국환은행장에게 사전 신고하여야 한다. 또한 다국적 기업의 상계센터를 통하여 상계하거나 다수의 당사자의 채권 또는 채무를 상계하고자 하는 경우에는 한국은행총재에게 신고하여야 한다.

사례: 네팅

운영자금으로 A은행으로부터 1억 달러를 차입한 B기업이 자동차를 수출하고 A은행에서 수출네고하여 6천만 달러를 수취하기로 한 경우, B기업은 외화차입금 1억 달러중 6천만 달러를 수출네고 금액과 상계시키고 차액 4천만 달러만 상환한다.

---

(2) 매칭(matching)

외화자금의 유입과 유출을 통화별, 만기별로 일치시킴으로써 상대방과 관계없이 동일한 통화로 표시된 채권 및 채무를 보유함으로써 외화자금흐름불일치에서 발생할 수 있는 외환 리스크를 원천적으로 제거하는 방법이다.

$$외화자산 = 외화부채, 수입결제 = 수출네고$$

사례: 매칭

의류수출업체 A사가 1억 4천만 달러(대금지급조건 : 6개월 후 7천만 달러, 1년 후 7천만 달러를 각각 지급)상당의 의류원단을 수입한 경우, A사는 의류수출 금액을 6개월 후 7천만 달러, 1년 후 7천만 달러를 받도록 수출계약을 체결하여 서로 매칭시킨다.

---

(3) 리딩 및 래깅(leading & lagging)

기업이 외화자금수급의 결제기일을 인위적으로 조정하는 방법으로 수입대금 등의 지급이나 수출대금 등 영수자금의 청구를 앞당기거나(리딩) 지연시키는(래깅) 행위를 말한다.

(4) 기타

① 가격정책(pricing policy) : 수출입업자가 수출·입 상품가격을 환율변동에 맞추어 적시에 조정하여 가격인상을 통한 외환 리스크 부담을 보상받거나, 수출업자는 강세가 예상되는 통화로 수출을 계약하고 수입업자는 약세가 예상되는 통화로 수입계약을 체결하는 등 수출·입 표시통화를 조정하는 방법

② 포트폴리오(portfolio) : 수출업자가 수출 계약할 때 미달러화, 유로화, 엔화 등을 내부 방침에 따라 적절히 비중을 두어 계약하는 등 주요통화를 적절한 비율로 섞어 포지션을 유지하는 방법

③ 재송장(reinvoicing) : 가장 널리 사용되는 외환 리스크의 집중관리기법으로써 낮은 세율부과 지역에 별도의 법인(재송장센터)을 설립하여본지사간 이종통화표시 채권, 채무를 동 센터와의 단일통화거래로 단순화하는 방법

④ 자산부채 종합관리(ALM : asset-liability management) : 환율전망에따라 기업이 보유하고 있는 외화자산·외화부채의 포지션을 종합적으로조정함으로써 외환 리스크를 효율적으로 관리하는 방법

2) 외부적 관리기법

(1) 단기금융시장(money market)

외화자산이 있는 경우에는 외화부채를 조달하여 외환 리스크를 없애고, 외화부채가 있는 경우에는 외화자산을 취득하여 외환 리스크를 제거하는 방안을 말한다. 차입과 예금의 단기금융시장을 통하여 외환 리스크를 관리하는 방법이다.

예를 들어 국내 수출기업 A가 6개월 후에 미화 1백만 달러를 수출대금으로 영수하는 계약을 체결하였다. 이 기업의 외환 리스크를 제거하는 방법을 생각해 보자.

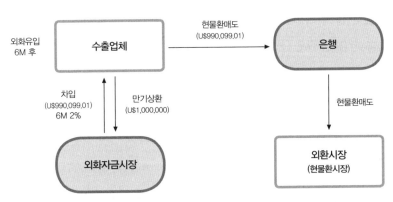

〈그림 10-7〉 단기자금시장 이용 구조도

6개월 후 미화 1백만 달러의 현금유입이 발생하므로 6개월 후 현금유출을 발생시키면 서로 상쇄되어 없어지게 된다. 그런데 수출업자가 현재 자금이 필요한 경우 6개월 후 미화 1백만 달러의 현금유출을 오늘 날짜로 단기금융시장에서 6개월 만기의 차입을 일으켜 활용할 수 있다. 현재 6개월 달러 이자가 2%라고 하면 오늘 날짜로 6개월 동안 이자를 차감한

차입금액은 미화 990,099.01(=U$1,000,000/(1+0.02/2))이 된다. 이 차입금
액을 현물환시장에서 원화로 바꾸어 A기업이 사용하면 되는 것이다. 그
리고 6개월 후 수출대금으로 유입되는 미화 1백만 달러로 차입금 미화
990,099.01달러와 이자를 합하여 미화 1백만 달러를 상환하면 된다.

(2) 장외파생상품시장(derivatives market)

① 선물환

선물환(forward)은 특정 가격으로 미래 특정 시점에서 자산을 사거나
파는 장외파생상품으로써 현물시장에서 자산을 사고파는 현물계약(spot
contract)과는 대비된다. 선물환은 보통 선도계약이라고도 하는데, 엄밀
한 의미에서는 차이가 있으나 환거래가 주류를 이루기 때문에 굳이 구
별할 필요는 없다. 선물환은 어느 당사자가 매입 포지션(buying or long
position)을 취하면 다른 당사자는 반드시 매도 포지션(selling or short
position)을 취하게 된다.

〈그림 10-8〉 선물환을 통한 헤지

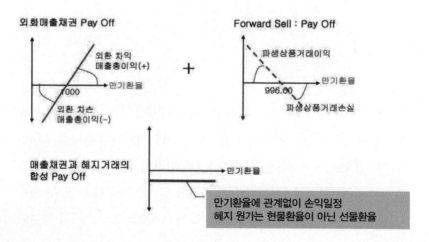

〈그림 10-8〉은 어떤 회사가 현물환율이 1,000원일 때 1년만기 원/달러 선물환율으로 미화 1백만 달러를 매도한 거래흐름이다. 현물환과 선물환을 통해 헤지하는 경우 이때 손익구조(pay-off)를 나타낸 것이다.

② 외환 스왑

스왑(swap)이란 미리 약정한 대로 미래에 현금흐름을 교환하는 두 당사자 간의 계약이다. 스왑에서는 현금흐름의 지급 날짜와 현금흐름의 규모를 계산하는 방법이 명시된다.

외환 스왑은 현·선물환이 동시에 거래되어 외환 리스크를 직접 헤지하는 수단은 아니나 외환 리스크 발생 없이 외국 통화를 조달, 운용하거나 이미 계약된 선물환의 만기를 연장 또는 조기에 정리하는 데 이용된다.

〈그림 10-9〉에서와 같이 수출업체가 은행에 선물환 USD를 매도할 때 은행의 포지션은 선물환 매입 USD(+)이 된다. 이를 스퀘어[151]로 만들기 위해 은행이 현물환을 외환시장에서 매각하면 은행의 포지션은 현

〈그림 10-9〉 외환 스왑 구조도

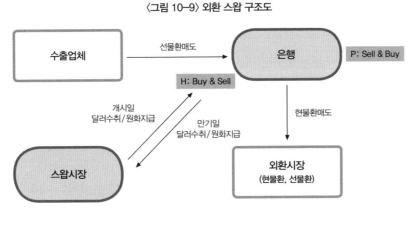

---

151) 매도 포지션과 매입 포지션이 같아지는 경우를 스퀘어 포지션이라고 함..

물환 USD(-), KRW(+)가 된다. 은행은 스왑시장에서 USD buy & sell against KRW 또는 KRW sell & buy against USD 외환 스왑 거래를 하게 된다. 그리고 선물환 만기에 수출업체가 은행에 USD를 현물로 인도하면 이를 수취하여 USD로 지급하고 원화를 수취하면 외환 스왑 거래는 종결된다.

③ 통화 스왑

통화 스왑(currency swap)은 두 계약당사자가 정해진 일정 기간 동안 서로 다른 통화에 대한 이자를 교환하고 계약초기(선택사항) 및 통화 스왑 계약 만기일에 계약 당시에 합의한 환율로 원금을 교환하기로 하는 계약이다.

통화 스왑 형태는 Cross Currency Basis Swap(변동금리와 고정금리), Cross Currency Interest Rate Swap(고정금리 대 변동금리), Cross Currency Swap(고정금리 대 고정금리)으로 구분된다. 일반적으로 통화 스왑과 관련한 현금흐름을 계산하는 데에는 이자율, 환율 또는 다른 시장 변수 등이 사용된다.

예를 들어, 어떤 회사가 2년 후 수출대금 미화 100,000,000달러를 수취할 예정이다. 이 기업은 국내에서 원화 운전자금이 필요하여 원화채권을 발행하였다. 이 채권은 액면금액 100,000,000,000원, 만기 2년, 금리 5.5%이다. 이때 통화 스왑 가격이 〈그림 10-10〉과 같이 고시되었다고 하자. 이 기업은 스왑 계약을 체결하여 계약 기간 중 원화이자 5.5%를 수취하고 미달러 3개월 Libor와 2.095%를 더해 지급하고, 수취한 원화이자는 채권 투자자에게 지급하면 된다. 그리고 계약 만기에는 수출대금 미화 1억 달러를 받아 은행에 지급하고 원화 1천억 원을 수취하여 채권금액을 상환하면 된다.

〈그림 10-10〉 통화스왑 가격결정(고시)

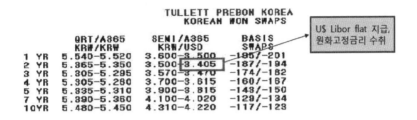

〈그림 10-11〉 통화 스왑을 통한 환헤지

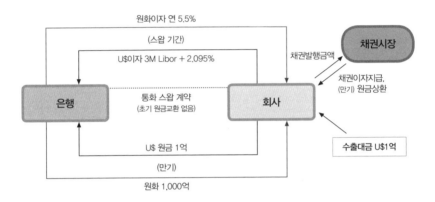

④ 통화옵션

옵션은 크게 콜옵션(call option)과 풋옵션(put option), 2가지로 나눠진
다. 콜옵션은 소유자에게 약정일에 미리 정한 가격으로 기초자산을 살
수 있는 권리를 부여하는 옵션이며, 풋옵션은 소유자에게 미리 정한 가
격으로 기초자산을 팔 수 있는 권리를 부여한 옵션이다. 옵션 계약에서
는 미리 정해진 가격을 행사가격(exercise price 또는 strike price)이라고 하
며, 약정일은 행사일 (expiration date, exercise date) 또는 만기일(maturity)
이라고 부른다. 옵션의 행사 시점에 따라 만기일 이전에 언제든지 행사

가 가능한 아메리칸 옵션(American option)과 만기일에만 행사가 가능한
유러피언 옵션(European option)으로 나뉜다.

콜옵션의 매입은 환율변동성이 높고 앞으로 환율이 상승하면 발생할
수 있는 외환 리스크를 관리하기 위해 적당한 전략이다. 만일 환율이 떨
어진다 해도 손실을 사전에 지불한 옵션 프리미엄으로 제한하려는 전략
이라고 할 수 있다.

〈그림 10-12〉에서와 같이 이론적으로 환율이 상승하면 옵션매입자의
최대 이익은 무한대까지 가능하고 최대 손실은 계약 시 지불한 옵션 프
리미엄(-10원)으로 제한된다. 손익분기점은 행사가격과 옵션 프리미엄의
합인 1,010원이다.

한편, 콜옵션의 매도는 환율이 현재의 현물환율 내외에서 횡보 국면
또는 약보합세를 보일 것으로 예상될 때 사용할 수 있는 전략이다. 만일
예상과 달리 환율이 상승하게 되면 큰 손실이 발생할 수 있다.

최대이익은 콜옵션을 매도할 때 수취한 옵션 프리미엄(+10원)으로 제
한되며 손실은 이론적으로 환율이 상승하면 무한대까지 될 수 있다. 손

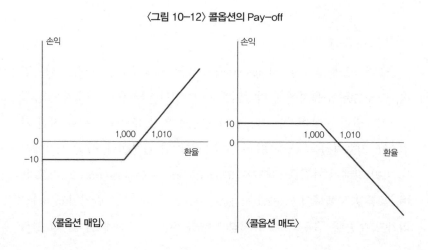

〈그림 10-12〉 콜옵션의 Pay-off

익분기점은 행사가격에서 옵션 프리미엄을 뺀 1,010원이다.

풋옵션의 매입은 환율의 변동성이 높고 앞으로 환율이 하락할 것으로 예상되는 수출기업에게 롱 포지션을 헤지하기 위한 선물환매도의 대안으로 적절한 전략이다. 만일 예상과 달리 환율이 상승하면 손실은 이미 지불한 옵션 프리미엄(-10원)으로 한정된다.

〈그림 10-13〉에서와 같이 이론적으로 환율이 하락하면 풋옵션 매입자는 최대 이익이 무한대까지 가능하고 최대 손실은 계약 시 지불하는 옵션 프리미엄(-10원)으로 제한된다. 손익분기점은 행사가격과 옵션 프리미엄의 합인 990원이다.

풋옵션의 매도는 앞으로 환율이 현재의 현물환율 내외에서 횡보 국면 또는 강보합세를 보일 것으로 예상될 때 사용할 수 있는 전략이다. 만일 예상과 달리 환율이 급락하게 되면 큰 손실이 발생할 수 있는 전략이다.

최대이익은 풋옵션을 매도할 때 수취한 옵션 프리미엄(+10원)으로 제한되며 손실은 이론적으로 환율이 떨어지면 무한대까지 될 수 있다. 손익분기점은 행사가격에서 옵션 프리미엄을 뺀 990원이다.

〈그림 10-13〉 풋옵션의 Pay-off

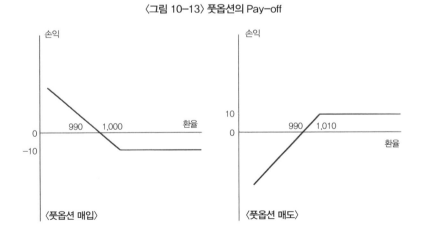

〈표 10-4〉 통화 옵션에 의한 환 리스크 헤지 전략

	환율 상승	환율 하락
환율변동성 확대	콜옵션 매입	풋옵션 매입
환율변동성 축소	풋옵션 매도	콜옵션 매도

(3) 장내 통화선물·옵션

과거 우리나라 은행들은 시카고 등 해외선물시장을 통해 외환 리스크 헤지를 위한 통화선물·통화 옵션 거래를 하였다. 그러다가 1999년 4월 한국선물거래소 개장 이후 국내에서 달러 선물거래가 꾸준히 이루어지고 있다.

통화선물은 외국환을 대상으로 하는 선물거래로 환율 변동에 따른 외환 리스크의 헤지나 환차익을 얻기 위하여 외국 통화를 미래의 일정 시점에서 미리 정해 은 가격으로 매수 또는 매도하는 거래이다. 선물환거래와 유사한 특징을 가지고 있으나 거래소를 통해 이루어지는 장내파생상품이다.

〈표 10-5〉 장내파생상품과 장외파생상품의 비교

	장내파생상품	장외파생상품
상품 종류	선물, 옵션	선물환, 스왑, 옵션
이용고객	개인, 기업 등 불특정 다수	상대적으로 규모가 크고 신용이 우수한 기업체나 금융기관
신용 리스크	보증금제도, 일일정산제도 등을 통해 신용 리스크 없앰	신용 리스크 존재
상품구조	단순화, 표준화	다양한 구조, 상품의 Structuring

현재 우리나라 거래소(KRX)에는 미국 달러화(USD), 일본 엔(JPY), 유로

화(EUR), 중국 위안화(CNH)가 있다. 다만, 통화 옵션은 거래가 거의 이루어지지 않고 있다. 통화선물의 특징을 살펴보면 다음과 같다.

① 조직화된 거래소 내에 거래

선물거래는 반드시 조직화된 거래소에서 자격이 있는 회원, 즉 선물회사 또는 증권회사의 중개를 통해서 이루어진다.

② 표준화된 계약조건

선물거래는 거래 대상품의 규격, 품질, 거래단위, 인수도 방법 및 시기, 호가단위 등 거래소가 지정한 표준화된 선물계약을 기준으로 거래가 이루어진다.

③ 증거금(margin)제도

증거금제도는 거래상대방의 계약불이행으로부터 매입자와 매도자를 보호하기 위한 방법으로 운용하고 있다. 증거금은 거래자가 선물거래를 할 때 계약당 반드시 예치해야 하는 금액을 말한다. 증거금의 종류에는 주문증거금, 유지증거금 및 추가증거금이 있다.

④ 일일정산제도

증거금은 거래대상 상품의 일일 가격변동 허용폭의 크기와 비슷한 수준으로 유지되어야 한다. 이를 위해 거래소는 매일매일 가격변동에 따른 매입자와 매도자의 손익으로부터 발생되는 일일대차를 0으로 만들고 있다.

거래대상	미국 달러화 (USD)	일본 엔 (JPY)	유로화 (EUR)	중국 위안화 (CNH)
거래단위	US $10,000	JP ￥1,000,000	EU €10,000	CNH ￥100,000
결제월	분기월 중 12개, 그 밖의 월 중 8개	분기월 중 4개와 그 밖의 월 중 4개	분기월 중 4개와 그 밖의 월 중 4개	분기월 중 4개와 그 밖의 월 중 4개
가격 표시	US $1당 원화	JP ￥100당 원화	EU €1당 원화	CNH ￥1당 원화
최소가격 변동폭	0.10원	0.10원	0.10원	0.01원
최소가격 변동금액	1,000원 (US $10,000×0.10원)	1,000원 (JP ￥1,000,000/ 100×0.10원)	1,000원 (EU €10,000×0.10원)	1,000원 (CNH ￥100,000×0.01원)
최종결제일	최종거래일로부터 기산하여 3일째 거래일			
결제방법	인수도결제			
가격제한폭	기준가격 대비 상하 ± 4.5%	기준가격 대비 상하 ± 5.25%	기준가격 대비 상하 ± 5.25%	기준가격 대비 상하 ± 4.5%

(4) 환변동보험

① 환변동보험 개요

환변동보험은 수출 또는 수입을 통해 외화를 획득 또는 지급하는 과정에서 발생할 수 있는 환차손익을 제거하여 외화금액을 원화로 사전에 확정시킴으로써 환율변동에 따른 위험을 헤지하는 상품이라고 할 수 있다.

환변동보험은 외환 리스크 관리 여건이 취약한 중소·중견기업이 환위험을 손쉽게 헤지할 수 있도록 K-sure가 만든 제도이다. 환헤지는 환율변동과 관계없이 원화기준으로 미래 현금흐름의 확정을 통해 안정적인 영업활동을 영위하며, 환율변동에 따른 손익을 제한하고 수출입거래를 통해 안정적으로 수익을 확보하는 데 목적이 있다.

환변동보험은 수출입 거래금액을 특정 환율에 고정시킴으로써 미래

환율변동에 관계없이 안정적인 영업이익을 실현할 수 있도록 만든 금융
상품으로, 수출기업은 환율변동에 따른 손익을 제한시키고 안정적인 수
익을 확보할 수 있다. K-sure는 수출입업자가 보장환율을 기준으로 환
변동보험을 청약하면 환율이 하락하는 경우 보험금을 지급하고, 환율이
상승하는 경우 기업의 환이익을 환수한다.

보장환율은 K-sure가 가입자에게 보장하는 결제일별 환율로써, 청약
일 시장평균환율에 헤지 기간별 스왑 포인트를 더하여 산정한다. 환수금
은 보험금액에 대한 결제환율과 보장환율의 차액이다. 즉, 환수금 = 보
험금액 × (결제환율 - 보장환율). 한편 수입거래는 수출거래와 반대 구조
가 된다.

〈그림 10-14〉 환변동보험 거래구조

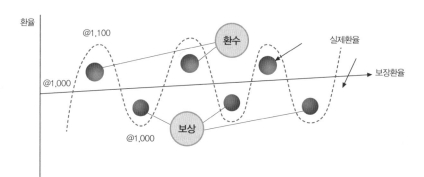

환변동보험은 은행 선물환(forward)과 유사한 구조이나 선물환에 비해
환위험 헤지 비용이 적고 K-sure의 신용도를 바탕으로 유리한 보장환
율을 제공받을 뿐만 아니라, 5년까지 장기간 헤지가 가능하고 만기 정산
시 차액결제가 가능하며 이용절차도 간편하다. 또한 수출거래와 원자재

수입거래 모두 활용 가능하며 미달러, 유로화, 엔화 및 위안화 등을 대상 통화로 하고 있다.

〈표 10-7〉 은행선물환과 환변동보험 비교

구분	선물환(forward)	환변동보험
거래한도	개별 한도 설정	무역거래금액 100% 범위 내
계약환율	기업 신용도 반영	K-sure 신용도 반영
비용(연간)	선물환율에 반영	0.04% 내외
증거금	필요시 요구	없음
체결금액	소액 불가	제한 없음
손익정산	실물인수도 원칙	차액정산 원칙
거래기간	통상 1년 이내	최장 5년

② 환변동보험 종류

환변동보험은 일반형·범위선물환(선물환), 부분·완전보장(옵션) 등으로 구분된다.

• 일반형은 환율 하락 시에는 손실을 보상하지만 환율 상승 시에는 이익금을 환수한다. 수출입계약의 변경, 수출대금 조기입금, 수입대금 조기지급 등 외화자금 흐름과 외환 리스크를 일치시킬 수 있도록 만기일 이전 조기결제가 가능하다.

• 범위선물환(range forward) 환변동보험은 일정 범위까지는 환위험을 노출시키고 일정 환율 이하로 하락하는 경우 보험금을 지급하고, 일정 환율 이상으로 상승하는 경우 환수금을 납부하는 상품이다. 환수금 부담이 완화되고 보험료가 저렴하나 일정 범위의 환위험이 노출된다.

• 부분보장 옵션형은 보험가입 시 환율(청약일 시장평균환율)보다 환율 상승 시에는 이익금 납부의무를 면제하되, 환율 하락 시에는 하락분의

일정 수준(최대 20~80원)까지 환차손을 보상하는 복합옵션상품이다. 다만, 환수금 부담이 없고 옵션형 중 보험료가 다소 낮으나 보장구간이 제한되어 있다.

• 완전보장 옵션형은 보험가입 시 환율(청약일 시장평균환율)보다 상승 시에는 이익금 납부의무를 면제하되, 환율 하락 시에는 하락분 전액을 보상하는 옵션 상품이다. 다만, 환수금 부담이 없고 환율 하락분 전액을 보상하나 보험료가 높은 편이다.

〈그림 10-15〉 환변동보험

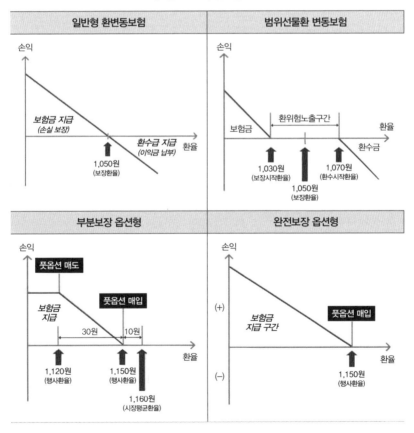

무역 리스크 관리의 현황과 과제

제11장

상사 리스크 관리 사례연구 [152)]

1. 상사 리스크 개관

종합상사(総合商社)는 일본과 한국의 독특한 상사 형태로 특정 상품을 취급하는 전문상사(專門商社)와 달리 다종다양한 상품을 취급하며 수·출입, 도·소매업에 까지 진출해 있다. 종합상사를 통하여 일본은 고도경제성장기 당시 대규모 무역을 통해 경제성장을 하였고, 한국도 이를 벤치마킹하여 1975년부터 수출 진흥정책의 일환으로 종합상사를 장려해왔다.

일본에서는 1970년대부터 종합상사 사양론이, 1990년대에는 인터넷 상거래의 등장과 함께 종합상사 무용론이 각각 대두되었지만, 전통적인

---

152) 본 논문은 무역 리스크 관리연구(2016년 창간호)에 게재된 사례연구인데, 본 서와 관련성이 높아서 저자들의 동의하에 이 책에 다시 소개한다.
* 정재환(제1저자), 성균관대학교 무역연구소 연구위원
** 성수현(제2저자), 하나금융경영연구소 연구원
*** 임소영, 성균관대학교 대학원 무역학과
**** 이현복(교신저자), 성균관대학교 경영학부 초빙교수

중개무역을 대신하여 자원개발 등의 투자형 사업에 집중하고, 종합무역 회사에서 종합사업회사(General Business Integrator)로 사업 정체성을 근본적으로 변화시키며 2012년에는 상위 5개사의 연결이익 총액이 사상 최대인 1.6조 엔을 기록하는 등 경영상의 성과가 지속되고 있다.[153]

한국의 종합상사는 일본의 종합상사를 모델로 하여 1975년에 정부가 종합상사지정제도를 시행한 것을 계기로 발달하여 1990년대까지도 다수 영역에서 수출 첨병의 역할을 하였다.[154] 하지만 외환위기 이후 그룹 계열사와 고객이 해외 제품·서비스의 판매를 직접 담당하기 시작하면서 2004년에는 종합상사의 수출 비중이 7%대 이하로 하락하는 등 입지가 위축되었다.[155]

한국의 종합상사는 1970년대부터 1980년대까지 원재료를 해외에서 수입하고, 국내 생산된 제품을 해외에 수출하는 등의 무역 중계 기능에 치중하였다. 따라서 이 당시 종합상사의 주된 수익원천은 중계수수료, 금융수수료였다. 그러나 1990년대 이후 개별회사들이 자체적으로 직접 해외 진출을 함으로써 종합상사의 존재의의가 약해지고, 이에 따라 새로운 수익 원천을 찾고자 기능의 변화와 사업의 다각화가 진행되고 있다.

이렇듯 종합상사의 기능은 시대에 흐름에 따라 그 기능을 중계거래에서 사업투자 중심의 비즈니스 모델로 변화하였다. 현재 종합상사는 투자할 사업에 대한 철저한 선택과 집중, 그리고 자사에서 자체적으로 자원을 개발하는 등의 사업을 진행하고 있다. 이에 따라 종합상사는 과거와 달리 다양한 리스크(Risk, 이하 리스크)에 직면하게 되었다.

---

153) 차일근(2014), 日経ビジネス(2013).

154) 최용민(2001).

155) 사공목(2005), 권해순(2011).

2. 선행연구 및 일본 상사의 사례연구

1) 선행연구

종합상사에 대한 기존 연구는 일본 종합상사에 대한 연구가 주류를 이루고 있으며, 한국의 종합상사에 대한 연구, 한·일 종합상사에 대한 비교연구로 분류가 가능하다.

일본의 종합상사에 관한 연구는 대부분 경제사 및 경영사의 관점에서 이루어졌다. 대표적인 연구로 中川(1967)의 연구가 있는데, 이를 살펴보면, 일본에서 종합상사가 발전할 수 있었던 이유는 공업화 초기 일본에서 조직화된 기업가 활동이 중요했고, 무역기업에 필요한 외국환 거래, 해상보험, 해운 등 여러 분야를 보조할 필요성이 높았기 때문이다. 森川(1971)은 中川(1967)의 의견을 받아들이면서도 상사 업무를 수행하기 위해서는 고도의 인재가 필요했고 당시 그러한 인재가 부족했던 상황에서 인재를 충분히 활용하기 위해 다양한 지역과 상품을 다룰 필요가 있었다는 견해를 제시하고 있다. 한편 田中(2012)의 연구는 기존 연구를 종합하여 일본 종합상사의 역사적 발전과정을 체계적으로 정리해놓고 있어 후속 연구에 많은 도움이 되고 있다.

한국의 종합상사에 관한 연구는 김원수(1975)의 논문을 시작으로 조동성(1986), 김영래(1987), 박광서(2014) 등이 있다. 상기 논문들은 1975년 지정제도 도입 이후 종합상사가 한국 경제에서 차지하는 역할의 중요성이 높아짐에 따라 한국의 종합상사의 역할과 발전방안 등에 대한 견해를 제시하고 있다. 아울러 최근 논문들에서는 전문무역상사 제도 등에 대해 다루고 있다.

한·일 종합상사에 대한 비교연구는 외환위기 이후 많이 진행되었는데, 이는 외환위기 이후 한·일 종합상사의 성과에서 큰 차이가 나타났기 때문이다. 외환위기 이후 한국의 종합상사의 위상은 크게 하락한 반면 일본의 종합상사는 건재했으며, 지속성장을 하였다. 사공목(2005), 정홍주·송용(2008), 신장철(2013), 김종회·박병일(2013) 등의 연구가 일본 종합상사를 벤치마킹 하는 관점에서 한국의 종합상사의 발전 방안 등을 다루고 있다.

특히 정홍주·송용(2008)은 무역업의 리스크 관리 사례연구를 통해 전사적 리스크 관리 시스템의 효율적 운영의 필요성을 강조하였다. 일본의 스미토모상사의 리스크 관리 시스템 사례를 통해 기업지배구조, 내부통제, 법규준수, 주주 및 투자자들과의 의사소통, 인적자원관리, 환경문제 등 기업의 전 업무영역에서 글로벌 스탠다드를 충족시킬 것을 요구하였다.

하지만 상기 대부분의 연구들은 종합상사의 리스크 관리에 대해 다루었다기보다 향후 발전방안에 대해 논의한 연구가 대부분이며, 종합상사의 리스크 관리를 다룬 정홍주·송용(2008)의 연구도 한국과 일본의 종합상사 한 곳씩만을 다루고 있어 풍부한 사례 연구가 진행되었다고 보기 어렵다.

2) 일본 상사의 전반적 리스크 관리 체계[156]

과거 일본의 종합상사는 몇 번의 위기에 직면하고 1990년대에는 상사붕괴론까지 나왔었다.[157] 세계적으로 유례없는 매우 독특한 사업 형태

---

156) 小林啓孝, 2006, マネジメント・コントロールにおけるリスクとリターン, 早稲田大学大学院会計研究科.

157) 島崎憲明, 2003, 会社を成長させる「会計力」【第 1 回】「事業評価における共通のモノサシ」, 税務・会計Web情報誌 Profession Journal.

인 종합상사는 그 규모에 비해 수익성이 낮아 존재 자체에 대한 의구심이 들던 시절이었다. 일본 종합상사는 시대의 흐름에 따라 환경 변화에 대응하며 그 기능의 고도화를 도모함으로써 생존 발전해 왔다. 1990년대 말부터 2000년대 초 일본의 종합상사가 추진해온 경영개혁의 중요한 점은 사업성과를 전사적 지표로 평가하는 것을 적극 추진하였고, 1998년 스미토모상사는 전사 공통의 경영지표로 리스크-리턴 개념을 고려한 RAPM(risk-adjusted performance measure)를 기반으로 한 리스크 관리 시스템을 도입하였다.[158]

RAPM의 핵심은 수익창출을 위해 감수한 리스크의 크기를 성과평가에 반영하고 있어 금융기관에서 많이 사용하고 있다. 일본의 종합상사는 여신업무 및 투자 프로젝트에 대한 투자 등 금융기관과 비슷한 측면을 가지고 있으며, 다양한 업무에 종사하고 있어 단적으로 사업을 평가할 수 있는 통일적인 지표를 필요로 했다. 이러한 이유로 금융기관에서 사용되는 표준적인 방법으로 각각의 종합상사 독자적으로 연구한 RAPM을 이용하고 있다. 종합상사의 경우 RAPM를 정착시켜 합리적인 리스크 측정과 그에 대한 노출된 리스크를 효율적으로 관리할 수 있는 시스템을 갖추고 있다. 미쯔비시, 미쯔이, 스미토모, 마루베니, 이토츄 등 일본의 대기업 종합상사 모두 RAPM을 이용한 리스크 관리 시스템을 채용하고 있다. RAPM 방법으로 RAROC(Risk Adjusted Return on Capital)와 EP(Economic Profit)[159]가 있으며, RAROC는 주주요구수익률과 비교하는

---

158) 孟子敏, 2008, 総合商社におけるコア機能の構造変化によるビジネスモデルの再構築, イノベーション・マネジメント No.5.

159) ROROC은 개별자산에 대한 위험도를 반영해 수익률을 조정한 수익지표로 경제적 자본 수익률을 계산, EP는 영업이익에서 자본비용을 제외한 금액으로 RAROC은 자산 규모에 상관없이 동일하지만, EP는 자산의 규모가 크면 커지는 경향이 있음.

비율지표이고, EP는 주주요구수익을 초과하여 창출한 이익을 나타내는 금액지표이다.[160)]

<표 11-1> 일본 종합상사 각 사 개발 경영지표

회사명	지표	도입시기	RAPM
Mitsubishi Corporation	MCVA (Mitsubishi Corporation Value Added) = 기업이익 − (실질리스크 × 자기자본비용)	2001년	EP
MITSUI & CO., LTD.	PACC (Profit After Cost of Capital) = 연결세후이익 − 연결자본비용	2000년	EP
Sumitomo Corporation	리스크−리턴 = 연결 잉여현금흐름/연결 위험자산	1998년	RAROC
Itochu corporation	RRI(Risk Return Index) = 연결순이익/위험자산액	2001년	RAROC
Marubeni Corporation	PATRAC(Profit After Tax less Risk Asset Cost) = 연결당기순이익−위험자산비용	2001년	EP
Toyotatsusho corporation	TVA(Toyotsu Value Achievement) = 세후경상이익/사용자금		RAROC
Sojitsu Corporation	SCVA(Sojitsu Corporation Value Added) = 당기순이익−(위험자산 × 자본비용비율)		EP

* 자료: 松本敏史, 2013, 一般事業会社における定量的リスクマネジメント, 早稲田大学院会計研究科.

일본의 각 종합상사에서 개발한 경영지표는 〈표 11-1〉과 같다. 미쓰비시, 미쓰이, 마루베니, 쇼지츠는 EP(Economic Profit, 위험조정수익-자본비용)와 유사한 경영지표를 도입했으며, 스미토모, 이토추, 도요타통상은 RAROC(Risk Adjusted Return On Capital, 위험조정수익률)과 유사한 경영관리 지표를 도입하고 있다.

---

160) 안태식(2007)

3) 일본 종합상사의 사례

(1) 미츠비시상사(三菱商事, Mitsubishi Corporation)[161]

① 종합 리스크 매니지먼트 시스템 도입[162]

미츠비시상사는 1999년 종합상사 최초로 단순히 신용, 투자 리스크만 관리하는 것이 아닌 리스크 전체를 관리하는 종합 리스크 관리부를 설립하였고, 이후 2001년 자체 리스크 관리 기법 MCVA(Mitsubishi Corporation Value Added)을 도입했다. 측정지표로 사용하는 MCVA는 연결순이익에서 최대상정손실과 자기자본비용을 곱한 수치를 뺀 것으로, 실질 리스크 측정은 당시 획기적인 방법으로써, 신용, 산업투자, 자산, 유가증권, 국가 리스크 등 다양한 위험을 공통의 플랫폼에서 측정하고, 리스크의 총량(gross risk money)을 파악하는 것이 가능했다.

또한 종래에는 각각의 리스크에 따라 관리규정이 있었던 반면, 2004년부터 '리스크 관리규정'으로 종합적인 규칙 정비를 시행하였다. 이와 같이 종합적인 리스크 관리 규정을 확립함으로써 경영자원의 적절한 배분을 목적으로 한 '포트폴리오 관리' 및 각 개별 안건의 안정적 운용을 목적으로 한 "개별 안건 관리"에 대해 측면에서 리스크 관리를 실시하고 있다.

161) 北村康一, 2005, 三菱商事におけるビジネスポートフォリオマネジメント, 京都大学経済学部大学院経済研究科目平 成 17年度前期「資産運用論」資料.

162) 松本敏史, 2013, 一般事業会社における定量的リスクマネジメント, 早稲田大学院会計研究科.

② 포트폴리오 관리로 리스크 측정[163]

미츠비시상사에서는 200 미만의 사업단위(BU:Business unit)의 포트폴리오 관리를 실시하고 있다. 세로축은 MCVA를 통한 정량평가를 하고, 가로축으로 성장성을 측정하여, 세로축은 시장의 매력도, 가로축은 미츠비시의 우위성을 평가한 매트릭스 조합으로 사업전략영역을 결정하고 있다. 이 매트릭스는 성장형, 확장형, 한시적 확장형, 재구축형 4타입으로 분류하고 있다.

〈그림 11-1〉 미츠비시상사의 포트폴리오 매니지먼트

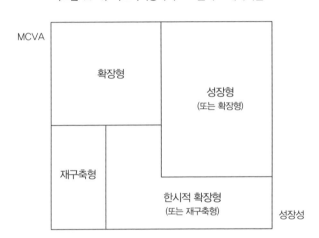

* 자료: 北村康一, 2005, 三菱商事におけるビジネスポ－トフォリオマネジメント, 京都大学経済学部大学院経済研究科目平 成 1 7 年度前期「資産運用論」자료.

---

163) 北村康一, 2005, 三菱商事におけるビジネスポ－トフォリオマネジメント, 京都大学経済学部大学院経済研究科目平 成 17年度前期「資産運用論」자료.

③ MCVA[164]

미츠비시상사의 MCVA는 아래와 같이 산정된다.[165]

$$MCVA = 사업수익 - (최대예상손실 \times 자본비용)$$
$$사업수익 = 세후순이익 - (1 - 한계세율) \times (유가증권매각손익 + 상장유가증권평가손)$$

MCVA는 EVA[166]를 미츠비시에 맞게 변경하여 개발된 것으로, EVA는 투하자본에 따라 자본비용을 계산하지만 MCVA는 위험조정자본비용을 계산함으로써 ① 다른 종류의 거래자산에 관련된 리스크를 계량하여 회사의 리스크 총량과 위험구조를 파악하고, ② 영업조직을 비즈니스 모델이나 취급 상품별로 개편, 각 조직 단위로 보유하는 리스크량과 수익의 균형을 경영관리지표로 삼을 수 있으며, ③ 리스크 총량과 자기자본(체력)을 비교하여 추가 리스크 총량을 관리하고, 추가 리스크의 배분(자원배분)을 할 수 있다.

MCVA에서는 2가지 리스크를 고려하고 있다. 통계적으로 손실액 '기대치'인 예상 EL(Expected Loss, 예상 손실)과 통계적으로 계측되는 손실액 '변동폭' UL(Unexpected Loss, 예상 밖 손실)이다. 예상 밖 손실에는 분산투자 효과가 있어 UL을 커버할 수 있는 리스크 허용액으로 설정되어 있으며, 자본비용에 해당된다.

---

164) 松本敏史, 2013, 一般事業会社における定量的リスクマネジメント, 早稲田大学院会計研究科.

165) 北村康一, 2005, 三菱商事におけるビジネスポートフォリオマネジメント, 京都大学経済学部大学院経済研究科目平成17年度前期「資産運用論」資料.

166) EVA(Economic Value Added:경제적 부가가치) = 세후영업이익 - 자본비용.

〈그림 11-2〉 미츠비시상사 최대 예상 손실의 정의 및 전사 최대 예상 손실과 체력 비교

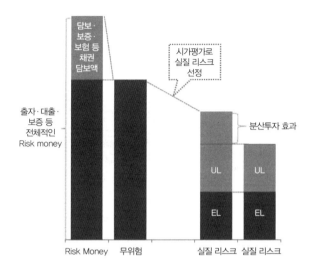

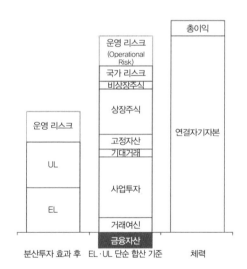

* 주: EL(Expected Loss,예상 손실):통계적으로 계측되는 손실액 "기대치", UL(Unexpected Loss,예상 밖 손실):통계적으로 계측되는 손실액 "변동폭"

* 자료: 北村康一, 2005, 三菱商事におけるビジネスポートフォリオマネジメント, 京都大学経済学部大学院経済研究科目平 成１７年度前期「資産運用論」資料

미츠비시에서는 실질 리스크를 신용 리스크, 국가 리스크, 시장 리스크, 사업 리스크로, 4가지로 분류하고 있다. 신용 리스크와 국가 리스크를 크레딧 리스크형으로, 시장 리스크와 사업 리스크를 마켓 리스크형으로 크게 나눌 수 있다.

각 리스크별 측정 방법을 살펴보면, 신용 리스크의 측정은 경산정보를 독자적인 자동계산 시스템에 따라 8개의 등급으로 분류하고 등급에 따라 파산 확률을 산출한다. 그리고 신용 리스크 산출은 「거래처 네트워크 익스포저(리스크머니-담보)×부도확률」을 기준으로 산출하고 있다.

국가 리스크의 측정 방법은 8단계의 국가별 등급과 국가별 익스포저를 바탕으로 관리등급을 설정, 구분별로 리스크량의 상한을 두고 특정 국가에 리스크가 집중되지 않도록 집중 리스크 관리를 하고 있다.

시장 리스크의 측정 방법은 주식, 금리, 외환, 상품 같은 시가의 추이 데이터가 있는 것에 대해 리스크·웨이트를 이용하여 최대예상손실을 계량하고 있다. 또한 단발성이나 과거의 시가 추이 파악이 불가능한 것에 대해서는 리스크 매니지먼트부와 현장 영업부의 협의에 따라 개별 리스크량을 설정하고 있다.

마지막으로 사업 리스크의 측정은 연결 B/S 기반의 사업자산에 대해서 사업자산 종류별(유형고정자산, 투자와 장기채권 등) 리스크·웨이트를 세로축으로 업종별 리스크·웨이트를 가로축으로 하는 매트릭스를 이용하여 실질 리스크를 계량한다.

실질 리스크 계량빈도는 연2회로 결산기에 맞춰 계량되고 있다. 실질 리스크는 유닛 단위로 리스크 매니지먼트부가 계량하고, 그 결과는 영업그룹에서 피드백한다. 한편 통합 리스크 관리의 일환으로 전사 레벨에서의 실질 위험을 계량하고 있다.[167)]

미츠비시상사는 이 실질 리스크를 사용 시 자기자본이 리스크 완충

작용을 충분할지 여부를 검증하고 있다. 미츠비시에서는 B/S상 자기자본을 구성하는 요소, 즉 자본+내부유보에 자산의 합을 체력이라고 정의하고 있다. 이러한 실질 리스크에 정량화하기 어려운 운영 리스크(Operational Risk)를 고려한 리스크 총량과 비교함으로써 회사 전체 리스크 총량과 체력의 균형을 검토한다.[168]

미츠비시의 MCVA의 특징은 ① 자본비용 개념 도입으로 자원배분의 명확한 기준을 설정한 것이다. 즉, 기업가치 기여도에 따라 자원배분이 가능, ② 실질 리스크 개념 활용으로 회사가 가진 위험수익에 대한 정확한 반영 가능, ③ 금융수지, 사업수지 파악 가능으로 종합상사의 다양한 기능의 수익 기여도 측정 가능하다는 점을 꼽을 수 있다.[169]

(2) 마루베니상사(丸紅商事, Marubeni Corporation)

마루베니는 세계 60여 개국에서 자원생산·조달 및 제품의 제조·판매 등의 다양한 상업 및 투자활동을 전개하고 있다.[170] 따라서 세계경제가 침체되면 회사의 영업활동, 실적, 재무 상태가 악화될 가능성이 많다. 현재 세계경제를 견인해 온 중국의 경제성장 속도 둔화에 따라 자사에 미치는 영향이 큰 원유와 구리가격이 크게 떨어져서 어려운 사정에 있다.

마루베니는 이러한 조건에 따라 2016년을 미래 지향적인 새로운 시

---

167) 松本敏史, 2013, 一般事業会社における定量的リスクマネジメント, 早稲田大学院会計研究科.

168) 北村康一, 2010, 三菱商事におけるリスクマネジメントについて, 日立総研vol.5-3, 2010. 10.

169) 松本敏史, 2013, 一般事業会社における定量的リスクマネジメント, 早稲田大学院会計研究科.

170) "Marubeni Corporation History(Retrieved April, 2014)", International Directory of Company Histories, Vol. 24, St. James Press.

작의 해로 삼고 대규모 개혁을 실시하고 있다. 비즈니스 영역의 '글로벌 영업전략'을 강력하게 추진함과 동시에 영업조직 최전선의 '리스크 관리 체제'를 강화한 것이다. 그룹 기획부에서 각 계열사별 영업관리 기능을 평준화하고 해외를 포함하여 최전선의 영업현장에서 리스크 관리를 강화하고 있다.

마루베니는 다양한 업종에 진출하고 있고, 지역적으로도 확장하고 있기 때문에 각 사별로 리스크에 대한 마이크로적인 관점뿐만 아니라 그룹 전체의 매크로적인 관점에서 '통합적인 리스크 관리'를 추진하고 있다.[171] 그룹 전체의 자산을 리스크가 잠재해 있는 나라와 산업, 고객의 신용등급 등 노출되어 있는 해당 리스크의 특성을 바탕으로 분산 및 상관 계수를 고려한 VaR(=Value at Risk)[172]의 기법으로 최대 리스크량을 계산한 뒤에 이를 포트폴리오 관리의 기초자료로 활용하고 있는 것이다. 이는 다양한 리스크 요소를 통합하여 하나의 리스크로 파악하는 것이다. 더욱이 최신의 정보를 반영한 컴퓨터 시뮬레이션을 실시하여 정밀하게 리스크의 규모와 상태를 파악하고 있다.

마루베니 그룹은 당사 및 연결 자회사의 실적 및 재무 상태에 악영향을 미칠 가능성이 있는 주요 리스크를 명확히 하고 다음과 같이 관리하고 있다.[173]

---

171) "Marubeni's Risk Management Approach", Marubeni our company(https://www.marubeni.com/company/governance/measure/risk_management).

172) Jorion, Philippe(2006).

173) Marubeni アニュアル・リポート,(2015), "市場リスクについて".

① 신용 리스크

마루베니와 관련 자회사는 거래처와 제품공급, 용역, 업무위탁 등의 계약을 체결하고 있다. 이러한 영업활동에 따라 마루베니는 거래처와 영업채권, 선급금 대출보증 등의 형태로 신용을 제공하고 있다. 그러나 거래처의 채무불이행이나 계약불이행 등에 따른 신용 리스크가 발생하면, 당사뿐만 아니라 연결자회사의 실적 및 재무 상태에 악영향을 미칠 가능성이 있다. 이를 방지하기 위한 리스크 관리를 철저히 하고 있으나 신용 리스크가 현실화할 가능성이 많다. 이러한 손실에 대비하기 위해 당사 및 연결 자회사는 고객의 신용도, 담보가치, 기타 일정한 견적에 따라 대손 충당금을 설정하고 있으나, 실제로 발생하는 손실이 이를 초과할 가능성이 있다.

② 투자 리스크

마루베니는 단독으로 또는 공동으로 새로운 회사를 설립하거나 기존 회사를 인수하는 등의 사업 활동을 하고 있다. 이러한 투자는 거액의 자본을 필요로 하고 있으며, 당사와 관련 자회사가 원하는 시기나 방법으로 철수할 수 없을 수도 있고, 또 추가자금 지원을 강요당할 수 있다. 이러한 리스크를 방지하기 위해 신규 투자에 즈음하여 리스크에 맞는 수익을 얻을 수 있는지 검증을 포함한 리스크 관리를 철저히 하고 있으나, 투자가치가 하락한 경우, 혹은 추가자금 지원이 필요할 경우에는 당사 및 연결자회사의 실적 및 재무 상태에 악영향을 미칠 가능성이 있다.

③ 리스크의 집중

상업활동 및 투자활동의 일부에서 특정 투자시장 또는 지역에 대한 집중도가 높아지는 경우가 있다.[194] 컨트리 리스크 정도에 따라 각국의 거래관리 기준을 마련하고 포트폴리오의 적정화를 도모하는 등의 관리를 실시하고 있으나, 해당 시장이나 지역에서의 사업환경이 악화된 경우에는 당사 및 연결자회사의 실적 및 재무 상태에 악영향을 미칠 가능성이 있다.[174)

④ 자금조달력 및 조달 코스트

당사 및 연결자회사는 자산 구성에 맞는 최적 자금조달과 안정적인 유동성 확보를 중시하고 있다. 그러나 국내 및 해외의 주요 금융시장에 혼란이 발생한 경우 또는 영업활동에 따라 현금흐름이 경직되거나, 수익성 감소 또는 자산 및 부채관리 실패, 심지어 신용평가회사에 의한 신용등급의 하향조정이 이루어진 경우에는 자금조달이 제약되거나 조달비용이 증가할 가능성이 있고, 이에 따라 당사 및 자회사의 실적 및 재무 상태에 악영향을 미칠 가능성이 있다.

⑤ 시장 리스크

(a) 각종 상품가격 변동

당사 및 연결자회사는 다양한 상품을 취급하고 있으며, 지속적인 상품거래와 계약, 약정거래에 관한 시황이 변동되는 리스크를 줄이기 위해 선물계약을 체결하고 있다. 또한 자원·에너지 개발사업 및 기타 제조사업에 참여하고 있으며, 그 사업을 통해 판매되는 생산물과 제품시황 변동이 당사 및 연결자회사의 실적 및 재무 상태에 악영향을 미칠 가능성이 있다.

---

174) Iuliia Brushko and Yuko Hashimoto(2014).

(b) 유동성 리스크

당사 및 연결자회사는 금융거래시장에서 거래되는 다양한 자산을 보유하고 있다. 그러나 금융시장의 혼란 등으로 보유자산의 시장유동성이 현저하게 저하되면 보유자산의 가치가 하락할 가능성이 있어, 당사 및 연결자회사의 실적 및 재무 상태에 악영향을 미칠 가능성이 있다.

(c) 환율 변동 리스크

당사 및 연결자회사들은 다양한 통화와 조건으로 거래를 하고 있다. 주로 외화 거래 및 외화채무잔액 등에 관한 환율 변동 리스크를 줄이기 위해 선물계약 등의 파생상품 거래를 체결하고 있다. 환율 변동은 당사 및 연결자회사의 실적 및 재무 상태에 악영향을 미칠 가능성이 있다.

(d) 금리 변동 리스크

당사 및 연결자회사는 금융기관으로부터 차입하거나 회사채 등으로 자본시장에서 자금을 조달하고 있다. 변동금리에 의한 자금조달은 변동에 따른 리스크를 전가할 수 있으나, 금리 변동의 영향을 완전히 피할 수 없으므로 금리 변동 리스크에 노출되어 있다. 그 외에도 자산·부채종합 관리(Asset-Liability Management)를 통해 투자증권과 고정자산 중에 변동 금리로 조달하고 있는 부분은 시장동향을 주시하면서 스왑계약 등을 활용하여 금리 변동 리스크를 경감시키고 있다. 그러나 금리 변동에 따른 영향을 완전히 피할 수 없다. 따라서 금리동향에 따라 당사 및 연결자회사의 실적 및 재무 상태에 악영향을 미칠 가능성이 있다.

(e) 유가증권의 가격 변동

당사는 연결자회사와의 관계를 강화하거나 또는 기타의 목적으로 유가증권에 투자하고 있다. 유가증권은 그 공정가치의 변동에 따라 가격 변동 리스크를 가지고 있으며, 공정가치의 하락은 당사 및 연결자회사의 실적 및 재무 상태에 악영향을 미칠 가능성이 있다.

(f) 퇴직급여에 관한 리스크

당사 및 연결자회사의 연금자산은 국내외 주식 및 채권 등이 포함되어 있기 때문에 증시가 침체된 경우 등에는 자산가치가 감소하고 연금자산을 확충시켜야 할 필요가 있다. 그러한 경우에 당사 및 연결자회사의 실적 및 재무 상태에 악영향을 미칠 가능성이 있다.

(g) 부동산, 기계 장비 등 고정자산에 대한 손상에 대하여

당사 및 연결자회사는 제3자에게 판매·대여 또는 직접 사용하기 위한 목적으로 부동산, 기계, 장비 등 고정자산을 가지고 있으며, 이러한 고정자산은 자산가치의 하락으로 인한 손실이 잠재해 있다. 당사 및 연결 자회사는 국제회계 기준에 따라 자산의 적절한 감액 처리를 하고 있으나 자산 가치가 현저히 감소한 경우에는 당사 및 연결자회사의 실적 및 재무 상태에 악영향을 미칠 가능성이 있다.

⑥ 법률 리스크

당사 및 연결자회사의 영업활동은 일본 및 외국에서 광범위한 법률 및 규제에 따르고 있다. 그러나 이러한 법률 및 규정이 변경되거나 해석의 오류에 따른 리스크로 당사 및 연결자회사의 법령준수에 대한 부담이 증가할 수 있다. 따라서 법률 및 규제가 변경되거나, 해석상의 변경이 이루어진 경우에는 영업활동의 중단을 포함한 벌칙의 적용을 받거나 신용 저하 등이 발생하여 당사 및 연결자회사의 실적 및 재무 상태에 악영향

을 일으킬 수 있다.[175)]

따라서 중요한 소송에 대해 당사 및 연결자회사의 국내 및 해외영업 활동이 소송에 따른 분쟁 또는 기타 법적 절차를 거쳐야 할 수도 있다. 그러한 경우에 결과를 예측하는 것은 불가능하다. 소송 등이 향후 당사 및 연결자회사의 실적 및 재무 상태에 악영향을 미칠 가능성이 있다.

⑦ 환경 리스크

당사 및 연결자회사는 글로벌하고 다양한 산업 분야에 대한 영업활동을 하고 있으며, 이에 따른 환경오염이 발생한 경우에는 사업정지, 오염 제거비용 또는 주민소송에 대응하는 비용 등이 발생하고 사회적인 평가가 악화될 수 있다. 이러한 환경 리스크에 대응하기 위해 2000년에 환경 경영 시스템을 도입하였고, 2013년에 개정하여 신규 투융자 및 개발 프로젝트에 대해 환경영향 평가를 실시하는 등 환경부하를 파악하고 환경 리스크를 감소시키기 위해 노력하고 있다.[176)] 그러나 환경 리스크가 발생한 경우에는 당사 및 연결자회사의 실적 및 재무 상태에 악영향을 미칠 가능성이 있다.

⑧ 자연재해 리스크

지진 등의 자연재해로 인해 사업장이나 시설이 파괴되는 피해가 발생

---

175) 마루베니는 미국 회사와 함께 인도네시아의 화력발전소 사업을 수주한 대가로 인도네시아 정부 관리들에게 뇌물을 준 것으로 드러나 2014년에 미국 연방법원에서 벌금 8,800만 달러를 선고받았다."Marubeni Corporation Agrees to Plead Guilty to Foreign Bribery Charges and to Pay an $88 Million Fine", Department of Justice, U.S. Department of Justice, March 19, 2014.

176) Marubeni CSR·環境, "サプライチェーンにおけるCSR基本方針", 2013.

하여 영업에 지장을 초래할 수 있다. 이에 따른 BCP(비즈니스 연속성계획) 수립, 내진대책, 방재훈련 등 개별적으로 대책을 강구하고 있으나, 자연 재해에 따른 피해를 완전히 제거할 수 없다.

⑨ 테러, 폭동 발생 리스크

당사 및 연결 자회사는 글로벌 영업활동을 전개하고 있기 때문에 해외 각국의 테러, 내란, 폭동 등의 돌발상황 및 기타 정치적·사회적 변동에 따른 리스크에 노출되어 있다. 이러한 다양한 리스크는 당사 그룹의 실적 및 재무 상태에 영향을 미칠 수 있다.

⑩ 영업활동 전반의 리스크

영업활동 전반에 걸쳐 업무를 수행하는 종업원들이 임무를 태만하거나 또는 영업활동을 지원하는 컴퓨터 시스템 등에 장애가 발생한 경우에는 당사 및 연결자회사의 실적 및 재무 상태에 악영향을 미칠 가능성이 있다.

〈그림 11-3〉 마루베니의 리스크 관리 시스템

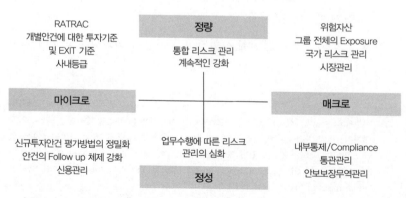

* 자료: www.marubeni.co.jp/

(3) 스미토모상사(住友商事, Sumitomo Corporation)

스미토모상사는 '손실발생 방지'와 '기업가치의 최대화'를 목적으로 하는 리스크 관리 프레임 워크를 구축하였으며, 이는 경영자원의 효율적 운용을 지원하는 기능을 하며, 추진하는 사업계획과 깊이 연관시키고 있다.[177] 리스크를 '미리 예측 또는 예측하지 않은 사태의 발생으로 손실을 입을 가능성' 및 '비즈니스 활동에서 얻은 수익 예상에서 벗어나는 가능성' 등으로 정의하고 다음 3가지를 리스크 관리의 목적으로 하고 있다. 첫째, 안정적인 실적과 수익을 확보한다. 둘째, 체질강화 리스크로서 리스크가 현실화한 경우에도 사업에 지장을 주지 않도록 관리한다. 셋째, 신용유지 및 법령준수 등의 사회적 책임을 완수한다.

1980년대 초반까지 일본의 종합상사들은 국제적인 상거래를 주요사업으로 하였으나, 80년대 후반 이후 교역에 대한 수요가 감소하고, 엔고에 따른 제조업의 해외 이전이 진행되어 신규 사업과 해외 직간접투자를 증대시켰다. 따라서 1990년대에는 사업의 형태가 다양화하고, 세계경제 환경도 변화하기 시작했다. 1990년대 초반에는 버블경제의 붕괴로 주가와 부동산 가격이 폭락하였고, 1997년의 아시아 통화위기로 인해 많은 프로젝트에서 문제가 발생되었다. 특히 스미토모는 1996년에 구리와 관련된 부정거래가 발생하여[178] 주주자본이 크게 훼손되었고,[179] 수익성과 재무구조의 개선을 필요로 하였다.[180]

---

177) アニュアルレポート(2015).

178) 스미토모상사 비철금속 부장 H씨가 LME(The London Metal Exchange)에서 구리(銅地金) 선물거래로 회사에 거액의 손실을 입힌 사건이다(「日本経済新聞」1997年 2月 18日 朝刊).

179) 사건 직후의 주주총회가 의사진행이 불공정하다는 내용으로 총회취소를 요구하는 소송이 제기되었다. 소송을 제기한 주주는 임원을 상대로 손해배상청구금액 총 2,004억 엔이라는 주주대표 소송도 제기하였다(「日本経済新聞」, 1997年 9月 26日 朝刊).

180) 1991년에 스미토모상사의 기말손실은 682억 3,000만 엔에 달했다. 또한 1993년에도

이에 따라 1998년에는 경영활동 현장을 총체적으로 검토하고 경영 이념과 지침을 새롭게 제정했다. 특히 비즈니스는 '리스크를 감수하고 이에 상응하는 수익을 얻는 것'이 기본이기 때문에 1998년에 스미토 모는 타사에 앞서 일정의 '리스크'에 대해 어느 정도의 '리턴'을 올리고 있는가에 따른 수익성을 나타내는 지표로서 '리스크 리턴'을 도입하였 다. 구체적으로 각 자산가격의 최대 손실비율을 뜻하는 '리스크 웨이트 (weight)'를 걸고 리스크가 나타났을 때 발생되는 최대 손실가능 금액인 리스크 자산을 측정하고 있다. 또한 이 리스크 자산을 분모로 개별 비즈 니스가 창출하는 순이익을 분자로 하여 사업부문별 또는 회사 전체의 수 익성을 계산할 수 있도록 하였다. 경영의 안정성을 확보한다는 관점에서 최대 손실 가능 금액인 리스크 자산을 리스크 버퍼(buffer)인 주주자본 이내로 유지하여 과도한 리스크를 가지지 않는 것을 경영의 기본으로 하 고 있다.[181] 따라서 리스크 리턴의 개념은 전사적이고 보편적인 목표를 달성하기 위한 도구로서 역할을 하고 있다.[182]

리스크 관리의 기본으로는 리스크를 계량화 할 수 있는 '계측가능 리 스크'와 계량화가 곤란한 '계측불능 리스크'로 분류하여 관리하고 있다. 계측가능 리스크는 수익을 얻기 위해 취하는 리스크이며, 리스크를 관리 가능한 범위 이내로 설정하는 동시에 리스크에 대한 수익을 극대화하는 것을 기본방침으로 하고 있다. 예를 들어 투자가 일단 실시된 뒤에 철수

LME에서 상장조종혐의를 지적하였고 스미토모 상사도 자체 조사했지만 그때까지도 부 정은 발견할 수 없었다. 1995년 12월에는 영국 당국은 구리의 인위적인 가격 변동에 대 해 스미토모상사에 조사를 의뢰하여 1996년 5월에 거래하는 거래선의 외국 은행 잔고가 사내 서류와 일치하지 않은 데서 H부장의 비리가 사내에 밝혀졌다(「日本経済新聞」, 1997年 6月 11日 朝刊. "巨額損失のつめ跡 ②").

181) John Vickers(2016).

182) Lundblad, Christian(2007).

하는 경우에 손실이 크기 때문에 진입에서 철수까지 일관된 관리 프레임 워크를 구축하고 지속적인 업그레이드를 실시하고 있다. 이와 같이 투자하기 전부터 리스크에 대비하여 충분한 수익을 확보하여야 하는 취지로 엄격한 정량기준을 마련하는 것을 중요시한다. 매번 투자평가 방법을 검토하고 안건마다 리스크를 더욱 정확하게 반영하도록 기준도 신축성 있게 변경하고 있다.

계측불능 리스크는 '가치 파괴 리스크'로 보고 리스크 발생을 방지하거나, 발생 확률의 최소화에 주력하고 있다.[183] 구체적으로 소송 등 법률 리스크, 사무 처리 실수나 부정행위 등의 기업운영상의 리스크, 자연재해 등의 리스크는 관리는 할 수 있으나 그로 인해 발생하는 수익은 전혀 없다. 그러나 발생 빈도는 낮지만 발생하면 경영에 심대한 영향을 미칠 수도 있다. 이러한 계측 불능 리스크의 발생 자체를 회피하거나 발생할 확률을 최소화하는 것이 리스크 관리의 기본이다. 그러기 위해서 내부 통제위원회를 중심으로 개별 사업 부문의 국내외 지역 조직에 의한 각각의 사업 특성에 맞는 자체 내부 통제활동으로 글로벌 연결 기준 및 계측불능 리스크에 대한 모니터링도 정기적으로 실시하고 있다. 그 결과를 토대로 조직체계와 업무흐름을 검토하여 '업무품질'의 지속적인 향상을 도모하고 있다.

다양한 리스크에 대해 가능한 한 리스크 관리 프레임 워크를 갖추고는 있지만 사업활동에 따른 손실을 완전히 막을 수는 없다. 손실이 발생되었을 경우에는 가능한 한 조기에 발견 하는 체제를 갖추고 있으며, 리스크가 발생한 후에는 즉시 관계 정보를 수집·분석하고, 신속하고 적절하게 대응하는 동시에, 해당 정보를 경영진·관계 부처와 공유함으로써

---

183) 島崎憲明(2005).

손실이 증가하거나 이차적인 손실발생을 억제시키는 노력을 하고 있다. 또한 다양한 손실 관련 상황 정보를 데이터베이스에서 집중적으로 관리하고, 손실발생의 원인을 체계적으로 분석한 후, 각종 사내연수 및 관련 교재의 작성·배포를 통해 비즈니스 현장에 피드백하고, 각각의 리스크 관리 능력의 레벨 업을 도모하여 유사한 손실 사태의 재발을 최대한 방지하는 구조를 구축하고 있다.

스미토모는 외부 환경의 변화에 따라 효과적인 리스크 경영진으로 하여금 최첨단 기술과 기법을 적극적으로 연구·도입함으로써 다음과 같은 리스크 관리 프레임 워크를 구축하였다.

① 신용 리스크 관리

스미토모는 매출채권, 선급금 대출보증 기타의 형태로 신용 리스크를 보유하고 있다. 거래처의 신용 리스크 관리를 위하여 자체신용등급으로 SCR(Sumisho Credit Rating)을 사용한다.[184] 거래처의 신용도에 따라 총 9단계로 평가하고 등급에 따라 대출규모 설정의 결재권한을 규정하고 있다. 또한 거래처의 신용 상태를 정기적으로 검토하고 신용노출을 해당 범위 내에서 적절하게 관리하고 있으며, 거래처의 신용평가를 지속적으로 실시하고, 필요한 경우에는 담보취득 등의 보전조치도 강구하고 있다.

② 시장 리스크 관리

시황상품과 금융상품의 거래에서는 계약상에 잔액 한도와 반기별 손실한도를 설정하고 잠재적 손실금액이 손실한도 내에 들어가고 있는지

---

184) "リスクマネジメント"(2014), 住友商事.

지속적으로 모니터링하고 있다. 또한 유동성이 저하될 경우에 대비해 각 선물시장에 대한 유동성 리스크 관리도 실시하고 있다. 거래의 확인 및 전달·결제, 잔액과 일치하게 하는 손익이나 포지션을 관리·모니터링하고 중간단계의 오피스 업무를 기업 부문이 담당하고 거래를 집행하는 프론트 업무와 완전히 분리함으로써 내부견제를 철저히 하고 있다.[185]

③ 사업집중 리스크 관리

종합상사는 글로벌화에 따른 다양한 사업 분야에서 사업을 추진하고 있기 때문에 특정 리스크 요인에 과도하게 집중하지 않도록 관리해야 한다. 스미토모는 특정 국가·지역에 대한 리스크가 과도하게 집중되는 것을 방지하기 위해 컨트리 리스크 관리제도를 실시하고 있다. 또한 특정 분야에 대한 과도한 집중을 피하고 균형 있는 사업 포트폴리오를 구축하기 위해 사장과 사업부문장과의 정례회의를 실시하고, 대형 및 주요 안건의 심의기관인 전사적 투융자위원 모임에서 사업부문과 비즈니스 라인에 배분하는 금액에 대해 충분한 토론을 실시하고 있다. 또한, 자원·에너지 사업부문의 전체 포트폴리오의 리스크를 관리하기 위해 특정 리스크 요인에 과도하게 집중되어 있는가의 여부를 정기적으로 모니터링하는 제도를 도입하였다.

④ 정보보안 리스크 관리

당사는 정보보안의 유지·향상을 도모하기 위해 기밀누설 리스크에

---

185) 스미토모상사의 구리선물거래에 따른 손실의 경우 내부통제가 미비하였다는 점이 드러나 이에 대한 통제를 강화하였다(吉見 宏,(1997), "我が固における企業不正事例(8) 経済学研究, 北海道大學).

대한 대응, 그리고 개인 정보 보호법에 대한 대응을 목적으로 한 사내 규칙 매뉴얼의 정비 및 사내 교육, 계발 활동 등을 통해 정보관리 체제를 더욱 강화하기 위해 노력하고 있다.

3. 상사 리스크 관리방안 및 시사점

일본의 종합상사는 정부주도형으로 몸집을 불렸던 우리나라의 종합상사와는 다르게 무역 중개 기능과 함께 종합적 사업투자 및 운영회사로 기능을 확대하여 발전하였다. 이러한 기능의 확대로 인해 개별 상사들은 다양한 리스크에 직면하게 되었고, 많은 시행착오 끝에 각 상사에 적합한 리스크 파악 및 관리방안을 정착시키게 되었다.

스미토모상사는 회사의 가치를 높일 수 있는 리스크에 대해서는 적극적으로 회사 자체적으로 감내할 수준으로 맞추어 관리하고 있고, 가치 파괴적인 리스크에 대해서는 철저히 회피하거나 발생 확률을 최소화하는 데 주력하고 있다. 아울러 리스크·리턴이라는 경영 방침을 마련함으로써 사업 영역 및 회사 전체의 수익 평가를 하고, 수익을 극대화하고 있다.

마루베니상사는 통합 리스크 관리에 초점을 맞추고 있다. 확인이 가능한 모든 리스크들은 그 리스크의 양을 측정하여 회사가 감당할 수 있는 범위 내로 조정하고, 측정이 어려운 리스크는 내부 통제 시스템을 구축하여 관리한다. 아울러 리스크 관리에 있어 다면적인 관리방안을 실행하고 있다. 리스크 관리에 있어 매크로·마크로의 관점과 정량·정성이라는 2가지 척도로 리스크를 정리하고, 다양한 사업을 수행하기 위한 다각적인 관점에서 리스크 관리를 실행하고 있는 것이다. 아울러 연결기준에서의 리스크의 Exposure 분석이 고도화되어 있고, 통합 리스크 관리의 관점에서 분기마다 위험 자산을 산출, 리스크에 대한 리턴을 고려하는 경영지표인 PATRAC 마련과 실행, 현장의 위험관리 체계 강화 등은 국내 종합상사에 시사하는 바가 크다고 할 것이다.

미츠비시상사의 리스크 관리의 특징은 각종 위험 자산에 대한 가격하락 리스크를 고려한 최대상정손실을 고려하여 측정 가능하도록 한 실질 리스크의 개념을 도입했다는 데 있다. 아울러 실질 리스크의 개념을 바탕으로 경영관리지표인 MCVA를 개발, 시행함으로써 거래처 및 당사에 노출된 리스크를 관리하고 있다. 그리고 이를 유닛 단위, 전사적으로 측정하고 이를 관리함과 함께 경영진 및 주주와 공유함으로써 주주들의 감시기능을 강화하였다는 데도 그 특징이 있다.

일본의 종합상사들은 그 특수한 비즈니스모 델 형태로 인해 기타 다른 기업 및 산업보다 더 큰 리스크를 부담하고 사업을 운영한다고 할 수 있다. 이러한 환경 속에서 일본 종합상사들은 각각 당사의 사업 모델에 적합한 리스크 파악 및 확인을 위한 리스크 정의 방법을 가지고 있으며, 리스크를 측정하기 위한 도구들을 각각의 특성에 알맞게 구축하고 있는 것으로 보인다. 아울러 리스크와 그 것에 대한 이익을 함께 고려하고 있으며, 정량적인 부분과 함께 정성적인 부분 즉, 측정이 어려운 리스크 관리를 위해 내부통제 장치를 마련하여 운영하고 있다.

상기한 리스크 정의 및 측정 그리고 관리방안이 마련되었다고 하여도 이를 실행하기 위한 회사의 시스템 마련이 중요할 것이다. 일본의 종합상사들은 마련된 리스크 관리방안이 회사의 경영 환경 속에 녹아들 수 있도록 경영방침에 이를 반영하고, 상사를 경영함에 있어 리스크 관리방안이 녹아든 경영방침을 준수하고 있다.

시대의 변화와 함께 종합상사의 기능이 확대함에 따라 각 상사의 리스크 관리방안도 발전해 왔다. 리스크 관리의 시작은 리스크 자체를 파악하고 확인하는 것으로 시작한다. 그리고 이렇게 확인된 리스크를 측정 즉, 리스크의 발생 빈도와 심도의 확률과 영향 두 가지 관점에서 평가하는 것이 중요하다. 아울러 이렇게 측정된 리스크에 대한 관리방안을 마련하고, 이를 회사 경영에 있어 실천하는 것이 필요하다.

일본의 종합상사의 리스크 관리의 사례를 살펴보면, 각 회사의 특징에 맞는 자체적인 리스크 파악 및 측정·평가의 도구를 마련하고, 이에 적합한 관리방안을 개발하여 사용하고 있다는 것이다. 그리고 이러한 리스크 관리방안이 회사경영에 반영되도록 회사 경영방침에 명시하여 실천하고 있다는 것이다.

이러한 일본 사례의 시사점은 국내 종합상사에게도 각 회사의 특징에 맞는 리스크 관리방안 마련의 중요성을 일깨우고 있다고 판단된다. 그리고 마련된 리스크 관리방안을 회사의 경영환경 속에 녹아들게 해 회사의 가치를 극대화하고 주주의 이익을 높이는 도구로 실천되도록 하는 것이 중요하다는 것을 국내 종합상사에 시사하고 있다.

하지만, 일본의 종합상사와 국내 종합상사와는 큰 차이가 있다. 일본의 종합상사는 1970년대의 사양론, 무용론 등의 비판에도 불구하고 위기를 극복할 수 있었던 것은 1990년대 이후부터 의도적으로 벤처 캐피털이나 투자은행과 같은 기능과 역량을 집중적으로 개발하였기 때문에 가능했다는 의견이 많다.[186] 이에 반하여 국내 종합상사는 아직 수수료 수익 기반의 중개무역업에 의존하고 있다.

아울러 일본의 종합상사들은 그 기능과 역할이 다양해짐에 따라서 사업 구조 변화에 따른 리스크의 분산과 관리가 중요하며, 사업들의 포트폴리오의 균형을 추구하는 리스크 관리방안의 실행이 필요했다. 그리고

---

186) 김현주·현석원·이종태(2016).

일본 종합상사의 경우 내수사업에 있어 사회문화적 제약이 거의 없는 반면, 국내 종합상사의 경우 대기업 집단에 속한 기업이 받는 각종 제약[187]을 받고 있다.[188]

따라서 국내 종합상사들은 일본의 종합상사와 같이 각 상사의 특징에 맞는 리스크의 관리방안의 마련과 시행도 중요하지만, 이와 함께 상사의 리스크들을 보험 등 제3자에게 전가할 수 있는 방안도 중요하다. 특히 국내 종합상사는 아직 무역 리스크가 가장 큰 위험이므로 한국무역보험공사를 중심으로 무역 리스크를 다각도로 관리하는 것이 중요하다. 특히, 수출보험은 현재 WTO에서 허용하는 보조금에 속하기 때문에 종합상사 및 수출기업들에게는 중요한 리스크 관리의 수단이다.

최근 금융시장은 급격하게 변화하고 있고, 이에 따라서 환율, 금리 등의 불확실성이 커지고 있다. 아울러 전통적인 리스크 관리의 방식의 한계가 나타나며, 내부통제 및 위험관리에 대한 대내외 규제의 강화가 이루어지고 있다. 이러한 환경 하에서 다양한 위험에 노출된 국내 종합상사에게 전사적이고 통합적인 관점에서의 리스크 관리가 필요하며, 이러한 리스크 관리체계의 고도화 및 경영환경에 적절하게 실행되도록 하는 것이 중요할 것이다.

---

187) 중소기업 고유업종 보호, 동반성장 정책, 일감 몰아주기 규제 등.

188) 김종회 · 박병일(2013).

제12장

무역 리스크 관리 연구동향과 향후 연구과제[189]

1. 무역 리스크 개관

다른 업종에 비해 많은 리스크를 내포하고 있는 무역의 리스크 관리는 무역의 안정화와 성장을 위해 매우 중요하다. 세계적인 수출국가인 독일은 제품의 우수성은 물론 리스크 관리에 충실한 국민성도 큰 역할을 하는 것으로 보인다. 한국의 경우에는 우수성은 존재하나, 안전과 리스크에 대한 관심이 적은 국민성 등으로 리스크 관리체계가 매우 미흡한 것으로 보인다.

그간 학계에서 무역관련 연구는 무역실무와 국제경영을 중심으로 활발하게 진행되어 왔으나, 그 중간 영역에 있다고 볼 수 있는 무역 리스크

---

189) 본 논문은 무역학회지 (2012년 6월)에 게재된 논문으로 본 서에 좋은 자료로 사료되어 소개한다. 본 논문의 연장선에서 최근 발간된 최아름(2016) 무역 리스크 관리 연구동향과 과제, 무역 리스크 관리연구도 참고.
  * 정홍주 (주저자), 성균관대학교 무역연구소장 / 경영대학
  ** 성수남 (교신저자), 성균관대학교 대학원 무역학과

관리 분야의 연구는 아직 충분하지 못한 것으로 보인다.

기존 문헌을 살펴보면 무역 리스크에 관한 연구는 1990년 이후 진행되어 이제 그 연구의 역사가 20년에 이르나 연구실적의 양적 규모는 여전히 초창기 단계에 머무르고 있다.

무역 리스크 관리는 무역 분야의 리스크 관리에 관한 학문이라고 정의할 수 있다. 리스크 관리는 개인, 기업, 정부 등 일정한 주체의 지속성을 확보하고 가치를 높이기 위해 리스크를 식별하고, 그 확률과 크기를 평가하고, 통제 및 재무 등의 대책을 마련하고 집행하는 일련의 과정을 의미한다(보험경영연구회, 2010). 이에 따라 여기서 무역 리스크 관리는 무역에 관한 리스크 관리로 학문적 성격을 정의하고 논의를 진행하기로 한다.

기존의 국내 무역 리스크 관리 분야의 연구논문을 S 대학교 전자도서관의 키워드로 검색하여 그 결과물에 대한 내용분석을 하였다. 즉, '무역' 또는 '국제거래'와 '리스크', '보험', '위험', '사기' 등의 단어와 결합하여 검색된 논문을 주제별로 분류하여 그 내용과 흐름을 정리한 것이다.

여기서 기존 논문은 연구목적별로 개념연구, 이론연구(경제학, 경영학, 통계학, 심리학 모델 개발 및 응용), 실증(태)조사, 상관관계분석(추세분석), 인과관계분석 (이론검증), 규범적연구(문제해결) 등으로 구분한다. 그리고 형태별로는 문헌조사, 설문조사, 사례조사, 법리분석, 계량분석 등으로 구별한다. 본 연구에서는 학위논문과 서적은 분석대상에서 제외하였다. 학위논문은 일반적으로 학술논문으로 게재되고 이를 모두 살펴보는 것은 중복적이고, 서적은 논문과는 상이한 성격이기 때문이다.

2. 무역 리스크 관련 기존 연구

무역 전체의 흐름에 관한 리스크에 대해 연구한 총괄적 리스크 관리 연구와 부문별 리스크(계약·사기 리스크, 운송(물류)·통관 리스크, 결제·시장 리스크, 소비단계 리스크 등) 관리 연구로 나누어 본다.

1) 총괄적 연구

(1) 무역 리스크의 분류에 관한 개념연구

정홍주, 노희찬, 최경진, 김기혁(2005), 박명섭과 한낙현(2006), 이제현과 이홍로(2007)은 문헌조사 방식을 이용하여 무역위험을 식별하고 특성을 분류하는 등 개괄적인 분석을 하였다. 또한 이들은 무역은 리스크가 많고 커서 리스크 관리가 철저하게 이루어져야 함에도 통계와 사례의 부족으로 그렇지 못하고, 학제 간 연구의 활성화를 통해 통합적 리스크 관리가 필요함을 역설한 바 있다.

오원석과 안건형(2009)은 탄소배출권 구매계약에서의 리스크를 분석하여 정책 리스크, 국가 리스크, 시장(가격) 리스크로 구분하는 한편 법적 쟁점으로는 리스크 할당, 불가항력, 비용과 세금, 중심주체, 가격, 구제권, 분쟁해결 등에 대해 논한 바 있다. 그리고 이웅석(2008)은 기술계약 위험에 대한 개념연구를 한 바 있다.

(2) 무역 리스크 인식 및 관리 현황과 성과분석

이제현과 이홍로(2007)는 중소수출기업의 무역위험인식과 위험관리 행동 그리고 수출성과에 대해 분석하였다. 그들은 먼저 무역위험을 무역 거래에서의 무역계약의 이행불능, 수출입대금회수불능, 환차손실, 운송

화물의 멸실 등과 같은 예상하지 못한 손실을 초래하는 비상위험, 신용위험, 환위험, 운송위험 등으로 구성되는 복합적인 위험이라고 구분했다.

이제현과 이홍로(2007)는 그 후 서울, 경기, 대전지역의 400개 업체를 대상으로 한 본 조사에서 비상위험, 신용위험, 환위험에 대한 인식도의 결정요인을 분석하여, 신용위험 인식도는 수출보험 부보금액과 전자무역 수출비중이 영향을 주며, 환위험 인식도는 무신용장 결제비중과 신용장 결제비중이 영향을 주는 것으로 확인되었다. 그리고 무역위험을 관리하는 중소제조수출기업의 수출이익률이 그렇지 않은 기업보다 높게 나타났다.

정홍주와 송용(2008)은 한국과 일본의 종합상사들에 대한 무역 리스크 관리 사례조사를 한 바 있다. 즉, 스미토모상사와 한국의 대표적인 무역상사 내의 리스크 관리 시스템의 개발과정과 현행 구조를 비교분석했다. 이는 사례연구로서 다른 무역상사의 모델로서 활용 가치가 있다.

강현재와 배정한(2008)은 소프트웨어, 게임, 음악 등 디지털 재화와 관련하여 지적재산권위험, 계약위험, 신용위험, 환위험의 인식 수준이 위험관리 수준 및 수출성과에 미치는 영향에 대해 설문조사를 토대로 한 분석을 하였다. 이를 통해 지적재산권위험의 인식 수준은 수출위험관리 수준과 수출성과에 모두 영향을 미치는 반면 신용위험과 환위험은 수출위험관리 수준이나 수출성과에 부분적으로 영향을 미치는 것으로 확인했다.

한편 안철경과 신동호(2004)는 남북교역에 있어서 북한 진출 기업의 위험요소와 대처방안에 대해 남북 경제교류를 하거나 고려 중인 100개 중소기업을 대상으로 설문 조사한 바 있다. 이를 통해 기업의 위험대비 수준, 보험가입 필요성 인식, 보험상품 예상수요, 정부지원 희망 우선순위 등에 대해 분석하였다.

2) 부문별 연구

(1) 계약·사기 리스크

① 계약 리스크 일반

계약 분야에 대한 리스크 관리 연구로는 계약 리스크의 분류와 구조, 계약 리스크의 관리실태, 계약 리스크 관리방안 등으로 구분할 수 있다.

법리적 관점에서 최준선(1990, 1993), 이동률과 이기희(2005), 한규식(2003)은 무역계약 측면의 무역위험이전 시점에 대해서 연구하였다. 이들은 Incoterms와 CISG(United National Conventions on Contracts for the International Sales of Goods)를 준거법으로 채택할 경우, 실무적으로 발생할 수 있는 위험의 종류를 구분하였다. 이런 부담에 관한 분쟁을 예방을 통한 리스크 관리방안으로는 계약당사자들은 이 두 법규에서 규정하고 있는 서로 상이한 관련 내용을 명확하게 숙지하여야 한다고 하였다.

한편 박명섭과 한낙현(2006)은 이들보다 넓은 관점의 법리적 연구를 통해서 국제물품 매매의 리스크와 구제를 중심으로 연구했다. 이들은 물품매매 계약 시의 리스크, 리스크의 이전과 청구권자, 물품의 부적합과 매수인의 거절, 물품의 거절과 매수인의 청구, 물품의 부당거절과 매도인의 청구, 대금미지급과 운송중지 등의 예상되는 사건에 대해 분류하고 대책을 제안했다.

또 다른 법리적 관점에서 송양호(2007)는 국제무역거래에서 다양한 언어의 사용을 통하여 발생되는 위험의 분배에 관하여 연구했다. 그는 계약에 기준이 되는 국가의 법(계약준거법)에 부차적으로 연결이 된 언어준거는 함께 평행하게 간다는 전통적인 견해부터 계약준거법 외에 독자적으로 존재하는 "언어준거" 또는 "계약언어"의 자율적인 결정이라는 현대적인 이론까지 다양하게 주장되고 있다고 하였다.

법리적 관점이면서 규범론적 연구로서 허해관(2008)은 국제물품 매매 협약상 위험의 의의와 위험부담의 효과와 협약규정상의 고려 요소를 분석하였다. 그는 동 협약내 위험의 정의에 대해 논의하여 리스크를 분류하는 한편 법경제학적 취지에서 위험부담의 바람직한 방향을 제안하였다. 즉, 위험발생 의 예방, 보험 효과, 제3자에 대한 책임추궁, 손해확대의 방지, 분쟁발생 가능성의 최소화, 배분적 정의의 실현 측면에서 위험분담 방향을 제시하였다.

그 외 문헌조사와 법리적 관점이지만 전자무역계약이라는 특수한 계약 형태에 대하여 정재환(2004)은 메시지가 서면성을 충족하고 있는가 여부와 그것에 따른 증거가 확보되어 있는가라는 리스크를 고려하여 관리하여야 한다고 하였다. 그러나 국제무역에서 거래를 행하는 국가마다 전자서명, 전자인증, 전자공증의 3가지 제도를 동일한 내용으로 시행할 수 없으므로, 무역거래당사자, 은행, 운송회사, 보험회사 등이 가입하여 거래를 진행시키는 국제조직을 구성하여 현행 전자무역계약에서 예상되는 리스크를 관리할 수 있을 것이라고 했다. 오원석과 임목삼(2006)은 대리인과 대리점 계약의 법리를 근거로 ICC(International Chamber of Commerce) 모델 대리점 계약서의 리스크를 분석한 바 있다.

계약 리스크에 관한 실증연구로는 이웅석(2008)이 있다. 비록 수출입무역은 아니지만, 외국인투자기업의 기술도입 시 발생되는 기술계약 위험을 최소화시키는 수단으로 어떤 기술대가 지불방식을 선택해야 하는지에 대한 실증연구를 하였다. 그 결과 동일한 거래구조 내에서도 도입되는 기술의 특성, 도입기업 특성, 기업 간 관계 특성에 따라서 다양한 계약조건이 발생될 수 있는 것을 확인하였다.

② 사기 리스크

무역거래는 원격지에 있는 거래상대방을 대상으로 하는 격지자 간의 거래로 거래 관련 정보의 입수가 어렵고 제한되어 있다는 점, 거래금액이 대규모로 이루어지기 때문에 대금회수나 물품인수의 리스크가 높다는 점, 무역거래에 수반되는 다양한 무역 관련 서류의 위조나 조작의 가능성을 배제하기 어렵다는 점 때문에 사기거래에 노출되기 쉽다. 최근에는 거래처 발굴이 용이하고 저렴하고 손쉽게 무역기회를 창출할 수 있는 전자무역이 성행하고, 신용장에 의한 결제방식이 감소하면서 무역사기로 인한 피해사례가 급증하고 있는 실정이다. 특히 전자무역의 경우 검증되지 않은 정보를 접할 가능성이 높고, 비대면으로 거래가 이루어진다는 점에서 무역사기의 위험이 더욱 크다고 할 수 있다.

계약의 고의적 불이행이라는 점에서 사기는 계약 리스크와 연계성이 높지만, 여기서는 구분하여 살펴보기로 한다. 사기에 관한 연구는 사례조사 방법이 주로 사용되고 있는데, 1990년대부터 2000년대 초반에 주로 이루어졌고, 2010년 전후에서는 학술논문의 대상으로는 거의 등장하지 않고 있다. 사기에 관한 연구는 신용장방식, 수출보험방식, 인터넷 무역 방식 등으로 구분될 수 있다.

첫째, 신용장거래와 관련된 사기 연구로는 김용재(1995)이다. 그는 신용장 거래방식을 이용한 무역사기의 유형으로 수출상의 사기, 수입상의 무역사기, 담합에 의한 사기, 운송인에 의한 사기, 수익자와 은행이 공모한 사기 등으로 사기사례의 유형을 나누어 설명하고 그에 대비한 예방대책으로 신용조사, 분쟁해결조항, 준거법 조항 등을 제안했다.

또한 최정호와 이제현(2001), 강원진(1992)은 신용장거래에서 독립·추상성의 원칙 적용 관행과 신용장과 서류의 엄밀일치 요구관행 및 서류거래의 관행 등 세 가지 거래의 원칙을 악 이용한 사기행위에 대하여 사례 연구하였다. 포괄적인 대책 방안으로는 국제무역대금결제방법에 대한 정확한 지식 습득, 무역실무에 관한 지식 숙지, 거래상대방의 신용조사 철저, 국제매매계약서를 반드시 작성해두어야 하며, 수출보험 적극 활용 및 관련 기관과의 협조체제를 통한 정보의 구축이 효과적이라고 하였다.

한편 신용장을 포함하여 여러 가지 결제방식과 관련된 사기분석으로 김덕권과 김경배(2003), 이상훈(2003) 등이 있다. 이들은 송금방식, 추심방식, 신용장방식 등으로 분류하여 이미 발생된 사례를 분석하고 무역사기와 대금지급거절을 예방하기 위해 대책방안을 제시했다.

수출보험관련 사기 연구로는 김용재(1997)가 최초이다. 수출보험을 활용한 사기사례를 조사하여 소개하였고, 대부분이 위장수출이었다. 남풍우와 엄광열(2004)은 수출보험제도를 악용하여 사기가 발생하고 있으며, 수출보험에 대한 사기의 경우는 철저히 엄선된 현장실사를 통한 서류점검을 확인하는 제도적인 보완책이 병행되어 신용평가가 이루어져야 하며, 수출보험공사도 외국의 수출보험유관기관과 상호연계된 정보를 공유하는 국제적인 제도관행이 선행되어야 한다고 하였다.

한편 인터넷 무역결제와 관련한 연구도 2000년대 초반에 등장하였다. 허은경(2002), 신승관과 이상진(2001)은 인터넷 무역의 경우 검증되지 않은 정보를 접할 가능성이 높고 익명과 비대면으로 이루어지므로 이를 통해 발생하는 리스크가 높다는 문제점을 지적하였다. 따라서 해결방안으로 정확한 신용평가에 근거한 거래상대방 선정, 명확한 계약서 작성, 신용장거래일 경우에도 진위 여부 확인, 단기수출보험 적극활용, 무역실무교육강화, 무역사기 신고센터 확대 등 제도적 보완장치가 필요하다고 하였다.

(2) 운송(물류)·통관 리스크

물품의 인도와 관련하여 수출지에서 수입지로 물품의 운송과정에 발생할 수 있는 물품의 멸실 또는 훼손에 따른 운송위험을 부담하게 된다. 국제운송은 운송거리가 길고 장기간이 소요될 뿐만 아니라 운송경로 및 운송방법이 다양하고 복잡한 단계를 거쳐서 이행되기 때문에 국내 운송에 비하여 훨씬 더 많은 위험요소들을 가지고 있다. 더구나 최근 해상 테러 및 해적 행위가 빈발하고 있는 상황에서 각국이 물류보안을 강화하기 위한 여러 가지 법적·제도적인 장치들을 마련함에 따라 수출입 당사자들은 이에 대응하여 여러 보안요소들을 효율적이고 효과적으로 관리하여야 하는 부담을 안게 되었다.

① 운송(물류) 리스크

운송과 관련된 리스크는 운임 리스크, 운송이행 리스크, 운송 리스크 관리(및 보험)로 나뉘어진다. 이들에 대한 연구는 비교적 이론연구와 법리분석이 많은 편이고 실증연구나 사례연구는 다소 미흡한 것으로 보인다.

먼저 운임 리스크에 대해서는 정홍주(1991)는 해상운임 선물거래의 개념과 원리에 대해 분석했다. 그는 이전의 해운선물거래에 대한 논문에 대해 재무관리 개념을 적용하여 선물거래의 효익에 대한 보다 정확한 의미를 제시한 바 있다. 그리고 김재봉(2007)과 정상근(2007)은 각각 선박매매, 용선계약, 장기운송계약 등의 전통적인 헤징 방법을 통해 관리되는 해상운임 변동에 따른 리스크 관리 방법을 지적하며 해운기업의 운임 리스크 및 관리방안과 영국의 BIFFEX(Baltic International Freight Futures Exchange)에 대해 구체적으로 살펴본 뒤, 리스크를 보다 효율적으로 관리하기 위해 향후 기존 선물거래소와의 연계방안 및 적정한 운임지수산정에 대한 연구 필요성을 제기했다.

둘째, 운송이행 리스크와 리스크 분담의 합리성에 대해서 정홍주(1992a)와 정홍주, 류원우, 홍순구(1994)의 연구가 있다. 그들은 해운위험에 대한 화주와 해상운송인의 적정 책임분담 방안, 그리고 해상운송인과 해상보험업자 간의 적정 위험분담 방안에 대해 법경제학적 도구와 개념을 이용하여 설명한 바 있다.

그 후 박석재(2005)는 국제 상거래에서 화물의 운송 도중 멸실 위험에 대비하여 해상적하보험에 부보하고 그 증서로서 수령하는 해상보험 서류의 중요성을 강조했다. 그리고 은행 관계자 및 무역 관계자들은 해상보험 서류와 취급과 관련하여 현행의 신용장 통일 규칙뿐만 아니라 국제표준은행 관행의 해상보험 서류 관련 규정들을 숙지할 필요성이 있으며, 신용장 통일 규칙 조항의 적용 가능성을 변경하거나 영향을 미치는 화환신용장의 모든 조건은 국제표준은행 관행에도 영향을 미치는 점에 유의하여야 한다고 지적하였다. 그리고 최근 이제현과 구종순(2010)은 선주들의 선원, 승객, 충돌, 공동해손 등 일반 해상보험에서 담보하지 않는 리스크를 보장하는 Protection & Indemnity Club(P&I Club)에 대한 국내외 현실과 변화 추이 그리고 해운업의 동향에 대해 논하였다. 그들은 P&I 클럽이 전통적인 선주배상책임보험 영역과 더불어 선주의 경영 리스크도 관리하는 확장된 역할을 주문한 바 있다.

② 물류보안·통관 리스크

여기서는 물류보안과 통관에 관한 것으로 나누어 살펴본다.

첫째, 물류보안문제이다. 9·11 테러 사태 이후 미국을 중심으로 세계적으로 확산되고 있는 테러와의 전쟁으로 무역거래에서 물류보안을 강화하기 위한 여러 조치들이 취해지는 한편 기존의 전략물자 수출통제 및 비확산체제를 더욱 공고히 하고 있다. 이에 따라 수출입 보안규정은 한 층 강화된 반면, 기업들은 물류비용 절감 차원에서 불필요한 재고를 줄 이고 JIT(Just In Time) 시스템을 도입함에 따라 수출입 통제 규정의 준수 나 세관당국의 제제조치 등 비상사태에 대한 취약성이 높아지고 있다. 대부분의 규제준수 위반이 복잡한 무역 관련 규정을 잘 이해하지 못한 데서 비롯된다.

무역규정의 준수위반 및 서류상의 오류는 공급사슬상의 지연 및 불필 요한 비용을 유발하므로 리드타임의 단축 및 안정성의 확보와 위험을 최 소화하기 위하여 이를 적절히 관리할 필요가 있다. 이러한 조치들은 물 품의 국제적인 이동을 방해함으로써 불필요한 무역장벽으로 작용할 수 도 있지만, 수출통제규정 및 보안규정을 잘 준수함으로써 공급사슬 비용 및 프로세스를 단축시킬 수 있다.

이런 관점에서 신용호(2006)는 항만 물류 분야를 중심으로 안전관리 측면의 규제와 프로그램을 고찰하고 리스크 관리 시스템 모형화 방안을 제시했다. 또한 양정호(2008)는 해상보험계약상 테러 행위에 대한 법률 적인 해석을 정리하고 테러 위험에 대한 해상보험의 담보 가능성 및 국 제해상보안규정(ISPS Code)의 시행이 해상보험 계약관계에 미칠 법률적 인 영향을 분석하여 해상보험에서 테러 위험의 담보 가능성을 고찰하였 다. 그 외 물류안전 분야 연구로서 전무부(2002)는 우리나라 민항기 추락 사고 실태와 항공보험에서 1990년대 이후 항공수요의 폭발적인 증가와 함께 인명손실은 물론 물적손해가 빈번하게 발생하고 이에 항공보험의 중요도를 강조하며 항공운송인 및 보험자의 책임을 분석하고 항공보험 제도가 안고 있는 운용상의 문제점이 개선되어야 한다고 강조하였다.

둘째, 통관 또는 관세 리스크에 관한 기존 연구를 살펴보자. 관세업무 리스크에 대한 연구는 사례연구와 실증연구로 구분된다. 먼저 사례연구로는 김석태와 김태인(2006a)이 있다. 이들에 따르면 관세행정에서는 물류의 신속성과 아울러 조사, 심사, 감시의 정확성이라는 상반된 목적 달성을 위해 리스크 관리에 대한 인식이 일찍부터 등장했다고 한다. 이들은 수출입기업의 관세업무 리스크 관리 사례연구를 통해 관세행정 전 분야에 걸쳐 위험관리기법이 도입됨에 따라 관세행정 전반에 급속한 변화를 언급하고 이에 따라 관세업무를 포함한 운영 리스크 관리 시스템을 구축함에 있어 리스크 통제 위주의 리스크 관리와 업무처리 프로세스를 마련하는 것이 주요한 것으로 나타난다. 리스크 회피, 전가, 손실통제 등의 리스크 관리기법들이 합리적으로 마련되기 위해서는 리스크 전가나 손실통제 위주의 관세업무 내부관리 시스템이 마련되어져야 하며 이러한 관세업무의 내부관리 시스템 구축을 위해서는 경연진의 정확한 관세 관련 업무처리 실천의지가 있어야 한다. 또한 경영진의 정확한 관세업무 처리를 위한 조직구조 체계화 노력과 업체 내 관세담당 직원의 장기근무를 보장하고, 관세 관련 업무의 표준화 및 시스템화를 위한 매뉴얼 작성을 활용하며 관세 관련 업무의 정확한 수행에 필요한 관세사 등 전문가 확보의 노력이 있어야 한다고 하였다.

관세 관련 실증연구로는 김석태와 김태인(2006b)이 있다. 이들은 수출입기업의 관세업무 리스크 관리기법 관리성과에 대한 실증연구를 통해 수출입기업의 관세업무 수행과정에서 리스크 관리기법과 관리성(비용) 간의 관계분석을 했다. 151개 수출입기업을 대상으로 설문 조사한 결과 리스크 전가와 손실통제의 활용은 관세업무 리스크 관리성과에 유의한 정(+)의 영향을 확인하였다. 그들은 관세업무의 리스크를 ① 관세에 관한 상담문의와 ② 보세창고 등 보세구역 절차로 구분하고 각각 운영 리스크와 법적 리스크로 나누었다. 이들은 정보부족, 정보오류, 미확보, 해석오류, 신고오류 등으로 구체화된다고 하였고, 관세 리스크의 특징은 순수위험, 정태위험, 인위적위험, 고심도위험, 통제가능위험, 보험곤란위험(통제형위험)이라고 하였다. 즉, 보유, 보험, 보험외 전가, 기타 전가 등 리스크 재무기법보다는 회피, 전가, 손실통제, 윤리경영 등 리스크 통제 기법이 적극적으로 활용되고 있는 것을 발견했다.

한편 정창근과 김태인(2007)은 한국 수출입기업의 관세업무 리스크 관리와 기업성과 관계의 실증연구에서 수출입 기업들이 무역거래에 따른 상업 리스크와 신용 리스크, 시장 리스크, 관세업무 수행에 따른 관세 업무 리스크로서 운영 리스크와 법적 리스크까지 회피할 수 있는 합리적인 리스크 관리 실행을 제시하며 한국 수출입 기업의 관세업무 수요자 측면에서 운영 리스크 및 법적 리스크 관리에 따른 리스크 관리성과와 기업성과 간의 종합적인 관계의 실증분석 결과를 기초로 거시적인 관세 업무 리스크 관리방안을 마련하기 위한 일환으로 수출입기업의 현실에 부합하는 합리적인 관세업무 리스크 관리 시스템을 구축하여야 하며 관세업무 리스크 관리-관리성과-기업성과 모형이 유의하다고 나타났다.

(3) 결제·시장 리스크

수출입 당사자는 무역계약 체결 후 계약의 이행 단계에서 물품의 인도와 대금의 지급에 따른 신용위험과 상업위험을 부담한다. 이는 주로 물품의 인도와 대금의 지급이 동시이행조건으로 이루어지는 국내거래와 달리 물품의 인도와 대금의 지급 사이의 시간적·공간적 갭이 존재함으로 인해 물품의 인도 후에 대금회수불능의 위험에 처할 수도 있고, 대금지급 후 물품을 인도받지 못하거나 계약조건에 적합하지 않은 물품이 인도될 수 있는 위험에 처할 수 있음을 의미한다. 이런 결제 리스크에 대한 대비수단으로 신용장과 수출보험이 널리 사용된다(여기서는 신용장에 대한 것은 제외하고 수출보험을 중심으로 기존 연구를 살펴본다).

① 결제 리스크

정홍주(1992b)는 수출보험의 손해율에 대한 실증분석을 통해 수출보험의 인수보험금액, 선진국 수출비율, 중화학공업의 비중이 클수록, 전년도 손해 빈도가 낮을수록 손해 빈도가 커지는 것을 발견했다. 또한 손해심도는 중화학공업의 비중 또는 원화의 대미 달러 환율상승과 정의 관계가 있음을 밝혔다. 정홍주(1995a, 1995b)는 기업보험의 이론적 근거 하에서 홍보가설, 보험료비용가설, 절세가설, 파산비용가설 중 현재 가입구조는 어느 것에 해당하는지 실증분석을 하였고, 그 결과 파산비용가설만이 기각되지 않았다. 이를 통해 그는 수출보험은 요율인상을 통해 보다 적극적인 리스크 인수를 할 것을 수출보험제도의 중장기 방향으로 제안했다. 그 연장선에서 최정호와 이제현(2001)은 수출보험 활용률 결정요인에 관한 연구를 통해 수출위험관리 방안을 제시한 바 있다. 190부의 설문지를 토대로 하여 수출기업의 특성과 수출보험공사의 특성, 그리고 수출보험제도의 특성에 의해 수출보험활용률이 결정되는 과정에 대해 설문조사를 근거로 하려 제시한 바 있다.

한편 최근 김종호(2009)는 무역결제 리스크를 관리하는 수단 중 하나인 포페이팅의 절차와 위험분담 구조, 어음할인 등에 대해 분석하였다. 조영철(2010)은 신용장 방식의 번거로움과 과다한 비용구조, 소량수시 주문형 거래로의 전환, 기업 내 수출증가, 중소 무역업체 설립증가 등의 이유로 신용장과 추심 결제 방식이 감소하는 한편 송금방식이 증가하는 추세를 분석하였다. 한편 이로 인해 수출미수금이 급증하여 이에 대해 수출보험 부보, 지자체의 지원, 신용조사 강화, 결제조건 변경(송금+L/C), 해외법인과 대리인 활용, 대금지급 담보 설정, 소액결제제도 등을 활용할 것을 권고하였다.

② 시장(가격) 리스크

무역에 있어서 계약의 체결시점과 대금지급시점 사이 환율의 변동에 따른 환차손의 위험과 금융위기 및 결제지연 등으로 인해 자금유동성 부족에 처할 수 있는 금융 관련 위험을 부담하게 된다. 특히 조달·생산·판매 등 기업의 활동의 글로벌화에 따른 리드타임의 증가는 재고비용, 운송비용, 통관비용 등 추가적인 거래비용을 유발하게 되고, 수요의 급격한 변화 및 자연재해나 노동자의 파업, 전쟁, 테러 등의 돌발사태로 인한 예상치 못한 비용의 증가는 글로벌 소싱을 통해 절감된 비용을 잠식할 수도 있다는 점에서 적절한 관리가 요구된다.

윤창현(1998, 2003)은 통화 선물과 옵션을 이용한 무역거래의 환위험 관리기법에 대한 개념과 활용방안을 제시하였다. 최근 서정원, 최희정, 김수정(2010)은 대한항공과 아시아나항공이 직면하고 있는 환위험의 성격과 관리 실태를 분석하였다. 두 회사는 환율 상승(달러가치 상승)에 따라 매출은 감소하고 영업비용은 증가하는 사업구조를 가지고 있는 것을 확인하였다. 한편 유가위험은 환율위험에 비해 크지 않음을 확인한 바, 원유가격 상승 시에는 국내 항공사의 주가와 순이익은 증가하는 패턴으로 나타나서 유가위험보다는 환위험 관리가 상대적으로 중요하다고 주장했다. 또한 실제적으로 양사는 통화옵션, 스왑, 통화선물을 이용하여 환위험을 헤징하는 것으로 확인되었다.

(4) 소비단계의 상품결함

최근 생산물의 결함에 따른 소비자의 신체상, 재산상 피해에 대한 생산물 배상책임 문제가 새로운 이슈로 부각되고 있다. 생산물 배상책임은 무역계약상 인도물품의 하자로 수출업자가 수입업자에 대하여 부담하는 손해배상책임과 별도로 시장에서 유통되는 제품의 결함으로 인해 최종 소비자 및 이용자 또는 제3자가 생명이나 신체, 재산, 기타 권리 등에 손해를 입을 경우 제품의 생산·유통·판매의 과정에 관여한 자가 부담하는 법률상의 배상책임을 의미한다. 각국의 생산물 배상책임법은 대부분 국내 생산자와 소비자 간의 관계를 규율하고 있지만, 제품을 해외로 수출할 경우 수출기업 역시 국내 제조기업과 동일한 생산물배상책임 리스크에 노출될 수 있다.

생산물배상책임은 시장에서 유통되는 제품의 결함으로 인해 최종소비자, 이용자, 또는 제3자가 생명, 신체, 재산, 기타 권리 등에 손해를 입은 경우 제품의 생산, 유통, 판매의 과정에 관여한 자, 즉 제조자 또는 공급자가 부담하는 법률상의 책임이다.

김재봉(1999)은 그간의 법리적 측면에서 접근해 온 생산물배상책임 리스크를 기업경영 리스크 관리 측면에서 접근한 연구로서 대미 수출채산성 제고의 일환으로 연구했다. 즉, 계약책임법, 과실책임주의법, 보증책임주의법, 엄격책임주의법 등의 법리적인 측면을 포함하여 손실의 유형에 따른 리스크 통제와 리스크 재무기법을 구분하고 그 세부적인 리스크 관리 전략을 개괄적으로 소개했다.

한편 곽봉환(1999)은 대미수출과 공산물 수출이 증가하면서, 제조물책임제도가 각국에서 도입되는 상황에서 이에 대한 수출기업의 제조물책임리스크 관리의 문제점으로 체계적 리스크 관리의 미비(기업의 인식부족, 경제경영적 측면의 연구부족), 업종별 리스크 특성에 대한 고려 불충분, 단계적 관리의 미비(제조물책임 예방, 제조물 안전대책, 제조물 책임방어), 제조물책임보험 이용의 미흡, 제조물배상책임보험의 문제(보험요율체계의 미비, 언더라이팅 전문성의 부족, 담보기능의 미비, 계약자 서비스의 미흡[리스크 관리, 정보관리, 선진적 영업 시스템 도입 등의 측면]) 등을 제시한 바 있다.

또한 장호민, 성봉석, 황경연(2005)은 유전자변형 농산물 및 식품을 중심으로 수입제품에 대한 소비자의 인지, 태도, 구매의도를 리스크 커뮤니케이션 측면에서 실증 분석하였다.

3. 무역 리스크 관리 연구의 평가와 향후 연구 방향

1) 실태조사 치중과 이론적 연구 확대 필요

앞서 살펴본 무역 리스크 관련 기존 연구는 대체로 개념 소개나 실태조사 등 초기적 연구의 수준에 머무르고 있고, 이론적 근거 또는 수학적 이론모형 개발이 부족하고 더 나아가 모델이나 이론을 검증하는 연구도 많지 않은 형편이다. 여기서 이론 검증에 해당하는 실증연구는 정홍주(1995a), 최정호와 이제현(2001), 이제현과 이홍로(2007) 등이다.

물론 무역 리스크 고유의 수학적 모델을 제시하는 것은 용이하지 않지만, 기존의 리스크 커뮤니케이션 모델(Sean and Malleret, 2007), 리스크 통제 모델(도미노 이론, 에너지 방출이론 등 보험경영연구회, 2010), 리스크 재무 모델(Doherty, 1985, 2000; Gleason 2000; Hull, 2010), 통합적 리스크 관리 모델(Olson and Desheng, 2008) 등을 무역 리스크에 응용하여 연구할 여지는 적지 않다. 더 나아가 최근 심리학과 경제학을 융합한 행동경제학적 관점(카너먼, 2012; 도모노, 2007) 에서 수출입업자의 의사결정, 행동과 리스크를 분석하는 모델 개발과 실증분석의 영역도 상당하다.

예컨대 실제의 무역 리스크와 무역업자의 주관적 리스크(리스크 인식) 간에는 얼마나 왜 차이가 나는가, 무역손실은 어떠한 요인에 의해 발생하고, 어떤 순서와 방식으로 통제가 가능한가, 무역업자는 어느 정도의 자금을 보유하는 것이 거래 규모나 자산 규모에 비해 적당한가? 보험거래와 리스크 보유는 어떤 조합으로 하는 것이 바람직한가, 무역에서 리스크 통제와 리스크 재무는 대체성이 어느 정도 존재하는가 등은 연구할 수 있는 주제이다. 행동경제학적 관점에서는 무역업자의 심리적 편향성, 직감과 사기, 기존의 거래관계의 구속에 의한 리스크 평가와 결정, 지나친 자신감과 리스크 인식 등도 이론적 관점에서 연구할 만한 주제이다.

2) 사례 집적 부족과 실용적 측면의 강화

기존 연구 중 사건과 사례를 소개하는 경우도 있으나, 그 중요성에 비해 연구량이 절대적으로 부족한 실정이다. 이에 따라 무역 관련 사건과 사례의 집적을 위한 연구가 확대될 필요가 있다. 성공을 추구하는 다른 분야와 달리 리스크 관련 분야의 특성상 실패와 패망의 사례의 수집과 분석이 필요하나, 기업이나 거래의 어두운 부분을 감추려고 하는 성향으로 인해 리스크 관리 관련 사례의 수집에 어려움이 크다.

그럼에도 불구하고, 실패를 통해 배울 수 있는 리스크 관리를 위해 많은 사례와 사건의 수집과 분석 정리가 필요하므로 이런 조사와 연구가 널리 필요하다. 교수나 전문연구자도 가능하나, 무역협회 산하 연구소나 국내 대학의 연구소를 특성화하여 이런 분야의 연구를 활발하게 촉진하고 그 연구결과물을 타산지석으로 삼아 널리 활용하도록 해야 할 것이다.

사례와 사건의 집적이 필요한 분야로는 첫째, 무역거래 관련 의사결정 사례, 즉 무역계약조건 선택에 관한 사례를 들 수 있다. 각각의 정형무역조건의 특성에 따라 상이한 리스크가 존재하는 가운데 어떤 계약방식이 수출상과 수입상에게 적절하게 리스크를 분담시키는가에 대한 사례 연구가 가능하다. 둘째, 이제현·이홍로(2007)과 같이 중소규모 무역회사 특유의 리스크에 관한 사례도 필요성이 높은 연구대상이다. 특히 중소기업이 사업초기 또는 거래 초기에 직면하는 신용 리스크 관리에 대한 사례, 인력 확보와 고용과 관련된 인적 리스크 사례, 지역과 국가별로 상이한 리스크에 대한 시사점을 제공하는 사례 등도 필요하다. 셋째, 무역거래와 관련된 시나리오 분석도 고려할 영역이다. 개별 무역거래의 흐름에 따른 결과의 시나리오와 리스크 분석과 더불어 이에 대비한 대응책 연구도 실용적 영역에 포함된다.

3) 무역구조 변화를 감안한 전향적 측면의 연구 강화 필요

한국의 무역구조는 선진국 중심형에서 개도국 중심형으로, 상품수출 중심에서 서비스 수출 중심으로, 전통적 무역방식에서 인터넷 무역방식으로, 신용장 결제방식에서 송금방식으로 무역거래의 방식이 변모하고 있다. 이에 따라 무역구조의 변화 추세를 감안하여 점차 중대성이 높아지는 개도국과의 거래 리스크, 서비스 무역의 리스크, 전자무역 리스크, 송금방식의 리스크, 플랜트 수출의 리스크 등에 대해 전향적(pro-active) 연구가 필요하다. 또한 점증하는 FTA(Free Trade Agreement)와 관련하여 이에 대한 리스크 측면의 연구도 중요해 보인다. 기존 연구 중 정재환(2004), 강현재와 배정한(2008), 오원석과 안건형(2009), 이응석(2008), 조영철(2010)은 이런 관점에서 전향적인 무역 리스크 분야의 연구로 보이며, 이런 연구들이 더욱 확산되어야 할 것으로 보인다.

4) 통합적 관점의 무역 리스크 연구 필요

오늘날 금융 리스크 관리와 기업 리스크 관리가 통합적 방향에서 이루어지는 추세이다. 기업이나 거래에 내포된 모든 리스크를 식별하고,

이들 간의 상호관계를 세밀히 살펴보고(자연적인 헤징이 가능한 부분을 제거하고), 다양한 리스크 관리 수단을 종합적이고 효율적으로 투입한다는 의미에서 통합적 리스크 관리(Integrated Risk Management)는 기존의 개별적 리스크 관리(Silo-Based Risk Management)보다 효과적이다.

기존 연구 중에 예를 들어 정홍주(1994), 김재봉(2007), 정상근(2007), 박명섭과 한낙현(2006), 이제현과 이홍로(2007)는 여러 가지 무역 리스크를 같은 논문에서 동시에 살펴본 연구인 점에서 통합적 관점의 연구라고 하겠다. 이처럼 다양한 리스크의 열거 및 상호관계에 대한 분석을 확대하는 것이 필요하다.

그런 방향의 향후 연구로는 의사결정론적 측면에서 계약 및 결제, 운송과 보험방식의 체계적 선택과 리스크 문제, 인지와 의사결정 구조 관계, 전체적인 수익구조와 리스크 분석 등이 가능할 것으로 보인다. 또한 국가적 관점의 글로벌 무역 포트폴리오 연구는 일부 지역과 국가에 집중되고 또한 특정 산업에 집중된 국내 현실을 감안하면 정책적 필요성이 큰 연구 영역이다.

제1장

1. 국내 서적, 논문, 자료

정홍주, 이영수(2010), 「국제통상의 이해」, 문영사.

보험경영연구회(정홍주 외 8인)(2014), 「보험론」, 문영사.

정홍주(2000), "국가 리스크(Country Risk) 개념과 연구방향," 「무역상무연구」, 제
13권 제2편, pp.439-452.

2. 국외 서적, 논문 및 자료

James Lam(2002), Enterprise Risk Management, John Wiley & Sons, Inc,

Banks,E. and Dunn, R.(2003), Practical Risk Management, Chichester: John
Wiley & sons.

Pincott, A.(2001), Transferring Risk: Insurance and its Alternatives, London:
Elborne, Mitchell Publication.

Gorge E. Rejda(1992), Principal of Risk Management & Insurance, 4th Edition, Haper Collius Publishers.

Eric Banks(2003), Alternative risk transfer, British Liberary.

제8장

『한국의 경기변동』(조하현·황선웅, 박영사, 2009).

「한국경제의 경기변동요인분석: 국내충격과 해외충격의 분해」(곽노선, 『한국경제연구』 18, 2007).

「우리나라 경제의 잠재성장 및 경기변동에 관한 분석」(오형석, 『금융연구』 21(1), 한국금융연구원, 2007).

「최근 우리나라 경기변동의 특징에 관한 평가」(남상호, 『금융경제연구』 264, 한국은행, 2006).

『현대경제변동론』(이명재·남상호, 박영사, 2003).

「거시경제충격이 경제변동에 미치는 영향: IS·LM 모형을 이용」(강기춘, 『사회발전연구』 14, 1998).

「우리나라 경기변동의 국제적 연계성」(남광희·표학길, 『한국경제의 분석』 3(1), 1997).

「우리나라 경기변동의 요인」(박재하, 『금융연구』 7(1), 한국금융연구원, 1993).

박수명(2014), 미국의 양적완화가 한미 무역관계에 미치는 영향. 「한국정책연구 제14권 제2호」.

하나금융투자(2016). 원화 환율 급등에 대한 단상. 「Global Asset Research」.

박정일, 장병기(2009), 업종별 무역수지에 대한 환율의 장단기 영향력. 「산업경제연구 제22권 제6호」.

주세환(2015), 국제물품매매에서 무역리스크관리가 수출성과에 미치는 영향에 관한 실증분석.

정홍주, 송용(2008), 무역업의 리스크관리 사례연구. 「무역학회지 제33권 세2호」.

김용일, 박광서, 「무역거래형태의 다변화에 따른 리스크 관리에 관한 연구」.

정홍주, 성수남, 최유미(2012), 무역리스크관리 연구동향과 향후 연구과제.

정홍주, 노희찬, 최경진, 김기혁, '무역리스크의 리스크관리론적 고찰' 「해양비즈니스」, 제6호.

조영철, '수출결제방식 변화와 무역기업의 대응방안' 제1호, pp.3-23.무역 협회 협회지.

제10장

윤병길, 기업의 환 위험 관리방안 및 관리 사례, 2008. 5.

이상제·김영도, 키코 상품의 이해, 한국금융연구, 2009. 6.

이창식·김종환·김운섭, 수출입 및 환리스크관리, 한국금융연수원, 2013. 3.

하나금융경영연구소, GM 파산에 따른 대내외 영향 점검, 2009. 4.

한국은행, 조선업체 환헤지가 외환부문에 미치는 영향, 조사통계월보, 2010. 2.

황문연, 파생상품 거래손실 사례분석, 한국금융연수원, 2014. 4.

제11장

권해순, 「종합상사 Sector Outlook」, 미래에셋증권, 2011.

김영래, 「종합상사론」, 법문사, 1987.

김원수, "종합무역상사의 육성 및 경영합리화 방안," 「무역연구」, 1975.

김종회·박병일, "한국 종합상사의 내수 사업 확대를 위한 전략적 방안," 「경영경제」 제46권 제1호, 2013, pp. 143-194.

김현주·현석원·이종태, "한국 종합상사의 미래 성장전략에 관한 탐색적 연구," 「무역학회지」 제41권 제2호, 2016, pp. 203-229.

박광서, "대외무역법 전문무역상사제도 도입에 관한 연구," 「무역학회지」 제39권 제1호, 2014, pp. 32-51.

사공목, "한·일 종합상사의 행태 비교," 「KIET 산업경제」, 2005, pp.26-38.

신장철, "일본의 해외자원 개발과 소고쇼샤(総合商社)의 역할기능에 관한 연구: 2000년대 초반의 글로벌 자원분쟁 상황을 배경으로," 「무역학회지」 제38권 제2호, 2013, pp. 347-367.

안태식·김재식·서명진·정형록·박경호, "보험회사 ABC(Activity-Based Costing) 도입 사례연구 -A생명보험사", 「회계저널」 제16권 제4호, 2007, pp.125-160.

이형오, "일본 종합상사 발전 과정의 기업 전략 관점 분석," 「한일경상논집」 제68권, 2015, pp.3-28.

조동성, 「한국의 종합무역상사」(수정판), 법문사, 1986.

정홍주·송용, "무역업의 리스크 관리 사례 연구: 한국과 일본종합상사를 중심으로," 「무역학회지」 제33권 제2호, 2008, pp.167-184.

차일근, "일본 종합상사의 발전조건 변화에 관한 연구," 「한일경상논집」 제64권, 한일경상학회, 2014, pp. 187-213.

최용민, "21세기 종합상사의 신경영 전략에 관한 연구: 한·일 비교연구를 중심으로," 「통상정보연구」 제3권 제2호, 2001, pp.261-280.

Iuliia Brushko·Yuko Hashimoto, The Role of Country Concentration in the International Portfolio Investment Positions for the European Union Members, IMF Working Paper Statistics Department, 2014.

John Vickers, "The Systemic Risk Buffer for UK Banks:A Response to the Bank of England's Consultation Paper", Journal of Financial Regulation, 2016, pp. 1-19.

Jorion·Philippe, Value at Risk: The New Benchmark for Managing Financial Risk (3rd ed.), McGraw-Hill, 2006.

Lundblad, Christian, "The risk return tradeoff in the long run: 1836-2003." Journal of Financial Economics Vol.85 No.1, 2007, pp.123-150.

中川敬一郎,「日本工業化過程における『組織化された企業家活動』」『経営史学』2(3)´経営史学会, 1967.

森川英正,「総合商社について」『経営史林』8(3)´法政大学, 1971.

田中隆之,『総合商社の研究』東洋経済新報社, 2012.

「総合商社の研究―その源流´成立´展開」田中 隆之, 2012.

「リスク・リターンの経営手法 ケースでみる定量評価・計画の実践」小林啓孝他, 2006.

「リスクマネジメントのプロセスと実務」有限責任監査法人トーマツ, 2014.

「新・現代総合商社論:三菱商事・ビジネスの創造と革新」早稲田大学商学学術院 2013.

「大手商社のリスクマネジメント体制（前・後）」週間ブレーンズ No.1995 No.1996.

我が国における企業不正事例(8).

北海道大学 經濟學研究 = ECONOMIC STUDIES, 47(3): 155-167

商社活動と貿易拡大 一橋大学研究年報. 経済学研究, 22: 181-224

一般事業会社における定量 的リスクマネジメント 早稲田大学 大学院会計研究科 松浦 諒, 2014.

小林啓孝,マネジメント・コントロールにおけるリスクとリターン, 早稲田大学大学院会計研究科, 2006.

島崎憲明, 会社を成長させる「会計力」【第 1 回】「事業評価における共通のモノサシ」, 税務・会計 Web 情報誌 Profession Journal, 2003.

孟子敏, 総合商社におけるコア機能の構造変化によるビジネスモデルの再構築, イノベーション・マネジメント No.5, 2008.

北村康一, 三菱商事におけるビジネスポートフォリオマネジメント, 京都大学経済学部大学院経済研究科目平 成１７年度前期「資産運用論」資料, 2005.

北村康一, 三菱商事におけるリスクマネジメントについて, 日立総研 vol.5-3, 2010.

塘誠, 本の純粋持株会社におけるポートフォリオ・マネジメント, 成城・経済研究 第183・184合併号, 2009.

総合商社は、世界に類例のないビジネスモデル

企業特集】伊藤忠商事 現場回帰で管理型組織の打破なるか

'攻め'に転じる岡藤改革の内実, 2011.

住友商事 アニュアルレポート, 2014.

[特集]住友商事のリスクマネジメント, 先進企業から学ぶ事業リスクマネジメント 実践テキスト, 企業価値の向上を目指して経済産業省, 2005.

「大手商社のリスクマネジメント体制 (後)」週間ブレ ンズ 2013.4.24 No.1996

「大手商社のリスクマネジメント体制 (後)」週間ブレ ンズ 2013.4.24 No.1996

「大手商社のリスクマネジメント体制 (前)」週間ブレ ンズ 2013.4.24 No.1995

丸紅株式会社 リスクマネジメント

http://www.sumitomocorp.co.jp

www.marubeni.co.jp/

http://www.mitsubishicorp.com/

https://www.mitsui.com/jp/ja/

http://gyokai-search.com/

제12장

강원진(1992), "신용장거래에서의 사기행위에 관한 연구,"「무역학회지」, 제17호, pp.357-381.

강현재·배정한(2008), "디지털재화 수출기업의 수출위험 인식수준과 수출성과에 관한 실증연구,"「무역학회지」, 제33권 제1호, pp.253-272.

곽봉환(1999), "수출기업의 리스크환경의 변화와 제조물책임 리스크 관리,"「국제지역연구」, 제3권 제3호, pp.127-153.

김덕권·김경배(2003), "국제무역거래의 사기와 지급거절 예방에 관한 고찰," 「국제무역연구」, 제9권 제2호, pp.167-190.

김석태·김태인(2006a), "수출입기업의 관세업무 리스크 관리 사례연구," 「관세학회지」, 제7권 제4호, pp.57-77.

김석태·김태인(2006b), "수출입기업의 관세업무 리스크 관리기법과 관리성과에 관한 실증연구," 「국제지역연구」, 제10권 제3호, pp.713-736.

김용재(1995), "무역분쟁과 무역사기 예방에 관한 연구," 「무역학회지」, 제24권, pp.447-471.

김용재(1997), "수출보험을 악용한 무역사기 예방 방안에 관한 연구," 「해법학회지」, 제19권 제2호, pp.111-139.

김재봉(1999), "대미 수출기업의 생산물 리스크 관리방안에 관한 연구," 「국제지역연구」, 제3권 제2호, pp.85-114.

김재봉(2007), "해운산업의 전사적 리스크 관리에 관한 연구," 「국제해양문제연구」, 제19권, pp.171-188.

남풍우·엄광열(2004), "신용장거래에서 제 특성을 악용한 보험사기에 관한 연구," 「산업경제연구」, 제17권 제3호, pp.973-992.

도모노, 노리오 지음, 이명희 옮김 (2007), 「행동경제학 – 경제를 움직이는 인간심리의 모든 것」, 지형.

박명섭·한낙현(2006), "국제물품매매에 있어서의 계약위험관리에 관한 연구," 「무역학회지」, 제31권 제4호, pp.201-222.

박석재(2005), "해상보험서류의 국제표준은행관행에 관한 연구," 「한국해법학회지」, 제27권 제1호, pp.157-175.

보험경영연구회 (2010), 「보험과 리스크 관리」, 문영사.

서정원·최희정·김수정(2010), "국내 항공사의 환위험 관리," 「국제지역연구」, 제14권 제2호, pp.165-186.

신용호(2006), Security and Risk Management for International Supply Chain,

물류학회지, 제16권 제4호, pp.179-208.

송양호(2007), "국제무역계약상의 언어위험,"「무역학회지」, 제32권 제3호, pp.93-115.

송해룡, 김원제, 조항민(2008),「리스크 커뮤니케이션과 위기관리 전략」, 유플러스 연구소 신서,

신승관·이상진(2001), "인터넷무역 사기와 예방에 관한 연구,"「통상정보연구」, 제3권 제1호, pp.69-81.

안철경·신동호(2004), "남북교역에 있어서 북한진출기업의 위험요소와 위험대처 방안,"「무역학회지」, 제29권 제2호, pp.271-296.

양정호(2008), "해상보험계약상 테러위험담보에 관한 고찰,"「무역학회지」, 제33권 제5호, pp.429-453.

오원석·안건형(2009), "청정개발체계(CDM) 리스크에 따른 탄소배출권 구매계약 (ERPA)의 법적 쟁점에 관한 연구,"「무역학회지」, 제34권 제4호, pp.201-232.

오원석·임목삼 (2006), "국제대리점계약서의 보완에 관한 연구",「국제지역연구」, 제10권 제3호, pp.760-788.

윤창현(1998), "선물 및 옵션을 이용한 환위험관리기법에 관한 연구,"「무역학회지」, 제23권 제2호, pp.35-53.

윤창현(2003), "파생금융상품을 이용한 효율적 환위험 관리기법에 관한 연구 :쿼터제도하에서 수입권의 실질옵션가치를 중심으로,"「무역학회지」, 제28권 제1호, pp.97-116.

이동률·이기희(2005), "무역거래 당사자간 계약물품의 위험이전 시기에 관한 연구,"「경영법률」, 제15집 제2호, pp.281-308.

이상훈(2003), "보증신용장거래에서 발행은행의 지급의무의 예외적 적용에 관한 법규적 고찰,"「국제무역연구」, 제9권 제2호, pp191-211.

이응석(2008), "기술계약위험과 기술대가 지급방식 선택에 관한 실증분석 연구,"「무역학회지」, 제33권 제1호, pp97-125.

이응석(2008), "기술계약위험과 기술대가 지급방식 선택에 관한 실증분석 연구: 국내 외국인투자기업의 해외기술도입 계약을 중심으로,"「무역학회지」, 제

33권 제1호, pp.97-125.

이제현·구종순(2010), "우리나라 P&I클럽의 새 역할," 「무역학회지」, 제35권 제3호, pp.195-213.

이제현·이홍로(2007), "한국중소제조수출기업의 무역위험관리에 관한 실증연구," 「무역학회지」, 제32권 제3호, pp117-154.

전무부(2002), "우리나라 민항기 추락사고 실태와 항공보험의 제 문제," 「한국무역통상학회지」, 제8권 제1호, pp.135-165.

정상근(2007), "국제상거래 상 운임변동위험의 담보수단으로서 보험과 선물의 비교연구", 「상사판례연구」, 제20집 제3권, pp.765-795.

정재환(2004), "전자무역계약의 위험관리에 관한 연구," 「인터넷비지니스연구」, 제5권 제1호, pp.97-114.

정창근·김태인(2007), "한국 수출입기업의 관세업무 리스크 관리와 기업 성과 관계의 실증연구," 「관세학회지」, 제8권 제3호, pp.111-133.

정홍주(1991), "해상운임 선물거래에 관한 재고찰," 「해운학회지」, 제13권, pp.19-31.

정홍주(1992a), "해운위험분담에 관한 법경제학적 고찰,"「해운물류연구」, 제14호, pp.71-87.

정홍주(1992b), "우리나라 수출보험 손해율에 관하여," 「한국경제연구」, 제19권 제1호, pp.159-173.

정홍주(1994), "위험관리 측면에서 본 해운계약과 해상보험계약," 「해운물류연구」, 제18호, pp.305-335.

정홍주(1995a), "수출보험 가입자 연구와 활성화 방안," 「무역학회지」, 제23권, pp.531-549.

정홍주(1995b), "수출보험요율에 관하여," 「수출보험」, 제70권, pp.2-14.

정홍주·노희찬·최경진·김기혁(2005), "무역위험의 위험관리론적 고찰," 「해양비즈니스학회지」, 제6호, pp.121-137.

정홍주·송용(2008), "무역업의 리스크 관리 사례연구: 한국과 일본 종합상사를 중심으로,"「무역학회지」, 제33권 제2호, pp.167-184.

조영철(2010), "수출결제방식 변화와 무역기업의 대응방안,"「복지행정연구」, 제 26집, p.35-67.

최정호·이제현(2001), "신용장거래의 무역사기유형분석과 예방에 관한 연구," 「서강경영논총」, 제19권 제1호, pp.197-215.

최정호·이제현(2001), "한국기업의 수출위험관리와 수출보험활용에 관한 실증연 구: 중소제조수출기업을 중심으로,"「경영학연구」, 제31권 제2호, pp.313-342.

최준선(1990), "국제물품매매에 있어서 위험부담: 해상운송과 관련된 거래조건을 중심으로",「한국해법학회지」, pp.185-pp.205.

최준선(1993), "UN 국제물품구매법상이 위험부담",「상사법연구」, 제12집, pp.59-104.

한규식(2003), "국제물품매매법(CISG)에서 위험의 이전,"「국제무역연구」, 제9권 제1호, pp.71-85.

허은경(2002), "on·off-Line별 무역사기의 발생원인 및 대책,"「지역발전연구」, 제2권 제1호, pp.285-303.

카너먼, 대니얼 지음, 이지원 역(2012),「생각에 관한 생각」, 김영사.

Cleary, Sean and Thierry Malleret(2007), Global Risk: Business Success in Turbulent Times, Palgrave

Doherty, Neil A.(1985), Corporate Risk Management: A Financial Exposition, McGraw Hill.

Doherty, Neil A.(2000), Integrated Risk Management: Techniques and Strategies for Reducing Risk, McGraw Hill.

Gleason, James T.(2000), Risk: The New Management Imperative in Finance, Bloomberg Press.

Hull, John C(2010), Risk Management and Financial Institutions, Pearson.

Olson, David L. and Desheng Dash Wu(2008), Enterprise Risk Management,

World Scientific.

Ruediger Kabst(2006), "intenationalisierung mittelstaendischer Unternehmen: Fuenf Thesen und ein Ausblick,"「경상논총」, 제37집, pp.1-15.

무역 리스크 관리론

초판 1쇄 인쇄 2017년 2월 23일
초판 1쇄 발행 2017년 2월 28일

지은이 정홍주 외
펴낸이 정규상
펴낸곳 성균관대학교 출판부
출판부장 오종우
편 집 신철호·현상철·구남희
외주디자인 아베끄
마케팅 박정수·김지현
관 리 황용근·박인붕

등록 1975년 5월 21일 제1975-9호
주소 03063 서울특별시 종로구 성균관로 25-2
대표전화 02)760-1252~4
팩시밀리 02)762-7452
홈페이지 press.skku.edu

© 2017, 정홍주·정재환·노희찬·김경철·황문연·최아름
ISBN 979-11-5550-216-7 93320